O Lugar de Todos os Lugares

Coleção Estudos
Dirigida por J. Guinsburg

Conselho Editorial: Anatol Rosenfeld (1912-1973), Anita Novinsky, Augusto de Campos, Bóris Schnaiderman, Carlos Guilherme Mota, Celso Lafer, Dante Moreira Leite, Gita K. Guinsburg, Haroldo de Campos, Leyla Perrone-Moisés, Maria de Lourdes Santos Machado, Modesto Carone Netto, Paulo Emílio Salles Gomes, Regina Schnaiderman, Robert N. V. C. Nicol, Rosa R. Krausz, Sábato Magaldi, Sergio Miceli, Willi Bolle e Zulmira Ribeiro Tavares.

Revisão: Plínio Martins Filho, José Bonifácio Caldas, Jorge Vasconcellos.

EVALDO COUTINHO

O LUGAR DE TODOS OS LUGARES

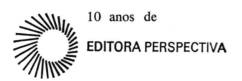
10 anos de
EDITORA PERSPECTIVA

Direitos reservados à
EDITORA PERSPECTIVA S.A.
Av. Brigadeiro Luís Antônio, 3025
Telefone: 288-8388
01401 — São Paulo — Brasil
1976

Sumário

Anotações Prévias 1

1. A Metáfora da Lâmpada 17
2. O Repertório Cênico 25
3. A Comunidade Óptica 35
4. As Formações Alegóricas 47
5. A Contemporaneidade Fisionômica 59
6. O Ponto Intestemunhável 71
7. A Metáfora da Arquitetura 83
8. A Iconografia 103
9. Morrer na Morte de Outrem 145
10. A Simbologia do *Nós* 167
11. A Liturgia de Ser 189

Sumário

Dedicado a
Giselda Lopes Bezerra Coutinho

Anotações Prévias

Este ensaio, além da significação intrínseca e da independência, para efeito de leitura, em relação aos outros livros do autor, destina-se a ativar a compreensão da obra, em cinco volumes, *A Ordem Fisionômica*. Será procedente a observação de que eu haja trazido agora, ao lado de esclarecimentos, certas novidades que entretanto se mostram compatíveis com a ideação ali presente ao longo dos parágrafos. Tal ocorrência não desvirtua a natureza autônoma de *O Lugar de todos os Lugares;* afora isso, creio ter complementado, em diversos momentos, o que, naquele extenso trabalho, se limitou a passageiras e figurativas anunciações, pois me detive em pensamentos praticados sob a forma de exposição cênica, mediante o emprego de recintos e de personagens. Em conclusão: o motivo que me incitou a escrever *O Lugar de todos os Lugares* não foi outro senão o de divulgar, por meio mais discursivo, o conteúdo doutrinário de *A Ordem Fisionômica*.

Assim, antecipando-me licitamente a prováveis hermeneutas, suponho inculcar de logo no leitor o sentido que paira em todo o curso daquela obra. Sem esgotar os assuntos que nela se estendem, todavia os mais determinantes se apresentam em *O Lugar de todos os Lugares*. O conceito de virtualização, mais de uma vez aplicado neste e em anteriores trabalhos, comporta a circunstância de os subtemas não abordados se incluírem implicitamente nos temas ora expostos com propedêutica intenção. Outrossim, pretendo ca-

2   O LUGAR DE TODOS OS LUGARES

pacitar o leitor a que ofereça copiosa margem de contribuição àqueles temas, a ele franqueando-se os ensejos para, dentro de cada um de meus pontos básicos, conferir os pensamentos da obra com as ilustrações de sua individual autoria, com os exemplos de sua vivida ou concebida imaginária, a imaginária dele próprio, o leitor.

Enfim, o que me couber realizar em *A Ordem Fisionômica* — o somatório de minha experiência e de minha imaginação — pode cada leitor configurar semelhantemente; de fato, exposto o assunto, a nominação, não será difícil a tarefa de, em concorrência com a minha imaginária, surgirem outras imaginárias, tão legítimas umas como a outra. Os nomes, os temas, se permitem preencher com solicitude conquanto se mantenha incólume o sentido que se preserva neles, isto é, a significação deles mesmos como entidades insofríveis ao tempo. A temática de *A Ordem Fisionômica* abre, a meu ver, ampla disponibilidade a que nela se ajustem as colaborações do repertório de outrem que não o de minha vida e o do meu devaneio. Dessa maneira, atesta-se a verdade de que o mundo é um setrado de freqüentes tautologias, e os nomes fundamentais se contam em número bem inferior à quantidade de vultos e de cenas que neles se acomodam. As nominações alegria e tristeza aparecem citadas em *O Lugar de todos os Lugares* como as de maior amplitude concêntrica, no íntimo das quais e em gradações de nitidez, se alinha o mundo cênico, tanto o da realidade, tanto o da imaginação.

Ao presumir o envolvimento da imaginária de cada leitor nas nominações primordiais, ou ainda em subnominalidades do mesmo acontecer humano, aspiro, em última instância, a um tipo de identidade que me levou a erguer a metáfora da arquitetura — arquitetura conforme explanei em livro especial — como a de melhor acerto para o devido entendimento. A literatura está apta a manter a vigência dessa identidade, em virtude da duplicidade de sua natureza: ela se faz com a imaginária e a conceituação. Cabe agora sublinhar que ela se efetiva de pensamento a pensamento, da ideação do escritor à idealidade do leitor. A matéria da literatura é, portanto, estritamente introspectiva, diferente da de outras artes que são testemunhadamente empíricas. A tela do pintor, o volume do escultor, se caracterizam como entidades estacionárias, exibindo-se as mesmas a quantos venham ao seu direto contacto: permanecem no próprio, levando à igualdade de contemplação aqueles

ANOTAÇÕES PRÉVIAS 3

que lhes endereçam a vista em instantes diversos. São, conseqüentemente, gêneros de arte empírica, diferentes da literatura, sempre abstrata no emprego das figurações.

Por isso que, constituindo-se literariamente, a ordem fisionômica tem facultada a sua desenvoltura além do livro, fabulando-se desimpedidamente no âmago de cada leitor, ao confirmar este, com os painéis de seu testemunho ou de sua devaneada autoria, aquelas nominalidades que se inscrevem de modo mediato ou imediato, no seio do nome alegria e do nome tristeza. As variações do convencimento, do assentimento, se prodigalizam mais na literatura que em quaisquer daqueles gêneros empíricos, não possuindo estes muitas das flexões, das elasticidades requeridas pelo relacionamento entre a face ou o painel e o nome, no mundo cênico de meu repertório. Acresce que o meu repertório, indo a extinguir-se com a minha extinção, mostra que tudo se perfaz em mim, como acervo mentalizado, equiparando-se à índole da literatura.

Da contingência de ser introspectiva a obra literária, segue-se a correlação com o pensamento de que o meu repertório, também introspectivo, se condiciona, inelutavelmente, ao prazo de minha vida; por conseqüência, ele, o meu repertório, sinônimo do universo existente, real, empírico, ao assumir a efemeridade de seu portador, no caso a minha personalidade, tomando por isso a acepção a que denominei de fisionômica, se equipara à condição ideativa que possui a obra de literatura: a de interiorizar-se na mente do escritor e na mente do leitor. A contemporaneidade fisionômica de uma pessoa, em qualquer lugar, consiste em algo mais que apreender as coisas que lhe são devassáveis no momento: as que radicaram em outras épocas, em número incomensurável, elas igualmente se situam em posição coeva, transpostas em termos de memoração ou de condizente imaginativa. Assim sendo, o mundo restante, ausente de meus sentidos, comparece a mim, nesse ato de presença, à similitude da obra literária na mente do escritor e na mente do leitor. Sobre a introspectividade da literatura há que dizer ainda que todo estudo, toda apreciação estética a propósito deste gênero, deve partir da consideração de que a matéria literária é antiempírica por natureza. Segue-se obviamente que muitos dos costumeiros e comuns valores artísticos assumem, quando aplicados no campo da literatura, feições não encontradiças nos demais gêneros. A própria cerebração do fenômeno literário conduz à

4 O LUGAR DE TODOS OS LUGARES

abertura de dimensões de todo desprovidas de objetividade. Afora a parte da conceituação, evidencia-se que a imaginária — a imaginária interna, tal como a intitulo no presente livro — é a substância residual que principalmente colabora para a definição da literatura. Para esta, um fato concorre em vista da plena elucidação de seu cunho introspectivo, abstrato: ele consiste na tradução do idioma original para outro idioma, deixando nítida a permanência do substrato ideativo, o dos vultos, cenas e conceitos, enquanto a língua se reduz à mera relatividade de veiculação. É interessante referir, a esse respeito, os aspectos análogos entre a imaginária interna da literatura e a imaginária externa da cinematografia, consoante o que tive oportunidade de dizer no livro *A Imagem Autônoma — ensaio de teoria do cinema*. Verifica-se então que os vultos e episódios da imaginária interna, juntamente com os conceitos, são os elementos estáveis da literatura, os que se conservam incólumes a despeito das variações idiomáticas. Trata-se da matéria na permanência de sua pureza, apesar de intelectiva em essência e em propagação.

Para esclarecimento do fenômeno literário em comparação com o fenômeno de outras artes, as de cometimento visual, considero positiva a classificação exposta neste ensaio, onde, de uma forma ou de outra, tornei a abordar o problema da acidentalidade da obra artística. Parece-me necessária a distinção entre arte ideal — a literatura — e arte empírica — a pintura, a escultura e em parte a arquitetura — esta envolvendo as que se apreendem pelos olhos do espectador. A literatura, que ora mais interessa, é, por conseguinte, algo de natureza reclusa e essencialmente abstrata, por ela ser pensamento e se propalar em pensamentos; avantaja-se às artes empíricas em face de sua mentalização permitir menos acidentalidade, nos termos por mim expedidos em *O Espaço da Arquitetura*. Entrementes, quanto ao aspecto de restrita mentalização, cabe aludir ao teatro como o empenho mais significativo ao se procurar romper a citada reclusão, empenho a rigor insatisfatório.

Se às artes empíricas não se recusa o emprego de tudo aquilo que pertence à respectiva matéria, na arte da literatura faz-se de todo legítima a aplicação de quanto se forma no campo do pensamento: a imaginária interna, o conceito, a especulação, a digressão.

ANOTAÇÕES PRÉVIAS 5

Mediante a leitura deste livro, *O Lugar de todos os Lugares*, espero que se compreenda por que me preocupei com o interior arquitetônico e a identidade de ser que resulta de seu contínuo preenchimento; e ainda por que me aliei ao princípio da autonomia do gênero artístico e me dediquei ao fenômeno do puro cinema, e a outros assuntos escritos em torno de minha obra fundamental *A Ordem Fisionômica*. Dá-se-me a impressão, inclusive, de que todos os meus trabalhos são parcelas de um livro único.

Com o reconhecimento de que certa formação de transeuntes, verificada diante de meus olhos, me expressa um sentido como se artificialmente eu a compusera à base desse mesmo sentido, advém-me a oportunidade de admitir a prática estética em pleno domínio da realidade: esta, sem que eu a modifique ou a toque sequer, vem a ascender ao domínio da arte. Denominei de situação em ato essa formação que a vida rotineira oferece, e retirei muitas deduções de tal conjuntura em que o mesmo painel é, a um só tempo, a realidade sobre a qual todas as testemunhas concordam, e a representação especial que a mim se patenteia claramente explícita.

O meu próprio vulto se expõe à eventualidade do duplo desempenho: sou a realidade a que todos anuem e posso, sem dela me desviar, ser a representação de um papel no pensamento de determinado espectador. O fato induz-me a ilações que desenvolvi através de *A Ordem Fisionômica*, ilações de fator enriquecimento, todas elas extraídas das situações em ato, e articuladas à fundamentação agora expendida no decurso de *O Lugar de todos os Lugares*.

Não introduzi em *A Ordem Fisionômica* nenhum sucesso à maneira de documentação de fundo sociológico, propósito este que exorbitaria da enquadração estética, e ali se procurará inutilmente o que se convencionou chamar de mensagem: algo parecido com as histórias de proveito e exemplo, cuja intenção é também imprópria à caracterização estética. Tendo-se em conta a índole da literatura, sabe-se que a obra de arte pode conter o que se denomina de mensagem, porém esta não deve ser necessariamente a finalidade da criação artística. Quero apenas o reconhecimento de que na ordem fisionômica existe uma ultra-realidade: qual seja a circunstância que se gera em face de tudo e de todos perecerem em meu perecimento; assim havendo por parte dos vultos e das cenas uma forma de subordinação

6 O LUGAR DE TODOS OS LUGARES

a mim, à minha existência, a qual me parece tão evidente, tão natural quanto os objetos mais íntimos de meu ser.

Limitei-me ao alcance de meu testemunho, vale dizer, em nenhum momento retirei-me de mim próprio; razão por que fiz do problema de minha sobrevivência, sob o aspecto que a religião consagra, um problema do não-ser, portanto conferindo ao meu perecimento um sentido absoluto, pois que não me será dado assistir ao meu pessoal velório. Tudo se deve entender no caráter de dependente de mim, em mim.

Sobre a existência de minha obra, depois do perecimento a que ela se fataliza em mim, comigo, cumpre-me acentuar que tal existência não se legitima na ordem fisionômica. A sobrevivência não é testemunhada por mim, ela não indo além de simples noção de expectativa em índice de proposta; trata-se de uma nominação vazia que, integrada em meu repertório, se extinguirá comigo. Somente o meu testemunho — o de ver e o de ouvir dizer — ofereceu elementos para a elaboração do livro, o que, afinal, representa um modo de conceber, incomensuravelmente prestigiada, no plano metafísico, a existência de meu vulto, a despeito de míope e efêmero. Sem colidir com o absoluto de meu repositório, tenho que toda pessoa também se eleva à mais alta das prerrogativas: a de continente do universal conteúdo. Com todo o repertório apegado à véspera de meu falecimento, minha pessoa em particular — qualquer indivíduo humano emitirá alegação idêntica — significa a testemunhalidade irreproduzível por outrem, aquela que presencia, inclusive, essa mesma alegação dos demais. A ordem fisionômica é o registro de tal conjuntura, na qual o meu ser observa, em seu âmbito, a sinonímia entre ele e a posição de totalizador e intransferível testemunho. A minha obra é um depoimento em meu auto-inquérito e que aguarda o perpétuo silêncio, em mim.

Admito que o tema do Desengano, sincera e assiduamente tratado no Barroco, esteja de maneira implícita ao longo de tudo que referi sobre o acontecimento da morte. Quem situa a duração do universo no estreito prazo de sua vida — vida consciente — quem concebeu a presença do mundo como a véspera do perecimento, pois que o mundo, nesta acepção, se deixa obviamente inocular pela morte, por sua morte pessoal a sobrevir, toca o assunto da precariedade do existir humano, e com esta a precariedade do mundo em todos os ângulos em que é imaginado e apreen-

ANOTAÇÕES PRÉVIAS

dido. Talvez que a minha modalidade de Desengano se desvele uma das mais tristes de quantas despontaram na época de hoje. Em prática direta ou indireta, na ciência ou na insciência do artista, o Desengano costuma atender a reivindicações da arte, embora não expressamente proferidas pelo autor. Mas, servindo de moderação à sua tristeza, não haveria, na comunhão do universo com a efemeridade de minha existência, uma forma de extrema valorização dessa existência minha? Quando a qualifico de sortilégio, subentendo que a minha vida corresponde a um merecimento cuja fundamentação me escapa. Isto reforça a concepção do puro milagre com que se opera, comigo, em mim, o absoluto, a totalidade do ser. A própria morte não existiria se não fora o evento de minha contemplação, a conjuntura de eu ser existente. Todas essas idéias pertencem à temática do Desengano.

Muitos pontos da agenda filosófica, adotada pela tradição, perpassam ou se demoram no curso deste ensaio, bem como em todos os livros de *A Ordem Fisionômica,* mas sem a terminologia especializada e cada vez mais numerosa. Sinto-me entre os barrocos, tanto no motivo cosmogônico em que se inspirou a obra, tanto no processo de elaborá-la. A vizinhança espiritual, e não a cronológica, sempre me pareceu a mais conveniente à localização com que se capitulam as intuições desse gênero, em possível historiografia.

Substrato fundamentador, hermenêutica, exegese, qualquer desses termos pode qualificar esta obra, *O Lugar de todos os Lugares;* com efeito, receando que a densidade de *A Ordem Fisionômica* venha a indispor a maioria dos que tentem a leitura desse longo trabalho, reportei-me, neste ensaio introdutório, ao que se permitiria chamar de substância que nutre de sentido os seus acidentes; isto é, em vez das inumeráveis situações, painéis, acontecimentos com que o cotidiano se deixa homologar por mim, ou melhor, impregnar-se dos temas e subtemas de minha ideação, fixei-me apenas em digressões que reputo orientadoras. Livre daquelas descrições, *O Lugar de todos os Lugares,* pela afetividade dos assuntos, torna clara a razão por que no uso da linguagem novamente me vali de expressões comuns, nada impedindo que outrem recubra os elaborados pensamentos com títulos e subtítulos tecnicamente formalizáveis. Saliento que a palavra claridade foi a melhor que encontrei para, metaforicamente, esclarecer sobre a existencialidade que emana de mim.

O LUGAR DE TODOS OS LUGARES

Também a insistência de certas metáforas, a exemplo da figuração do espectador situado na última cadeira da platéia, e que abrange com a vista, ao mesmo tempo, o que se verifica no palco e os vultos dos demais assistentes, indica a inexistência, em mim, de outras imagens que viessem a concorrer vantajosamente, devendo acrescentar que as coisas repetidas por imposição da unidade que se busca, recebem, em face disto, a legitimação que as torna inclusive indispensáveis.

Sem dúvida aproveitei bastante, no decorrer de *A Ordem Fisionômica,* do que me parece a unidade auferida pela repetição. Aliás, muito explorei a intensidade desse tema, com o entendimento de que cada ser vive a sua vida em repetição. A propósito, apresentei a concepção de que o universo humano, o de meu convívio e de meu testemunho, se forma de práticas litúrgicas, de gestos e de episódios que já ocorreram ou ocorrem, dentro de nomes que por sua vez repetem a própria vigência.

Nomes, nominalidades, nominações, constituem-se em entidades abstratas, passíveis de suscitar figurações alegóricas, e que se manifestam como vazios em continuado e franco preenchimento, modelando, em termos de igualdade, de similitude, o exercício da repetição, da liturgia a que todos os seres se mostram destinados. Os vultos se identificam em outros vultos por motivo do comparecimento ao seio dos nomes, dos quais a alegria e a tristeza se exibem como os de maior amplitude, contendo subseções de sua qualidade, a modo de círculos concêntricos. O meu repertório, que falecerá comigo em minha morte, possui ambas as nominalidades e suas respectivas subnominalidades, na plenitude dos competentes recheios, ao compasso da repetição. Esta alicia a minha pessoa a ocorrências que se deram em outras idades, como se não houvera o tempo, e sim apenas a estabilidade e imutabilidade dos nomes. Com os nomes, firmo a ordem de contemporaneidade que nunca se ausenta de quantos participaram deles. Chamei de fisionômica — a ordem fisionômica — a essa conjuntura de uma contemporaneidade, adstrita ao prazo de minha vida, me deferir, ratificar perante mim mesmo, a contingência de que eles, os nomes e os vultos preenchedores, existem, em mim, pelo fato de minha individual e exclusiva existência, vindo a qualificar-se como absoluto o acontecimento de minha morte, porque os atinge inexoravelmente.

ANOTAÇÕES PRÉVIAS

Com os títulos de nomes, nominalidades, nominações, abrangi diversos temas que se prestam à configuração de alegorias à guisa da piedade, do orgulho, da bondade, da renúncia, e dos respectivos antônimos. Essas entidades abstratas demonstram, por conseguinte, o pendor a se transformarem em elementos concretos, que tanto podem alongar-se em um ou mais episódios, como circunscrever-se a uma simples face. Externar declaradamente, e em termos empíricos, o que tais abstrações apresentam de alegórico, é parcela da atividade artística. Enquadra-se nela o fenômeno das situações em ato, pois que a realidade em cena, de súbito decantada pela contemplação estésica, se formaliza analogamente a uma obra de arte. Os nomes, nominações, nominalidades, passíveis de concretização alegórica — e advinda sob o aspecto de situação em ato — reúnem, a essa importância, a de se elastecer a fronteira estética: nesse particular, muitos sucessos, que o cotidiano fabula, passam, no instante do próprio surgimento, a compartilhar dos ditames estéticos. Apenas, a rotina de expor-se o cotidiano e o hábito de vê-lo por parte do espectador, a este inapetecem para o descobrimento do flagrante que se lhe mostraria alegórico. A propósito do que sejam situações em ato, recomendo a leitura do capítulo homônimo, incluso no livro *A Imagem Autônoma — ensaio de teoria do cinema.*

Em certo sentido, a leitura antecipada de *O Lugar de todos os Lugares* em relação a algum volume ou a toda a *A Ordem Fisionômica,* presumo que terá uma particularidade não dissonante com a própria natureza das situações em ato, fenômeno que simboliza naquela obra a espontaneidade de homologação dos acontecimentos reais no tocante ao meu pensamento. Essa particularidade consiste na premunição com que o leitor recobrirá imediatamente, com o nome que lhes designo ou insinuo, os painéis que compõem a imaginária de *A Ordem Fisionômica,* à maneira do avisado espectador cuja escultura contemplada lhe patenteia a alegórica interpretação, a que se lhe não ocorrera caso ignorasse o título, o nome assim configurado empírica e artisticamente pelo autor da factura. O espectador, previamente na posse da intencional representação, vê ostentar-se legítima a incorporação da face ao nome. A receptividade da legitimação se valida por si mesma, se se considerar o sortilégio de as coisas se fazerem de conformidade com os olhos que as existenciam.

10 O LUGAR DE TODOS OS LUGARES

Espécie de advertência ao leitor a fim de que não se desvie da acepção por mim fixada, *O Lugar de todos os Lugares* também o previne de que não veja em *A Ordem Fisionômica* unicamente uma série de situações e digressões inextricáveis. Quero que o presente ensaio seja compreendido como o ideário que gerou *A Ordem Fisionômica,* ideário que facilitará o entendimento de que o disperso e aparentemente desvinculável se justifica ante a titularidade do nome que lhe antecedeu a preenchedora facialidade. A presença e força a expensas de todo o resto do mundo. Para que a nitidez de um objeto se positive a meus olhos, é necessário que, à exceção única desse objeto, o universo inteiro se retraia em ausência. A expansão do perdimento se traduz, por conseguinte, da própria natureza da realidade, do próprio estilo de relacionamento entre ela e a vigília de minha óptica. Por motivo dessa cosmogônica circunstância, uma coisa, uma cena, um flagrante do olhar, por mais insignificante que se me enseje no momento, adquire a mesma acepção que envolveria a mais eloqüente e invulgar das aparições: em todos os casos de presença, o objeto em visualização encerra a prerrogativa de estar porque o incomensurável resto se fez oculto de minha visão, para efeito de ela, a coira ora apreendida, se evidenciar clarividente à minha óptica. Há, portanto, em toda figura, no panorama de minha estrita visibilidade, uma força de prestígio que, antes de qualquer outro mister, me informa sobre a aproximação do imenso funeral; este a aguardar, para o absoluto de sua completação, o não-estar de minha vida, de meu belvedere que é o extremo possibilitador e efetivador de presenças.

O sentido de véspera dimana dessa condição de um iminente sucesso — o fato de minha morte — já se estender a mim sob a feição de ausência do infinito resto, a ausência que vem a cercar a pequena ilha do meu corpo.

Configurando, por explícita indicação, a véspera do total falecimento, as presenças desfrutadas por mim no curso de minhas deambulações, classificam-se como entrechos tautológicos, à vista da significação de se terem comportado no papel de vultos, de cenas, de logradouros representativos, a me confessarem o idêntico sentido de seus prospectos; em outras palavras, a me concederem o anúncio de que tudo se exibe em via de perecer, como que, em ânsia de simultaneidade com a extinção de minha existência.

ANOTAÇÕES PRÉVIAS

À maneira de obra de arte empírica, a presença que ora se estabelece diante de mim, em torno de mim, certamente que se faculta a inumeráveis interpretações e registros teóricos; mas, resistindo a todos eles, aquele sentido de véspera é o pano de fundo irremovível, a nominalidade a que sempre corresponde a figuração, ele permanecendo o próprio ante o desfile dos variados espectadores. Cada um destes atenta na descoberta que lhe permite a obra, cada um deles se firma no ideamento sugerido pelo trabalho, mas, recobrindo a todos os apontados predicamentos, persiste a nominação da morte, aliada à ocorrente aparição, aparição que se concretiza, perante mim, à custa do infinito resto. Toda presença se expõe restritamente ilustrativa de meu ser, enquanto em véspera de ruir, em mim, comigo, tudo quanto ele captou em sua criadora claridade.

Depois de realizada a obra, sinto que ela é o diuturno esforço para dizer uma coisa extremamente simples. Salvo nos casos em que a obra consiste apenas de documentação analítica, qualquer autor afirmará o mesmo de sua produção; em verdade, a coisa simples somente se externará à custa de reincidências, de regressos ao seu núcleo estável e referencial. Sem dúvida que as variações sobre o mesmo tema — a obsessão pela coisa simples — lhe atestam a respectiva fecundidade e é esta o elemento que mais importa ao autor que o possui por haver sabido mantê-lo. Em *A Ordem Fisionômica,* a amplitude necessária e organicamente alcançada pela incidência dessa coisa simples, em sua posição de pensamento básico ao longo dos múltiplos capítulos, diminuirá de muito a observação quanto à desproporcionalidade entre ela, a intuição do autor — a coisa simples — e a quantidade dos argumentos e digressões que ele utiliza para evidenciá-la.

Não sei se bem refleti a atitude de perplexidade com que minha visão se vê preenchida por seus objetos ratificadores, mas de certo intentei fazê-lo, assim adicionando a tais descobertas um tom de jubiloso espanto em face da posse advinda através do olhar. O sentido da visão representa uma parcialidade entre as que se contam para a fixidez da presença; em mim, a parcialidade dos olhos, além de me propiciar a assimilação de meu posto em minha criatividade, oferece a metáfora dessa mesma criatividade, conforme expus no capítulo "A Metáfora da Lâmpada". Sobre os poderes da visibilidade, igualmente me apliquei nos dois livros *O Espaço da Arquitetura* e *A Imagem Autônoma —*

12 O LUGAR DE TODOS OS LUGARES

ensaio de teoria do cinema. A visão significou a abertura mais favorável ao encontro daquela coisa simples que determinada literatura — a minha literatura conceptiva — encerra como a razão de ser, o nódulo de sua particular definição. Pretendi, com *O Lugar de todos os Lugares*, concentrar o interesse nesse ponto irradiador, abstendo-me das figurações que tanto apresentei em *A Ordem Fisionômica*, e elaborando novas especulações em torno de minha intuitividade, do fisionômico, isto é, do gênero de subordinação de todas as existências à minha existência, com a remoção de todos os prazos ao prazo de minha vida.

Em vez de uma literatura de documentação analítica, de uma literatura procuradamente acidental, propus-me ao desígnio de algo que, acredito, me excedeu as possibilidades de inteira realização: manter subentendida no curso de *A Ordem Fisionômica* a frase que eu ouvira na infância, qual fosse a de que o mundo se acaba para quem morre; tal foi a sedimentação que ela formou em meu espírito que não pude evitar as digressões, as especulações que partiam dela — a coisa simples — viga inicial de toda a minha obra. Sendo uma constante em meu devaneio, confesso que a frase me impeliu a parágrafos e mais parágrafos, enfim, ela me acionou a uma literatura a que chamei de conceptiva. A sua oportunidade no entanto se coonesta se eu adiantar que o emprego da documentação analítica, embora atraente em muitos aspectos, nunca me proporcionaria o que eu próprio julgo ser o estável, o *leitmotiv* de minha ideação, agora mais explicitado neste livro, *O Lugar de todos os Lugares*. Neste sentido, a imaginária de *A Ordem Fisionômica* é estritamente alegórica, em vez de exibida em termos de impessoal objetivação.

Um tema, uma nominalidade — a alegria e a tristeza em qualquer de suas subdivisões — sempre se desenvolve, no transcurso de *A Ordem Fisionômica*, mercê do claro entendimento de que ele se perfaz mesmo sob o aspecto de intrínseca e mera possibilidade de recaimento. Não há necessidade, ali, de a nominação ser preenchida concretamente, desde que em si, em sua contextura abstrata, ela é a indicação, a tácita propositura de que os recheios cênicos, imprevistos ou inconsiderados, se ajustam a ela com a espontaneidade semelhante à dos que se têm acomodado diante de meus olhos: assim, as nominalidades, por freqüentes omissões de minha vista, de meu direto conhecimento, se

ANOTAÇÕES PRÉVIAS 13

capitulam na acepção de estojos vazios, de seios informadores de prefiguradas, infalíveis e certas eventualizações.

As liberdades que adoto em relação aos protagonistas em preenchimento de algum nome, entre elas a de se tornar móvel o lugar, através da deambulação de um vulto que o ocupava, se legitimam em virtude da posse a que em mim se submete o acervo do meu testemunho, do meu conhecimento. Em face de minha posição de centro de uma perspectiva que a tudo abrange, fazem-se costumeiros os atos de convergência das figuras e episódios aos implícitos ditames de minha contemplatividade. Nas formações cênicas, o lugar não consiste do puro solo, mas também dos circunstantes que nele pousam, de sorte que, se algum, que eu vira na condição de membro da paisagem, isolado se exibe a mim em outro ambiente, é um trecho daquela paisagem que, abstraindo-se dela, vem a meu olhar, ungindo-se do que fora antes, outorgando-se, perante mim, do panorama a que pertencera.

O lugar e qualquer outro fenômeno empírico, tendem a dissolver-se em reduções abstratas ao mesmo tempo que, em coerência com a substância da obra, *A Ordem Fisionômica,* se comprova o nivelamento do real e do fictício ante o igual perecimento a que estão destinados em meu individual perecimento. Não me fatigaria de alertar o leitor acerca desse ponto: a fatalidade do desaparecimento em mim, comigo, inova o ser de cada coisa, infiltrando-lhe o sentido uniformizador de estar em véspera do absoluto perdimento; enfim, uma estabilizada acepção passa a deferir-se em todos os elementos de meu repertório, do mundo que habita no âmago de minha claridade. Estimaria que nunca se ausentasse do leitor, ao longo dos parágrafos de *A Ordem Fisionômica,* esse pensamento que é, em verdade, uma ideação ubíqua.

Quanto às obras de arte empírica se consegue, por meio dos rótulos impressos no catálogo das telas ou das esculturas — a pintura, a escultura e a arquitetura são artes empíricas por excelência — o nominal intuito do criador, notando-se em cada trecho da peça o acerto autenticado daquilo que pretendera o autor com a totalidade do conjunto. Mas, sendo a literatura arte ideal — ela transita do pensamento do escritor ao pensamento do leitor — não conta com um processo referencial que possa equivaler-se ao do nome que simultaneamente perpassa na hora da real contempla-

14   O LUGAR DE TODOS OS LUGARES

ção. Em outras palavras, a literatura não me concede a alegoria semelhante à que concretamente se produz no exercício daquelas artes.

Contudo, creio que a minha insistência em salientar o sentido de *A Ordem Fisionômica,* de certa forma animaria o leitor a, em seguida à leitura de um trecho, regressivamente acolher galvanizada, segundo o nome por mim assentido, a situação focalizada com um ou mais intérpretes. Toda aquela obra é uma abstrata alegoria, na qual se contêm subalegorias, cuja significação não seria reconhecida sem a designação, o rótulo que a faz compreensível; ela recorda um tanto a situação em ato que o cotidiano estabelece, que além do significado de seu corriqueiro, me propicia o especial significado que de maneira simultânea ou não, lhes adejo. Assim, *O Lugar de todos os Lugares* positiva, acentua com o seu caráter explicativo, hermenêutico, interpretação que proporcionei às efígies e painéis de meu repertório: a imaginária de *A Ordem Fisionômica.*

No capítulo "A Comunidade Óptica", do presente livro, me deparo na tentativa de implantar uma consciência: a que prevaleceria depois de eu estender aos demais vultos a idéia de que eles existem em virtude de mim que os inscrevo em meu particular repertório. Para a assimilação do mencionado capítulo, tem o leitor que se deter no pensamento sobre a realidade conquanto exposta aos olhares homologadores dela mesma; a qual realidade, espaço comum à disposição de todos eles, se expõe simultaneamente aparecida e desaparecida, consoante a presença das vidas e das mortes margeantes. Se a minha posição se retrai dessa consideração da realidade, a fim de eu usufruir a esta como a exata correspondência à minha ideação — tal a de que sou o existenciador em instância derradeira — excluo-me da comunidade óptica e unificadora de todos os seres videntes e me torno, no mais elevado grau, a testemunha finalmente única, e ainda participante.

Das previstas reações do leitor acerca do tema da morte a que facultei a persistência de um *leitmotiv,* salientar-se-á seguramente a que diz respeito à sobrevida de quantos haveriam de restar em seguida ao meu individual perecimento. Volto a insistir que a ordem fisionômica em si mesma não admite esse gênero de pósteros, de entes e de sucessos intestemunháveis por mim. Conforme deixei afirmado, restringi-me ao alcance de meu conhecimento, de

ANOTAÇÕES PRÉVIAS 15

minha pessoal testemunhalidade. Conseqüentemente, aquela sobrevida estará em meu repertório apenas como pura imaginativa, de todo independente de efetivação real. As figuras tidas por sobreviventes não passam, de acordo com a ordem fisionômica — esta nunca se desobriga de seu cunho de contemporaneidade única e absoluta, restrita ao prazo de minha existência — de elementos da imaginária interna, componentes, portanto, de minha fabulação mental: são corporificações ideadas e, como tais, se fazem participantes da minha contemporaneidade, vindo a perecer comigo em sua natureza de imaginária interna, de iconografia de meu pensamento.

Nessas ideações, tudo se estiliza sob a cadência da repetição: as cenas que já sucederam alhures, revêm, como recheios de imutáveis nominações, e oferecem à minha receptividade a concomitância de suas presenças, toda ela enquadrada no tempo de minha vida. A repetição é a forma de a nominalidade exercer-se, sem embargo de os protagonistas de cada vez se considerarem únicos ante o desempenho do nome que, a favor ou contra o seu desejo, lhes cabe configurar em episódio ou seqüência de episódios. As nominalidades que pessoalmente experimentei, se reproduziriam, portanto, depois de minha morte. A negatividade — a ausência de meu testemunho — a ferir-se com novos rompimentos em sua obscuridade; o *nós,* que seria de cada um, sem mais ter a mim como o centro existenciador e unificador. Eu me substabeleceria em outros vultos até o fim dos séculos. Semelhantes perspectivas, escapando obviamente à minha contemplação, todavia se vinculam a ela, em índice de interna miaginária, a posteridade unindo-se àquela concomitância, em grau apenas de devaneio. O prosseguimento da objetividade alheiamente à minha pessoa, representa, na ordem fisionômica, uma hipótese que não se ratifica em realização, em imaginária externa, havendo de perecer comigo a modo de todos os temas, de todas as nominações que se inscreveram em meu repertório. No concernente a quem morre, a sobrevivência do mundo é ficção que falece no seu respectivo falecimento. O passado e o futuro se contêm em minha contemporaneidade sob a feição de imaginária interna, de conteúdos de meu pensamento em minha atualidade. Tal como ficou dito, a ordem fisionômica se restringe ao alcance de meu testemunho.

A concepção inserta em *A Ordem Fisionômica* e as idéias que a estruturam estão submetidas a um tratamento

16   O LUGAR DE TODOS OS LUGARES

algo insólito e inclusive não atendem a usuais regimes de discursividade e de associações especulativas. Naquela obra, a presença motivadora de figuras e de cenas, a presença da iconografia, me impediu de proceder segundo o estilo das dissertações teóricas. Diria melhor que aquela concepção e aquelas idéias se apresentam como se apresentam, em virtude de haverem sido destinadas à arte, setor onde o arbitrário tem a sua vez.

1. A Metáfora da Lâmpada

O conhecimento é existenciador e a objetividade é iconológica. Em verdade, quando apreendo uma coisa até então por mim ignorada, proporciono-lhe o ser e o estar que se não verificariam no caso de ela não ter vindo ao meu conhecimento. Dou-lhe, por conseguinte, a existência, e logo ela se inculca deste significado: subordina-se existencialmente a mim. Assume, portanto, o papel de ícono, de imagem irrevogavelmente inserida em mim, e ungida de uma significação que me pertence, que parte de mim. Sou existenciador na medida em que o universo se afirma e se clareia em virtude de minha particular existência.

Se qualquer outro indivíduo pode contar com idêntica prerrogativa, tem-se que a natureza é algo que, não se alterando por essa conjuntura, nasce a cada momento em que uma faculdade de conhecer se franqueia, e morre a cada instante em que alguém perece por sua vez. A generalização de tal circunstância se afigura como sortílega paisagem, as personalidades humanas reunindo a si uma categoria que, entretanto, elas não percebem: a de, congregadas, comporem o concerto do ser e do não-ser do universo. Com efeito, o indivíduo humano é mais do que a consciência de si próprio e das relações que mantém com os elementos externos: cada vulto humano é essencialmente demiúrgico, a sua presença é uma atualidade criadora, e as criaturas que dessa presença lhe afloram, se condicionam ao mensura-

18 O LUGAR DE TODOS OS LUGARES

mento, à escala do demiurgo, vale dizer, se subordinam ao tempo de duração que compete a ele, o demiurgo. Chamei de fisionômico ao mundo enquanto assim se torna adstrito à minha pessoal existência.

Ocorre todavia que a minha presença, o meu ser existenciador, se institui como instância isoladamente última, sem poder transferir a outrem, durante o exercício do conhecimento, de sua criatividade, de sua vida demiúrgica, essa posição de total abrangedor; a qual se assemelha, segundo escrevi em outra parte, à do espectador que se senta na derradeira fila: descortina, a um tempo, os demais espectadores e o palco das exibições. Qualquer outro indivíduo dirá o mesmo em relação a si; no entanto, não consigo verme fora de meu singular miradouro, desde que não mais observo as coisas assim que cerro as pálpebras, e concomitantemente não me vejo na qualidade de não-observador de quanto existe. Infere-se, conseqüentemente, que a minha individualidade, não conferindo existência aos que hão de sobreviver a mim, fará cessar comigo o mundo fisionômico, a minha morte significando o universal perecimento.

Um dos aspectos da sortílega paisagem reside na contingência, que tanto se tem repetido, de registrar-me falecido no falecimento de outrem, indo-me, com todo o resto, no repertório de quem veio a se extinguir. Próximo ou longe de meu interesse, quando alguém morre, leva-me consigo, porquanto era a minha pessoa um dos componentes de seu repositório, existindo eu no campo de seu conhecimento com a minha existência criada por seu existir. Cabe, indiscutivelmente, a conclusão de que há graus de presença no acervo de minha personalidade: decerto que mais saliente, em mim, resulta ser aquela que maior número de vezes tocou a minha sensibilidade, sobrevindo com os seus passos ou endereçando-se a ela a minha iniciativa. A bem menor grau, nessa escala das inscrições em meu repertório, se retraem as figuras que, de todo desprovidas de contactos com a minha vigília, apenas desfrutam, nela, a condição de mera possibilidade quanto ao conhecimento analítico de seus vultos. Em índice de possibilidade e não de realidade empírica, essas figuras, que são individualidades postas no recesso do gênero, não se livram de participar da morte que acaba de ocorrer, em algum ponto da terra. À margem de meus perecimentos de menor relevo, os quais aumentam com a procrastinação de minha morte pessoal, estende-se o capítulo das extinções das possibilidades quanto a conhecimentos que

A METÁFORA DA LÂMPADA

não mais se efetuarão, em virtude de falecimentos havidos, sem dúvida; de mortos que me incluem neles, independentemente de não me terem visto nem sabido, em respectivos e concretos conhecimentos.

Em raras ocasiões a morte se efetivou diante de meus olhos com o predicado litúrgico de haver, em mim, o pensamento de minha inserção nela, em simultaneidade com o ato de eu morrer fisionomicamente em quem morria. A freqüência com que ela costuma operar-se a distância, determina a incapacidade sentimental de me ver, dessa forma, em constantes e irremediáveis desaparições. Acontece que a afecção do momento me impede de converter a simultaneidade da morte e de minha consciência de nela envolver-me, em unção de requerida misticidade; ainda acontece que as presenças ativas, os objetos de minha consideração, igualmente me impedem de elevar a místico desvelo a conjuntura, então atendendo a que são múltiplas as mortes sucedidas na minha ausência, e serem em ininterrupta prossecução, talvez sem hiatos de tempo, os falecimentos em que faleço.

Mas, quando reflito sobre o meu pensamento básico, e isto se verifica sempre que releio uma página e outra de *A Ordem Fisionômica*, advém-me a ideação de que a vida de cada um — evidenciando-se a minha em particular — é o continente absoluto, no interior do qual os conteúdos se lhe filiam como pertences sob exclusividade única. Apreciá-los, discernir acerca de suas existências, representa um exercício que é homologador da importância cósmica desse mesmo continente. Incomparável valorização distingue esse modo se cada um deferir a si mesmo, com o efêmero de uma vida humana a altear-se à posição suprema, a magia encantatória de aparecer como o senhor de quanto se lhe oferece, inclusive o êmulo que ao seu lado se crê em idêntico privilégio. Ocupando um desses lugares, avoco a mim toda a vizinhança e o mais que se estende na intérmina perspectiva; e para tanto, em vez de utilizar todos os sentidos, escolho o da visão, porque somente ele, em grau desejado, me propicia as ocasiões de atuar, imiscuindo-me no seio do existir que proporcionei à inteira realidade. O domínio sobre os conteúdos de meu repertório, alcança, através da visibilidade, a via mais prodigiosa que me é dado usufruir; ela se fecunda enquanto a percorro, concede-me simplicidades, proveitos instantâneos, que, bem apreciados, significam imanências do caminhante, no caso, o meu belvedere a deferir,

20 O LUGAR DE TODOS OS LUGARES

conforme o seu estojo, os aparecimentos e desaparecimentos acontecidos. O meu ser equipara-se à lâmpada que, ao acender-se, traz à existência visual os objetos que até esse minuto permaneciam inexistentes para o eventual contemplador; apagada a lâmpada, as coisas voltam à anterior e perecente obscuridade. No campo da exclusiva óptica, a fonte de luz se fez existenciadora ao promover o nascimento das figuras descobertas, e a existência destas teve a duração de sua claridade.

Sucede, entretanto, que a minha existencialidade demonstra maior percuciência que a obtida em face da luz: ela, com os predicados da memória e da imaginação, interna-se aquém da atualidade a que me acomodo, aplicando-se ao passado, ao acervo que, indiretamente, não escapa à minha recepção, ao tipo de testemunho que, em tempo ainda — o meu tempo fisionômico — vem de firmar-se, pondo-se em existência que se dá porque eu existo e a mantenho em minha qualidade de estojo único. Por isso que toda a prática de minha captação, a cognoscibilidade total com que me preencho, traduz o que se poderia explicar, em virtude da vigília de meu ser, como a inscrição em minha atualidade para efeito de comigo extinguir-se. Toda a existência fisionômica se insere em minha contemporaneidade, os pretéritos que sem cessar se avolumam, habilitam-se ao perecimento de meu vulto, denotando aqui e ali o seu atendimento às dimensões de minha escala, como se houvera, ao se investirem da existência que lhes propino, o empenho, por parte de todas as coisas e cenas, de se adaptarem à véspera do falecimento, não obstante nascidas há bem pouco.

Tomando o sentido visual como a janela na qual me debruço a fim de conferir existência a quanto se passa, capacito-me ao melhor método para a existencialidade: em concomitância com o ato de conhecer, sinto que os olhos me convencem de minha criatividade para a existência, que a matéria sob a minha posse é inerente ao meu pessoal existir, facultando-me uma liberdade de dispor dos objetos visíveis que, valendo-me do ensejo, os descubro fiéis e a cada instante obedientes aos toques de minha iniciativa. Parece-me tão plástica a realidade, que os tenho por dirigidos aos processos de meu engenho que facilmente os transforma em signos que, por sua vez, externam as ratificações da existência em mim. Por meio da lupa de meus olhos, leio faces que me antepõem a permissibilidade para que anuam aos títulos, aos nomes com que as distingo em certas opor-

A METÁFORA DA LÂMPADA 21

tunidades de uso. A solicitude dos aspectos, das posições, dos lugares, preserva em mim a legitimidade da posse em relação a eles que nada sonegam aos arranjos e urdiduras de minha lavra. Trata-se de variadíssimo elenco, no qual seleciono os atores preferidos por minhas duas ópticas, a externa e a interna, quando não surgem por si mesmos, em correspondência com a qualidade e o reclamo de minha receptiva. Solidários com o tempo de minha visão, com a brevidade de minha vida, nenhum dos intérpretes, quer animados quer inanimados, se recusa a confirmar a angústia de serem todos, comigo, na fatalidade da absoluta desaparição na minha morte; há, por conseguinte, uma significação primeira, que paira sobre as demais que produz o meu engenho: a significação do funeral para dia incerto, eles assemelhando-se a indivíduos que, inscientes da incurável e mortal moléstia, despreocupados persistem em seus normais afazeres. A iminência de extinguir-se perfaz-se endopaticamente, e, à maneira da atmosfera que recobre os seres e lhes assegura a vida, tal emanação, partida de mim, pousa naturalmente nas efígies e fatos de meu belvedere, e naturalmente eles afirmam o espontâneo do contágio; de sorte que, ao longo de meu convívio com a minha contemporaneidade, se torna comum e de fácil encontro, em cada coisa que se isola ou se agrupa, a asserção de que jaz ali a alegoria do perdimento.

Sem embargo da persistência dessa significação, outras se verificam sem no entanto, se acaso lhe são logicamente inconciliáveis, impedir que ela se conserve em sua presença ubíqua, inteira em sua atualidade perseverante, apenas requerendo, para que desperte de alheamento momentâneo, uma contemplação mais atenta na própria efemeridade de meu corpo diante de cada um dos objetos. A circunstância de mover-me, de versatilizar o emprego da visão, de si mesma já indica o conspecto do perdimento, a estada do nome funéreo que, dessarte, se insinua em menor índice porém o bastante para se deixar entrever pelos meus olhos. A força que se contém na angústia de perder-se, apesar de persuasiva e atraente, há de ceder muitas eventualidades a episódios, a painéis e relações cênicas de desejado entretenimento, sem os quais do vocabulário cosmológico se excluiriam as nominalidades do prazer, do contentamento em resguardar-se cada vulto no seio de sua pessoal existência. Dentre as atitudes dos participantes de meu repertório, sobressai-se a da inconsciência daquele papel primeiro que eles representam com as suas faces a se conduzirem dóceis ao perecimen-

22   O LUGAR DE TODOS OS LUGARES

to comigo e passível de realizar-se a qualquer instante. Se em mim a contemplação se ressente da mágoa metafísica, aos atores em desempenho, perante o meu olhar, evito que assimilem com os seus divertimentos o dano de os verem prejudicados. O desconhecimento dos papéis que encarnam, desde o da representação da véspera do findar-se comigo, até a representação mais singela e pequena, soe favorecer o criador e contra-regra que residem em mim, pois que uma disponibilidade mais fértil se desnuda em seus rostos; portanto, a minha experiência como demiurgo, mercê de minha visão, se consolida graças ao silêncio, à discrição de minha pessoa, o qual silêncio evidencia a sua natureza estruturalmente necessária para o êxito de meus ditames.

De preferência, pelos olhos chega-me a impressão, às vezes com o acento de aura estésica, de que a posse de quanto sei e de quanto não sei, por sua modalidade universalizante, me prodigaliza — cada um dos seres humanos declararia a mesma coisa — uma posição de tal privilégio que me permito sobreestimar a circunstância de meu nascimento. Possuir as condições para o conhecimento e assim existenciar, qualifica o ato de viver de cada um, o sortilégio acrescentando-se em face de caber, como no caso de meu miradouro, a prerrogativa de, à passividade do conhecimento, efetivar a promoção de signos, todos eles articulados à motivação de minha própria existência. Por mais diversos, por mais díspares que se patenteiem os retábulos que fomento ou crio por meio do cotidiano elenco, permanece intacto o elo de serem todos existentes em mim, em virtude de minha existência. Imperceptível e inapreciado, o fio de aliança entre os meus olhos — a escolhida fonte de conhecimento — e as figuras que eles abrangem, tanto diretamente como por interpostos vultos, persevera incólume ao longo do diário relacionamento, firmando-se, sem exceção nenhuma, aquela impressão que exala de meu espírito: impressão de se conterem em meus limites todos os limites, de a elasticidade englobadora de meu ser não deixar que se entorne dele qualquer dos surgidos aparecimentos. Anotada conscientemente a inconsútil ligação das coisas ao ser de minha individualidade, concedo aos meus olhos o predicamento de compor e instituir a unidade que fundamenta o *nós;* para tal fim armando-se em metáforas, alegorias, instalações simbólicas, imediatas revelações, procedimentos explícitos, os quais desvendam, no ato de surdirem, na demora de se mostrarem, a óbvia essencialidade de traduzirem a significação de eles serem de mim, e estarem em mim.

A METÁFORA DA LÂMPADA   23

A ninguém posso transferir o flagrante visual que registro com a abertura de minhas pálpebras, a menos que o descreva pelo desenho ou pela escritura; de modo que as percepções de minha óptica, de mim se divulgam com a perda de sua identidade imediata, se transformam em algo que não é a minha visão em originalidade, e sim as versões do que ele exibiu a meus olhos. Acontece ainda que, dentre as anotações de meu belvedere, além do que a vista apreende, contam-se as efígies de minha imaginária interior, aquelas construídas pela atividade da mente, quando não só aproveito as faces anteriormente conhecidas, como invento outras, inexistentes no plano da realidade; todas elas, as percebidas e as imaginadas, aumentarão o repertório de cada um de meus leitores, aí restando quer acendidas, quer apagadas, mas de certa forma constituindo uma dimensão fugidia dentro de meu próprio ser: o que me pertence em primeiro grau, o que se integra no campo de minha autoria, diluir-se-á, reconfeccionar-se-á em nuanças a partir do momento em que o veiculo às pessoas componentes de meu repertório. No fundo, o meu convívio humano representa a monologação a muitas vozes, nada saindo das fronteiras de minha personalidade, tudo se unindo no corpo permanente de mim mesmo.

A visão dispõe de uma faculdade de controle sobre o seu respectivo objeto não apresentada por qualquer outro sentido, consentindo o olhar que a realidade se governe de acordo com a vontade do contemplador, se ordene em posições e ritmos que em algumas ocasiões se equivalem a inventivas que, sem adulterações, ele produz com a sua óptica. A disponibilidade do real se franqueia mediante a presença de irrequieto miradouro, pronto a variar as tessituras de seu repertório, valendo-se das permissibilidades do comum cotidiano. Na prática da visibilidade, se discernem as clarividentes modalidades e imobilidades de figurantes em solidariedade com o motivo que lhes estabelece a criadora lupa. Dediquei-me a decifrações e intitulações que o ato de ver me estimulava, e de todas as formações que pude consignar, a que mais assídua e explícita se me defrontava e ainda se me defronta, foi a da alegoria do perecimento comigo: parecendo que a minha receptividade se resumia à antecâmara que tivesse por fim modelar os visitantes segundo o estilo substanciador, fixado para o seguinte e procurado ambiente. O movimento de meu corpo, o movimento do vulto por mim objetivado, o meu gesto de fechar as pálpebras, induzem à significação do perecimento, competindo

24 O LUGAR DE TODOS OS LUGARES

ao meu cuidado a missão de artisticamente aperfeiçoar a configuração da alegoria. Descortino, conseqüentemente, uma situação em que nenhum obstáculo contradiz o meu intento, a solicitude a confundir-se com a naturalidade, o nome falecimento vindo célere, em simultaneidade com as visíveis aparições. O perecimento que aflora de minha visualidade é o perecimento em véspera de efetuar-se comigo, a prévia habilitação a algo que ignoram os entes na plenitude dos ensaios, ninguém a perceber-se do nome que na hora o reveste.

Assumo, portanto, um papel que em minhas personagens melhor incidiria: o de outorgar-me na unção de elas se exercitarem na morte comigo, à margem da unção que em particular me diz respeito. Sem lhes insinuar a dependência em que estão no tocante a mim, e muito menos lhes advertir quanto à igualdade de duração de suas vidas e a de meu belvedere, acumulo em mim os pensamentos e sentimentos dessa conjuntura, com os prestimosos intérpretes na insciência do que, a rigor, se oferecem a desempenhar. Assumo, ainda, um outro papel no transcurso dos convívios: na atitude de não revelar o sentido de minha existência, de nenhuma tentativa de dizer a alguém a posse em que o envolvo, vejo-me na contingência de, se porventura lhe descobrir o segredo, escutar desse alguém o reparo de que é ele o continente de minha pessoa, a quem, por minha vez, me relaciono com dependência fatal de sua vida, com subordinação à data de seu perdimento. A reciprocidade do entendimento sem dúvida resultaria danosa ao urdimento da ordem fisionômica, os protagonistas, ao se despirem da espontaneidade, afetariam toda a expressão das cenas, à semelhança da fotografia em que os figurantes, que deviam mostrar-se despercebidos do fotógrafo, olham no entanto para a lente da máquina.

2. O Repertório Cênico

A neutralidade do mundo em relação a mim, com todo o cortejo da indiferença, não exclui a autenticidade de minha posse a que ele se submete. Os participantes desse mundo, com o desconhecimento de que existe o meu belvedere, se dão a ensejos que se positivam mais ante o meu engenho do que se, conhecendo-me, tomassem posturas decerto impróprias às formações de minha preferência. O segredo do demiurgo não deve ser desvelado às efígies de sua criação, o aprofundado desvendamento redunda prejudicial às criaturas e ao criador, meu olhar vindo a concorrer com a lente do fotógrafo que se desfaz da fotografia se um dos presentes ultrapassou a fronteira da objetividade, ao deter o olhar no ponto proibido. Por tudo isso utilizei o nome indiferença como a entidade que mais assiduamente me cerca a atividade do miradouro, a discrição, a timidez, adquirindo uma fecundidade que nem sempre alcançam os predicados opostos. Com o sigilo de minha concepção, muito experimentei o nome indiferença — o mais sugestivo, talvez, no domínio da morte fisionômica — visto que a minha lupa se realçaria demasiado se os meus participantes passassem a saber de meus intuitos em evidenciar-lhes o sentido de se conterem em perecível repertório, de deverem a mim o ser e o estar fisionômicos. Contrariamente ao que sucede na carreira teatral, os atores de meu elenco se frustrariam em seus papéis se acaso conhecessem o sentido de seus de-

26 O LUGAR DE TODOS OS LUGARES

sempenhos; daí a necessidade de se manterem incólumes no espontâneo comportamento os protagonistas que entretanto encarnam, à revelia de si mesmos, a motivação mais cara e suprema: a de se subordinarem à perduração de meus olhos, vale dizer, ao meu existir receptor e pessoal. Quanto a mim, sempre que possível a aliança da amizade, me inscrevo, quando o sentimento a isso me encaminha, no repertório de alguém de todo ignorante de minha prática; então, procuro harmonizar, com o módulo afetivo desse alguém, a representação que tenho por mais adequada; de modo que, extinguindo-se ele antes da minha extinção individual, a minha morte, que se verifica nesse prematuro falecimento, a morte fisionômica, se dê sem ressalvas contristadoras no tocante a mim.

Há, por conseguinte, a oportunidade de uma ética de procedimento instituída em mim, a qual se capitula na liturgia do morrer; dita oportunidade se torna exclusiva de minha pessoa, e se origina do fato de eu não advertir os meus intérpretes sobre o desempenho que lhes determino à puridade. Uma parcela da vida se constitui pela ocupação e preocupação de eu bem perecer no perecimento de outrem; e, em face do lutuoso intento, ocorre que a cena última, em que me deparo com algum rosto que importa a mim conservar a lisonjeira impressão de meu vulto, sempre se contagia do extremo zelo, assumindo, na auto-observação a que me emprego, o caráter de cena assim tomada por derradeira. Levando a exagero o teor dessa ritualidade, de maneira que em todos ou quase todos os encontros, a minha figura se ressinta do falecer ainda em grau de hipótese, a existência diária se faria monasticamente incômoda. Todavia, para certos componentes de meu repositório, não detenho a inclinação de contemplá-los com o ânimo de perdê-los, o que se prende a uma qualidade de amor que preciosamente me toca, sem embargo de o meu contentamento de aí estar, vir a reduzir-se com a tristeza de sua indicada irrepetição. Em geral, à pessoa não acode o pensamento de que o indivíduo com quem se defronta, agora, possivelmente se finará logo depois, não se prevenindo, para efeito de adensar-se o encontro, com a liturgia de este ser o último. Nas ocasiões em que, tudo indica, outro contacto não há de suceder, uma ritualidade se desenha, esboça-se um entendimento de mais uma terna cerimônia. Mas, quando a surpresa da morte apanha o que se descuidara do cabível enternecimento, a sensação de leve culpa se infiltrará na recordação desse sobrevivente, e mais ainda a de que o painel do re-

O REPERTÓRIO CÊNICO

cente contacto se interrompeu abruptamente, que lhe faltou algo de complementar: a liturgia do perecimento.

Em trechos de *A Ordem Fisionômica* me preocupo com a exposição de velórios e de enterros, extraindo-lhes as tarjas concedidas pela visão, detendo-me assim em conjunturas ante as quais ela, a visão, aparentemente não se mostraria o meio mais favorável para o desvendamento do não-ser. Com efeito, a véspera do falecimento, exibindo-se desacompanhada de anúncios quanto ao próximo desfecho, como que prescinde dos olhos que requerem evidência, e em seu lugar talvez prefira as desenvolturas das palavras e frases, de sorte que o descritivo de tais cenas melhor se disporia a recolher os entremostráveis pressentimentos; em verdade, ao refletir sobre o andamento do entrecho, o comparsa vislumbra em sua lembrança o que o seu direto e exclusivo olhar não atingiu: uns tons de despedimento na maneira como se comportou o perecido vulto. Na hora, o exame que o belvedere porventura empreendeu foi insuficiente para descobrir, na face do interlocutor, a sombra insinuativa que, ao cientificar-se do advento da morte, o companheiro sobrevivo patenteia nos momentos da recordação. Se ele transporta a lembrança para a fixidez da escrita, refabulando o acontecimento, este se aclara como o não fizera aos olhos confrontantes, aos quais não se prognosticou o falecimento prestes a sobrevir; anota-o o escritor ao rever na mente o gesto que no original instante lhe surgira comum. A confecção artística, no caso da escritura, sobreleva ao testemunho imediato, verificando-se que este não é bem um elemento irretratável, porque as disposições da receptiva nem sempre se ajustam de todo à intimidade cênica; a validez da interpretação exposta pelo evento em causa, muita vez se positiva quando ele se coloca em recesso, transferido à lupa da imaginação e da memória. Conclui-se que as obras da arte representativa, as que se baseiam em sucessos da realidade, contêm, afora outros atributos, que as caracterizam, mais este de poderem externar, por fim, a significação que se escondera à visão direta.

Indo a extinguir-se na morte de alguém, assim associando-me à mais profunda solidariedade, parece-me consentânea a regressão de meu interesse aos retábulos havidos entre mim e a pessoa que faleceu; de forma que, retificando alguns ou muitos dos teores que desde outrora eu conservava, possa mais aglutinadamente me ater à existência da figura perecida; então, a minha atitude consistirá em trazer,

28   O LUGAR DE TODOS OS LUGARES

tanto quanto possível, ao plano da convivência, o estilo de ser no plano da morte. A realidade nortear-se-á, em mim, sob a feição da historicidade, porém esteando-se no módulo da pessoa extinta, a partir da qual modelarei o meu vulto, buscando similitudes, coincidências, mutualidades que me sensibilizam como valores para a amorável identificação. Descrever uma ocorrência é a forma aguda de prestigiá-la, atendendo-se sem dúvida ao que a realidade estatuiu, mas imprimindo-se-lhe compassos e posições que, embora não tenham sido os de sua originalidade, entretanto servem para conferir ao objeto a significação que se ocultava quando de sua estréia aos olhos do narrador; também se podem adotar as localizações e ritmos do natural surgimento, manter intacto o acontecer havido, e no entanto o leitor aspirará, pela circunstância mesma de estar escrito, a uma disponibilidade de entretenimento, de vivaz fixação que, em última análise, reforça na cena o seu privilégio de haver existido. Acrescente-se a isso que o ato de escrever é igualmente um exercício de descobertas, o cursivo das reflexões soe conduzir a achados que para o próprio escritor representam surpresas, prestigiando-se o fato ante os aditivos que o ladeiam e lhe avolumam o prospecto, na imaginativa do leitor.

Ninguém processa o comportamento para o fim de vê-lo realçado e resguardado pela versão escrita. Além de impraticável o cometimento, segue-se que muitos dos retábulos da vida não merecem a duradoura escritura; via de regra, os dignos de gravar-se não obtêm, para a sua estabilidade, o coadjutório da respectiva crônica, de maneira que se perderam e se perdem admiráveis entrechos, com ou sem testemunhos. O trabalho do memorialista, daquele que não procrastina a averbação do que acaba de ocorrer, importa em raridade, à vista da infinitude de sucessos desenrolados no tempo. Não sendo a arte um costume cotidiano, resulta que os rostos em geral, com se retraírem ao fatal esquecimento, se isentam de quaisquer meios que lhes facultem a perseverança de seus próprios seres em minha retentiva. Tais personagens, e são a incomensurável maioria dos contemporâneos e a ilimitada multidão dos existidos anteriormente a mim, os considero inclusos em meu repertório fisionômico, com a mesma subordinação ao meu particular existir que os componentes de minha atualidade doméstica; apenas, eles escapam à crônica de meus dias, se recolhem ao horizonte em que se esfumam, impossibilitado que estou de removê-los para a ênfase de seus prospectos diante de meus olhos, e, em conseqüência, contar com os

O REPERTÓRIO CÊNICO

respectivos gestos para o elenco de alguma trama alegórica.
Entretanto, esses vultos que me antecederam ao nascimento
não são de todo desprovidos de comparecimento perante
mim e em mim: o recurso da outorga, da delegação, se
presta a me conceder um tanto daqueles convívios pretéritos, e a imaginação, com a sua prodigalidade, me exibe faciais relacionamentos dos acontecidos de outrora; além disso, e por força das persistências humanas, sei das atitudes
e expressões assim de agora como de antigamente. Contando com a possibilidade de, dessa maneira, reconstituir corpos e painéis em grau de presumidos, de algum modo os
situo no âmago de minha crônica, e isto com zelos e cuidados que, não obstante o distanciamento, a veneração me
obriga a aplicar.

O parentesco espiritual, as semelhanças entremostradas
pela intuição, as proximidades de sentimento que, estou
certo, me articulam às personagens de meu devotamento,
alteiam-se como fatores de um exercício dos mais deleitáveis na confecção de meu caderno de nótulas, do álbum
cujo preenchimento me tem ocupado de muito cedo: trata-se
do exercício de adicionar à individualidade de alguém a individualidade de algum daqueles entes a mim espiritualmente consangüíneos, alcançando, com os meus olhos, o
semblante que vivera em intestemunhada época. Desconhecendo a identidade que se lhe adjudica, a face em consideração passa a cumprir um encargo do qual dificilmente se
exonera, em mim: o de ator, análogo aos da dramaturgia,
sobretudo àqueles, em índice pequeno, que, no curso da
profissão, se especializam num único papel. No mundo fisionômico, a disponibilidade das figuras em mim, consente
que várias se dediquem a esse gênero de representação, obedientes ao contra-regra que há em mim, sem contudo jamais
apreenderem esse novo devotamento, paralelo ao outro, o
de sua realidade segundo elas.

A facilidade de converter-se alguém em protagonista
de algum papel em minha imaginação se faz tão freqüente
que se me confunde em hábito, eu me descobrindo, nos
momentos de gratuita meditação, a investir uma pessoa de
meu conhecimento na urdidura do devaneio, atribuindo-lhe
um mister de que ela nunca suspeitara; no íntimo da reflexão reside um selecionador de personagens, o qual, uma
vez apresentado o curto libreto, de imediato, a um tempo,
indica e emprega o ator solícito, inegavelmente o mais adequado para as exigências do papel. Os ideamentos mais

30 O LUGAR DE TODOS OS LUGARES

simples, mais corriqueiros, determinam uma instantânea encarnação, aparecendo o vulto de meu conhecimento, aquele que possuía o predicado de ser, com exatidão, o intérprete agora convocado. Banais e sérias tessituras da imaginação se operam, tendo por sustentáculo visual os participantes de minha experimentada convivência. Há, em cada um deles, a habilitação a incorporar alguma idéia cursiva que me acode, qualidade de que nenhum se apercebe, e que somente se efetiva, e com absoluta perfeição, no estrado a que ninguém em realidade comparece, no palco exclusivo de minhas figurações mentais. Nesse aproveitamento de um vulto conhecido, para efeito de exercer um papel que está no pensamento de outrem, encerra talvez a mais completa prova de conhecimento quanto à fisionomia desse vulto. O seu contingente de atitudes, de gestos, de reações possíveis diante de determinada motivação, enfim, a capacidade expressional de sua figura, por mim sabida, e como se os contactos empíricos foram ensaios à vista do desempenho que cumprem agora em minha imaginação, estabelece uma tão corrente espontaneidade que lembra a do acotnecer comum perante as minhas pupilas.

Às vezes, alguns desses desempenhos ressumam tanta importância em minha sensibilidade que os tenho por nivelados a outros que a visão física me oferece. Do ângulo facial em que me coloco para positivar o meu poder existenciador, não vejo por que diferençar os conspectos cênicos da objetividade e os conspectos cênicos da imaginação; a óptica é una, ela abrange os dados que a realidade lhe distribui, mas, ao fazê-lo, todos se convertem ao sentido fisionômico de dependência ao meu existir, tal e qual sucede com os desempenhos de minha imaginativa. A qualidade de ator, tanto se evidencia nos entes que se defrontam com o meu olhar, como nos cometimentos do devaneio: cometimentos figurativos, situações encarnadas por intérpretes, e, fisionomicamente, mais ilustrativas do ser em subordinação à minha existência. Com efeito, a exclusividade da platéia, o fato de nascer e desaparecer em mim, sem a co-visibilidade de mais ninguém, corresponde, em miniatura, à cosmogenia de existencialmente limitar-se o universo à claridade de minha receptiva. Pensar com a utilização de efígies, o que acontece no comum da atividade mental, é o mesmo que mobilizar na rampa os atores que logo se apresentam ao programado desempenho, os quais, por milagrosa coincidência, se constituem nos mais próprios dentre quantos viessem a concorrer à convocação do empresário.

O REPERTÓRIO CÊNICO 31

Reclusa aos meus pensamentos, a imaginária interna se sobressai pela variedade de representação, havendo em mim um versatilíssimo inventor de enredos, de curtas e compridas situações, inclusive restringindo-me, em certas horas, ao uso de uma só personagem; de sorte que esta, se vira a quantos papéis se amoldara, dissera que as suas atuações em meu ideamento se verificaram mais consoantes que as oriundas de sua solta iniciativa. A privatividade de minha fabulação nunca se exagera ao ponto de ofender as linhas da realidade, adulterando-lhes o que firma o idêntico a si próprio. A lei da admissibilidade, governando a conduta de meus pensamentos, permite que eu conduza a diversas e ainda opostas circunstâncias o vulto que a meditação selecionou para os seus entretenimentos, sem que a pessoa em consideração se altere naquilo que lhe forma a individualidade. Decerto o protagonista se espantara ao sentir o fecundo de sua eventualidade de presença; por mais vulgar que pareça o intérprete, as oportunidades de êxito cênico se multiplicarão desde que o contra-regra, dentro de mim, se disponha a movê-lo ao estrado das exibições, para mim apenas. Sucede, em não poucas ocasiões, que, à falta de seguro controle, levo a recantos, que devera impedir, a personagem de certa urdidura, desculpando-me, em face do sobrevindo arrependimento, com a coonestação de que a efígie se reserva a tantas nominalidades que se torna difícil sonegar-lhe o ensejo, a menos que me adstrinja a motivações sem curso, como as da alegoria escultórica.

Muitas das atuações reais não preenchem a satisfação do indivíduo: ele as completa, as corrige, as aprimora ou desaprimora consoante as exigências de seu íntimo que, impossibilitando de promover as reformas no decorrer da objetivação, as pratica ao rememorar o teor do acontecimento. Dessarte, o que se tem por objetivação — realidade suscetível de reconhecimento por todos os seus receptores — significa algo que prossegue, em estrutura figurativa, no pensamento de quem a si avocou o interesse pela conjuntura, algo que encontra no devaneio desse receptor as condições faciais que o estimulam a promover os reparos que ele não conseguiu enquanto contava apenas com a referida objetivação. Uma oficina de indispensáveis consertos estaciona na vida mental de cada vulto, demonstrando que uma substância única — o universo da imaginária, o conteúdo da visão — se estende aos dois territórios, o da objetividade e o da subjetividade: substância que fundamentalmente não se vulnera quando dividida nessas duas dimensões de há

32 O LUGAR DE TODOS OS LUGARES

séculos apreciadas como díspares e de teores impermutáveis. No entanto, a cenaridade, a imaginalidade se oferece inteiriçamente a ambas as modalidades de meu belvedere, a que se dirige ao exterior e a que se esquiva na intimidade dos pensamentos.

É esta visualidade global, com igual tratamento recebido de mim, que conceituo sob o predicamento de uma só substância; sem distinguir os conteúdos de sua presença, desfruto as duas vias na qualidade de uma só dimensão, na afirmativa da qual o meu ser se mostra possuidor de mais esse requisito: insere algo de diáfano por onde se continua, inconsutilmente, o acervo de meu repertório fisionômico. O universo das formas, notadamente as humanas, revela-se o único a satisfazer as solicitações das nominalidades, fecundo em corresponder, através da perenidade e da diferenciação dos valores ópticos, à temática sugerida, programada por meu engenho. Com o estendal das figurações, todas as vezes que ativo os meus olhos, com a certeza de que estou a deferir existências, com a vista a apreender o conteúdo de meu repositório, sinto-me, diante ainda do exercício também visual de meus pensamentos, como o ponto significador de entidades congêneres — o campo figurativo da objetividade e o campo figurativo de minha mente — sem o qual não se verificaria o mundo em sua completa e fisionômica existencialidade. Umas e outras, as objetivas e as mentais, se põem em docilidade sempre que lhes encareço a homologação de meu significado perante elas; a minha personalidade equivalendo-se à lâmpada, com o corpo iluminado a ser a concludente prova de que sem ela, a lâmpada, o nada da escuridão o envolveria em grau de desconhecimento, em face do recém-vindo belvedere.

Acrescento-me, por conseguinte, ao ver-me comparado à fonte luminosa; e atendendo a que a mesma alegação pode ser formulada por qualquer outro indivíduo, cabe-me, em certos instantes, conjecturar a fundo acerca da circunstância de me compreender no repertório de outrem, de equiparar-me a uma coisa que deve à luz do momento o sortilégio de escapar da sombra que lhe impedia a fisionômica existência, isto é, o ser e o estar no repertório de alguém. Paralelamente ao fato de a minha pessoa proceder ao existenciamento de quanto se manifesta ao meu conhecimento ou a ele se faz passível, instaura-se outro fato não menos cosmogônico: o de minha figura, em reciprocidade que se multiplica indefinidamente, ser existenciada no repertório de

O REPERTÓRIO CÊNICO

outrem, segundo a instância, presumivelmente derradeira, por parte desse outrem, que, em semelhança à prática de meu belvedere, sem dúvida aliciará o meu corpo nas urdiduras da mente ou da externa óptica. Achar-me-ia na condição de ator que ignora o papel que entretanto desempenha, insciência esta que não me impossibilita de incentivar o meu contemplador, de preferência aquele que mais o merece, com atuações e inatuações que induzem, de mim, a interpretações até suscetíveis de me situarem em desfavorecimentos, quer no devaneio em que ele me situa, sem que eu o saiba, quer em fortuita situação em que a seus olhos me aplico, sem inteirar-me desta outra versão, por mim também externada.

3. A Comunidade Óptica

Todavia, a conjuntura de minha disponível presença na imaginação e no miradouro de contemporâneos, com o séquito de suspeitados e insuspeitados desempenhos, se integra em meu repertório, pertence ao acervo de meu álbum, existencia-se em virtude de minha pessoal instância; portanto, desde que a natureza de meu conhecimento, em índice de absorção universal, é absolutamente exclusiva de mim, segue-se que, no ritmo das mutualidades, ela se desenrola como um exercício que se efetua a expensas de mim mesmo, durante o qual me subdivido em personagens que analogamente se subordinam a meu miradouro. Toda a minha contemplação importa em afirmar a existencial dependência da coisa contemplada no tocante a mim, e do preenchimento de meu repertório não se excluem os repertórios das demais pessoas, vindo a identificar-se a contemplação e a imanência. Conjugando-se ao meu repertório, o acervo de outrem, onde se encontra a minha face, dá-se o meu escalonamento aos meus próprios olhos, em outras palavras, descubro-me em perspectiva, autovisualizando os distanciamentos em que me propago. Se, nas ocasiões de minha iniciativa sobre os rostos de meu particular elenco, me esmero na fabulação de temas que ratificam a sua aliança ao meu existir, no caso das fabulações de outrem, insinuo-me em seus belvederes, às vezes sutilmente, a fim de ver-me nos olhos de quem habita o meu ser. A rigorosa objetividade gradativamente se atenua à medida que me aproximo de mim enquanto no

36 O LUGAR DE TODOS OS LUGARES

repertório de outro alguém, ao passo que a minha universalizante subjetividade alcança o que reside em seu interior.

A escala de meu vulto metrifica as possibilidades de interpretação de cada um dos protagonistas, de forma que a reciprocidade de ser, de mim aos outros, dos outros a mim, se estabelece de conformidade com o módulo de minha receptiva, mesmo porque nada se propõe a corporificar-se em meu repertório sem deixar-se medir de acordo com os vãos deste receptáculo. As nominações, os temas que pairam em mim, e aos quais demandam os atores que se candidatam ou atendem à minha solicitação, têm, por sua vez, uma capacidade de aglutinação que se mensura ao compasso de meus padrões emotivos. Observo-me constantemente na posição de personagem sob o controle fisionômico de alguém, e, dispensando-me, por motivo óbvio, de indagar a respeito do assunto a que me emprego, apesar de mim, procuro — mercê de alguns dados obtidos na hora, ou propinados pela convivência entre nós ambos — traduzir o que em verdade ocorre na mente do interlocutor; com a ajuda, inclusive, de seu semblante, empenho-me em devassar a rampa onde estou a representar um papel, desejando que o esclarecimento se alongue às horas em que, no silêncio e dando curso às meditações, ele, com certeza, também me encarna em algum entrecho que o absorve. Tentativa e aspiração que naturalmente se mostram absurdas, mas exprimem a curiosidade sobre os extremos de meu repertório, são manifestações do anseio de conservar-se-me ininterrupta a vigília. Efetivando-se, diariamente, inumeráveis transgressões àquela curiosidade, compenso-me ao reconhecer que as próprias interrupções, os hiatos na pesquisa de mim mesmo em outrem, encerram uma significação profundamente positiva quando inflito o miradouro para o domínio da morte. Na estrutura de meu acervo, as configurações que implicam ausência de algo, isto é, todo painel que me foge aos exercícios da lupa e aos empenhos de meu corpo informa sobre o impossível da ubiqüidade de minha visão, e se impregna de sentido explicitamente alegórico: o do não-ser de meus olhos que, um dia, se deferirá de maneira absoluta. Esses intervalos que tanto dividem e enfraquecem a minha faculdade contemplativa, costumam fertilizar o nome indiferença, o qual, incidindo, a mais, em meu belvedere, como que aproveita a descontinuidade deste órgão, a fim de empecer o diuturno enquadramento dos painéis em mim. Muito cedo postas em ausência, as coisas da visão, por sua imensa variedade, difi-

A COMUNIDADE ÓPTICA

cultam a perfeição com que eu estimaria acolher o repouso de uma nominalidade sobre os decorrentes entrechos.

A circunstância de se moverem os meus olhos, se para determinados efeitos resulta afirmativa, principalmente quando procuro, com a devida isenção, tecer assuntos cursivos, às vezes com o uso de várias nominações, todavia redunda descaroável nos instantes em que necessito demorar-me no objeto em visualização, ungindo-o com a cobertura de estático nominamento, de algum título genérico. Verifica-se que esse objeto, mesmo consistindo em figura humana, a quem não revelo o nome que nesse momento ele encarna, se investe num tipo de atendimento ao papel que se capitula mais em mim que nele, o semblante em foco. Em virtude da auto-incógnita do desempenho, cria-se a passividade de ser perante mim, a congênita disponibilidade qualificando o mundo cênico, enquanto se alteia a prerrogativa de minha personalidade; competindo-me, entre inúmeros misteres, o de ver o meu corpo igualmente no caráter de alegoria diante de meus respectivos olhos, externando-me a mim sob o nome que o meu vulto está a oferecer.

Imóveis ou móveis, as personagens e painéis de minha vista no entanto imergem em passividade ante a minha lupa, e assim têm, nesse predicado, a indicação de serem de meu repertório, inclusive a minha face que tantas vezes ponho em desempenho como se fora outro indivíduo, de todo esculturável por minha fonte receptiva. Tudo quanto existe me assinala a presença de meu ser, trata-se de uma permanente iluminação partida de mim mesmo, que sou a finita e ilimitada luzerna. Aos olhos dos protagonistas, dos seres que formam o elenco de minha visibilidade, configuro-me também em passividade fisionômica, e ainda, na maior parte de minhas apresentações, a elas compareço no desconhecimento do papel para o qual eventualmente me convocam não obstante saber-me na hora realisticamente ocupado com as ações ou omissões em clara consciência. As figuras existem em mim com a modalidade de serem unas quanto à disponibilidade com que se dão ao meu belvedere existenciador; belvedere que, ao cumprir a sua função primeira, se versatiliza ante a produção de assuntos, de nominalidades, que fecundam o meu repertório, no interior do qual as figuras se permitem modelar sem nada sofrerem em seus aspectos. Os atores da dramaturgia se vestem especialmente para a exibição, usam artifícios que chegam a lhes alterar o corpo; entretanto, os intérpretes de minha rampa indivi-

38 O LUGAR DE TODOS OS LUGARES

dual coisa alguma apõem à natural aparência, jamais deixam de parecer eles mesmos, nunca indeferem a própria identidade para o objetivo de corresponderem aos ditames de meu engenho. E se eu considerar aquela modalidade inerente ao universo, a de os seus pertences se patentearem disponíveis aos ocorrentes assuntos, às nominalidades que lhes impregno, tenho, em minha posse, uma espécie de extensão de mim mesmo, tão adequadamente ofertada que sem dúvida se endereça a mim a natureza.

A escala de minha percepção, o módulo de minha visualidade, se mostra accessivelmente aberto a capacitar as fisionomias à existência em meu recesso, podendo alentar-se a condição humana com esse predicamento de que o mundo fisionômico é, em todos os seus graus de presença, afeiçoado a se esclarecer à vista do existenciador olhar. Analogamente, cabe-me referir, à escala, ao módulo de cada um de quantos indivíduos testemunham em si o acontecer da existência, uma unicidade de apreensão, de captação dos objetos a aliar todas as ópticas enquanto nessa conduta de trazer à existência as coisas que se lhes deparam. A comunidade de visão talvez seja o enlace mais estreito dentre os que avizinham as personalidades, geralmente despercebido, mas que representa a origem das comunicabilidades, dos estáticos e dinâmicos entendimentos, da vida, enfim, que contemplo diante de mim, em mim, comigo. A união de vistas, no entanto, faculta, pelos divertimentos da atenção que obrigam os miradouros em foco, pelo gozo e usufruto dessa mesma união, a inoperância do olhar em relação a si próprio; a comunhão de posse visual a tornar difícil, se não em certos casos inexeqüível, o detimento desse olhar sobre ele conquanto o existenciador único de toda a objetividade. Os olhos se desviam da autoconsideração sempre que descem à aceitação exclusiva de que só a comunidade visual acontece no domínio da receptividade: as apreciações acerca da identidade óptica se valorizam em muitas dimensões, porém a maior delas, a do convencimento de ser eu o existenciador em última e inalienável instância, escapa assiduamente em face das atrações e seduções que a visualidade em comum desperta. No uso da visão, todos se olvidam do que ela importa, a sua presença mesma é desapreciada se bem que fruída, sendo raros os instantes, inclusive de minha parte, em que o pensamento, incitado por algum novo ângulo de mira, concede à óptica a reflexão que ela merece. Cuidando apenas dos objetos, entretanto, da luz que neles recai, da

A COMUNIDADE ÓPTICA 39

visão em si, pouco ou nada transpira de isoladamente considerável, quando qualquer incidência dos olhos, ainda se a absorção do indivíduo impede a detença do olhar, consiste em promover a existência, tanto às coisas em nitidez, tanto às postas em nebulosidade. Ninguém se conscientiza de ser em virtude de estar em outrem, ninguém se apercebe de que os demais vultos existem em face de serem em seu repertório; que o mundo fisionômico é um vasto conspecto a depender de uma vida, a de olhos em atuante contemplação.

Os miradouros contemporâneos, na intervisualidade em que se positivam uns aos outros, elevam-se à mutualidade cosmogônica, a de todos se habilitarem a conduzir, com a morte, a comunidade do acervo que têm agora em suas vidas, indigitando à realidade presente uma fatalidade mais profunda que a da simples efemeridade do instante: a fatalidade de perecer irressuscitavelmente em mim, comigo. Esse domínio da comunidade entre os meus olhos e os dos vultos localizados em meu panorama, se constitui na sede dos entendimentos que estruturam o convívio a que pertenço; os contactos, as percepções, os desempenhos que externam assuntos, encerram a demonstração de minha presença, assegurando-me a mim mesmo à medida que os apreendo em meu repertório. Eles se dão em conspecto real, e ao mesmo tempo se reservam para, em minha memória ou na imaginação, ratificarem também a minha posição de ser, em grau de imanência, eu a contemplar-me nos protagonistas que afloram à minha receptividade. Compreendo-me, portanto, no seio de meus próprios intérpretes, com eles comungando sem todavia atenuar a conjuntura de ser eu o existenciador de tudo quanto, através deles, se efetiva independentemente de minha vontade. As ações da realidade, compostas à revelia de meu engenho, no entanto se capitulam como algo que não prescinde, em nenhum instante, do continente que é o meu ser, a cuja duração se limita, quer as suas atitudes se tenham acabado, quer estejam ainda em via de execução; como também se limita à minha temporalidade, reduzindo-se à espessura de mero prometimento, de possibilidade argüível, a dimensão com que ele parece atender a contingências alheias ao mundo fisionômico. A objetividade real — o território da comunidade entre o meu vulto existenciador e os entes de minha existencialidade — se transforma em subjetividade fisionômica em virtude do ângulo em que me coloco; isto é, residindo em mim o absoluto de ser,

40 O LUGAR DE TODOS OS LUGARES

nada pode refugir à minha posse: o que acontece e o que repousa na possibilidade de acontecer, a afirmarem a minha existência, como os objetos iluminados indicam a existência da luz que os revela.

No transcurso da comunidade óptica, dentre os relacionamentos que se verificam, sobressai-se aquele que mais fortalece a minha posição de existenciador, até servindo de ilustração ao sentido de minha personalidade: trata-se do relacionamento entre a minha intencional criatividade e os corpos que se oferecem como os materiais para o meu engenho. Eles se franqueiam com absoluta disponibilidade, prontos a assentirem aos papéis e aos nomes com que os recubro, dessarte abastecendo o meu repertório; e quando, após obter um retábulo que contenha algum teor dessa natureza, o reproduzo em escriturada narrativa, assim removendo-o ao plano da arte, noto que a consangüinidade entre mim e o flagrante mais se apura com a conversão estética. No parágrafo 2 do capítulo XIII do tomo de *A Ordem Fisionômica,* intitulado "A Subordinação ao nosso Existir", lê-se a afirmação de que a obra de arte é o meio de aproximação entre o artista e o seu propósito; afirmação válida para o momento em que enquadro o empírico entrecho, conforme as minúcias de minha preferência, agora mais perfeitas que as atuantes na hora do visual e direto contacto, e ela expressa a relatividade da confecção do artista: pois que há, além da concreta figuração da obra, a cosmogonia pessoal do autor, nunca inteiramente desvendada, algo verdadeiramente indizível de todo, inesgotável em termos de aparição. A intenção do artista pairando, deixando-se perceber nas facturas de sua lavra, desta vez encontra, na matéria que a objetividade me faculta, os elementos que poderão traduzir o meu propósito de tornar iniludível, a mim, a versão fisionômica do universo. A integração deste em minha receptividade ocular, e a subordinação de seu existir ao meu existir, constituem fatos que os simples acontecimentos do dia-a-dia se incumbirão de, norteados ou não por meu belvedere, ilustrar com suficiente explicitude, de sorte a conservar aceso o meu encarecido convencimento.

Quanto à participação de meu vulto na comunidade óptica, em certos instantes me vejo como o exclusivo captador de suas decorrências, absorto em extrair das personagens o sentido que na ocasião lhes inoculo; sendo tão rápida e espontânea a aglutinação do nome e da face que parece não haver partido de mim a nominação em causa, e sim

A COMUNIDADE ÓPTICA

parece que antes já a possuía o rosto ou a cena era defrontada. A realidade em sua pureza vem então a se fazer artística, a exemplo do espaço da arquitetura que, acolhendo o homem que o penetra com os seus passos, este se transforma, no interior do prédio, em substância artística, e equiparável à luz, à brisa, aos rumores, a tudo, enfim, que o arquiteto dosara com o seu engenho. De ordinário não transmito a ninguém que, na ocasião, participa também da comunidade óptica, o assunto que acabo de ler nas fisionomias adjacentes, às vezes até na deste contíguo vulto; salvo nas oportunidades permissíveis, restrinjo a mim mesmo a leitura que, de leve ou intensamente, me restitui a significação que não cessa nunca de pretender encarnar-se. A clareza com que apreendo, em fonte virgem, o que desejo apreender, não me ressurge, com análoga estesia, no trabalho que assumo, horas ou dias depois, em meu aposento, ao repor, em linguagem intencionalmente artística, para efeito de divulgação alhures, os sucessos que se me depararam na rua, na praça, na avenida. Reconheço, logo ao início da tarefa, que um atributo da formação artística, o prazer estésico, se acha melhor no painel do cotidiano do que no instante de elaborar-se a propagadora escritura. A comunidade óptica da realidade é então mais favorável ao meu intento que a puridade da criação estética, porquanto a surpresa do encarecimento redunda em fator apreciável para a emoção de eu ter imediatamente, diante dos olhos, a homologação do que venho de pensar. Não me preocupando, no ensejo de alguma dessas situações em ato — designação com que intitulei o arranjo cênico da própria objetividade, coincidente com o meu interno libreto — com outro espectador senão o meu pessoal belvedere, não me fatigo nem desvirtuo espontaneidades, apenas cuidando para que não fuja de meu entendimento o que me coube tecer independentemente de ensaios de qualquer espécie. Ao passo que no arranjo cênico de minha autoria, no trabalho de pura ficção, com a finalidade de fazer-me bem compreendido pelos leitores — o que, acredito, não alcançarei no nível almejado — sinto que a publicidade da trama, fora de mim mesmo, sempre se processa, embora por mim estatuída, às custas de sua inteireza original. Em ambos os casos, posso dizer aos meus intérpretes que eles o são em face de meu poder de lhes inocular sentido, de os avocar à significação de minha agenda, afora a motivação geral e que a todos envolve: a de existirem em virtude de minha existência.

42 O LUGAR DE TODOS OS LUGARES

Afasto-me, portanto, da comunidade visual, para promover a elaboração artística em conexão com os vultos de minha contemporaneidade, ajustamento semelhante ao que se opera entre o diretor de cena e os atores à sua disposição; explica-lhes o que passarão a ser doravante, a nominalidade ou nominalidades que viverão com os seus corpos. Apenas, tratando-se da factura de minha obra, comunicarlhes-ia que a minha atuação se reservara a colher as suas naturalidades coincidentes com o programado em minha grande peça, competindo-me revelar a minha profunda intenção, qual seja a de encontrar, refletida neles, a posição existenciadora de minha lupa. O afastamento da comunidade visual importa no elucidamento através da arte, quando então me escuso de participar, com outros, de eventuais alianças, para constituir-me no implantador de uma consciência que, sem embargo dos resistentes a ela — e que se incluirão no elenco, segundo o contra-regra que há em mim — levará cada protagonista a assumir posição idêntica à de meu vulto, com a fatal inserção de mim em seu particular existenciamento.

Retomará, então, a comunidade óptica o seu pleno exercício, cada qual firmando a consciência de que os demais existem porque ele existe, cada um, a seu ver, localizando-se em instância última; ritma-se dessarte um panorama em que luzem os existenciadores, instituindo-se uma teia de aparecimentos e desaparecimentos, na plenitude do compasso cósmico. Esta é a imensa perspectiva que, não podendo a realidade me expor, dada a escassa movimentação de meu belvedere, a imaginação o consegue, demorando-se nessa paisagem, cujos apareceres e desapareceres são pulsações de místico sortilégio. Observada deste ângulo, toda a existência se me afigura como paisagem de difícil esclarecimento sob a feição metafórica, um sucesso que não se ilustra por meio de facial representação, apesar das tentativas de obtê-la; em verdade, um dos intuitos mais dirigidos por meus olhos, em combinação com a mente associadora, tem sido o endereçado a essa imaginação de todos nós, vultos animados e vultos inanimados, estarmos atingidos pela atuação do ser e do não-ser, pelos existenciamentos de que emergem e pelas mortes em que imergem. Intentos frustrados esses de eu exibir, em metáfora convincente, o acontecimento das vidas e das mortes fisionômicas, insertas em minha envolvedora existência. Impossibilitado de transmitir figurativamente o panorama que se me patenteia em formação mágica, inter-

A COMUNIDADE ÓPTICA

no-me em digressões que margeiam os painéis descritos e que, de algum modo, insinuam um escorço daquela imensa e inimitável perspectiva.

Na consideração da comunidade visual — o campo óptico dos que me ladeiam e que também pertence à minha lupa individual — encontro uma das ocasiões propícias, se não à metáfora condizente com o irreproduzível panorama, a digressões e a especulações iluminadoras, com as quais talvez eu aliene ao leitor de sensibilidade contígua o meu imaginado e intermitente painel. De qualquer maneira, não me satisfaço de todo com a conceitual representação, o mesmo sucedendo com a idéia de meu vulto ser o existenciador de quanto existe e de quanto existiu, conforme o conhecimento de que me nutro; por conseguinte, a minha ideação particular é uma essência que, a rigor, não se remove de minha personalidade, reclusa em mim e que tanto me descontenta ao pensar em certos contemporâneos que estimaria acrescentassem ao seu conhecimento, buscando eu, assim, uma comunidade afetiva, a substância do que acredito acerca do meu lugar no universo: o de existenciador em derradeira instância, e comigo a paisagem que de mim eu descortino.

Com o conspecto da comunidade visual, estatui-se uma presença que resulta inteiriça enquanto apreciada sem os miradouros que a tornaram realizável: é particularmente de cada um e no entanto os despersonaliza como detentores, desde que nela se situam elementos que se dão aos diversos olhares. Tal presença fixa-se portanto em sua qualidade de cênica extensão, mas com a sua estrutura presa à ocasionalidade, pois uns dos figurantes e ainda visualizadores se ausentarão logo da rampa que foi tipicamente eventual; porém, um de seus participantes reativará na mente o havido retábulo que assim melhor se explicitará, nesse restaurador da cena, a autonomia daquela paisagem; a qual, se dias depois vier à tona, ao palestrarem os comparecentes que se entendiam entre si, se dividirá em cenas com a permanência de dados comuns a todas elas, persistindo, agora em exibições separadas, uma para cada um dos ex-figurantes, a comunidade óptica que neles se compusera. O mais importante e decerto o menos considerado, de todos os elementos comuns à reconstituição do painel em vista, é a claridade que os tornou possíveis à existência perante os olhos de quantos o enxergaram. Antes de qualquer atendimento a uma figura, merece a reveladora claridade, fundamento e arrimo da comunidade óptica, o mais valioso a favorecer existências, o

44 O LUGAR DE TODOS OS LUGARES

originador e conservador dessa figura que graças a ela se viu contemplada, merece a envolvente luz que, em primeiro lugar, o seu atributo evidenciador paire acima dos demais predicamentos, sem perder nunca o esplendor de sua comunização. Com efeito, embora ninguém, ao recordar-se da cena, ou mesmo ao vê-la ante seus olhos, venha, no instante, a atinar com o fator precípuo, este, entretanto, se compara, nesse sentido do irreconhecimento de seu papel, ao meu vulto na qualidade de derradeira instância, em face do qual ninguém se aproxima para dizer que deve a existência fisionômica à existência da minha personalidade.

Obtendo a metáfora da lâmpada — a menos insatisfatória das metáforas — convenço-me da publicidade da afirmativa de que o meu ser é o continente da realidade e da possibilidade; ele, semelhante à luz, se apresenta às vezes como o elucidador a que nenhum pormenor escapa, em outras vezes se retrai em sombras, as quais se anunciam em virtude da claridade mesma. Assim como ela se presta a promover a existência de sombras, o meu belvedere se habilita a existenciar as coisas que, não colocadas no campo de meus olhos, no entanto, em índice de virtualidade, estão na dependência do meu pessoal existir: destas coisas posso alegar que se afiguram as sombras que a minha claridade trouxe à existência. Capitulada em sua autonomia, a comunidade visual — um só território compreendendo a luz externa e a interna, a de minha fabulação mental — significa a atmosfera que fecunda todo o meu repertório fisionômico, ao mesmo tempo que me fortalece a certeza de meu posto no universo figurativo: o de criar existências e mantê-las no prazo de minha vida. Para tanto, não somente observo mas também me incluo no panorama da comunidade óptica, procedendo à maneira de testemunha participante, vendo e fazendo-me ver. Desfrutando da comunidade visual, dentro da luz que a todos propina o enorme espetáculo, e notando que ela se me estende à imaginação e à memória, encontrome em subido privilégio: o de concorrer com a iluminação exterior ao sentir em mim que as figurações se operam em termos de visualidade, com símile arranjo de corpos e de entrechos, inclusive com a atuação de personagens provenientes da realidade externa.

Com que especial desvanecimento me valho da comunidade óptica, indo a retábulos cujos intérpretes comungam com os meus sentimentos, isto no propósito de eu ter instituída uma presença em que a aliança dos afetos, na hora

A COMUNIDADE ÓPTICA

intencionalmente por mim aperfeiçoada, se fabule em interpretativas encarnações, de sorte a cada um dos comparecentes, a todos os do episódio, se verem em claridade una, repetindo na sensibilidade, em mútuos reconhecimentos, o elo que há de perseverar a todos em cada um. A vida inteira, com toda a complexidade cênica, com os nomes e as faces resulta fisionômica, nesse sentido de subordinar-se à minha pessoa continente, à minha claridade que imita a da lâmpada, à claridade unificadora de meu ser com o elenco e cenários que descortino. Um exemplo de personagem que visa à permanência na comunidade óptica, se registra naquele homem cego, descrito no começo do volume *A Visão Existenciadora,* efígie que se fixara num aspecto único, a despeito de serem diversos os olhares que diariamente o viam; ele se modelara de acordo com o que, no íntimo, lhe parecera consentâneo com a idéia que fazia do próprio desempenho, assim impondo-se igual, o mesmo, à multiplicidade das testemunhas. À semelhança deste, muitos outros semblantes se exteriorizam mediante o influxo da comunidade visual, aplicando, às atitudes, verdadeiras regras de comportamento, artificializando-se e inaturalizando-se de conformidade com a presença de olhos certos ou ocasionais. Realmente, se, para uns casos, a gesticulação se submete a treinamentos, quer mentais, quer faciais, para que a cena futura se desenrole segundo o desejo do cuidadoso figurante, na maioria das condutas sociais a gesticulação se cumpre e se ordena em termos de anônima autoria, a repetição vindo a prevalecer nos contactos entre pessoas.

4. As Formações Alegóricas

Os nomes são entidades que, pairando incólumes quer ante os cheios, quer ante os vazios que sucedem em sua atualidade, mantêm em unificação os seres de agora e os do pretérito. Consubstanciando-se como o acervo de quanto existe e existiu, dá-se que o meu repertório se estiliza consoante as nominalidades que catalogo em minha individual experiência; vale dizer, os desempenhos se harmonizam ao módulo dos nomes, os gestos repetindo-se como se repetem, com eles, os nomes. Em conseqüência, o poder de desgaste, que é próprio do tempo, se debilita, ou mesmo se anula, se considero a estática dos nomes, a si mesma idêntica em todas as horas no curso dos séculos. Disponho, no repositório de minha existência, e em face da persistência dos nomes, do sortilégio de ver-me e sentir-me como se viram e se sentiram outros humanos. Pertenço, portanto, a uma comunidade de ser, a qual, descendo eu da posição de continente para assumir já ocupadas posições, em mim mesmo, proporciona ao meu vulto observar ante meus olhos a representação de nominalidades que outros conheceram em suas efígies. Sem embargo de constituir-me o existenciador de todos os painéis e respectivos participantes, não me isento de existenciar os nomes a que atendo, ainda aqueles que surgem em oposição à minha vontade. Acontecendo que esta de maneira nenhuma tem a prerrogativa de, em todas as ocasiões, inculcar-se de selecionadora de meu repertório, muitos nomes desagradáveis, lutulentos, incluem a mim no

48 O LUGAR DE TODOS OS LUGARES

grande seio a que eles atraem protagonistas de hoje, tal como procederam em relação a personagens de outrora. Ao notar-me o intérprete existenciado por mim, apreciando-me na qualidade de corpo em equivalência com os demais, como que me exercito a, dentro da comunidade de ser, melhor visualizar, pela imaginativa ou por forma direta, as cenas que ocorreram e ocorrem à revelia de meu miradouro. A minha experiência com as nominações significa a repetição de retábulos, de sorte que o universo fisionômico, o repertório dependente de minha vida, me parece, desse ângulo de consideração, bem mais fácil de ungir-se à minha apreensão, mais propício ao detimento da contemplação, que se eu o tomara em analítico desvendamento.

As igualdades no interior de meu repositório facultam, perante o meu belvedere, uma espontaneidade de desempenho que em especial me clareia quanto à naturalidade de serem em mim, quanto ao certo enquadramento ao módulo de minha receptividade. A fecundidade com que os vultos se ordenam ao apelo dos nomes, como se todos os entes estivessem, com exclusividade, à espera da nominação a lhes recair de maneira fatal, o constante abastecimento dos nomes, em painéis análogos, revigora a certeza de que um monólogo cosmogônico se estabelece ao contemplar-me como puro existenciador de minha própria figura, em conexão com os rostos de sua contemporaneidade e os do pretérito. Consoante a ordem fisionômica, o meu corpo se subordina à minha claridade existenciadora, semelhantemente aos que se me oferecem em suas aparências individuais: a tanto me leva a comunidade visual, conquanto me veja em plenitude de exibição aos meus olhos e aos dos demais.

No domínio fisionômico, à comunidade óptica se acrescenta a comunidade de gestos, desde que os capítulos parecidos entre si, ou ainda uniformizados, segundo a fixidez com que os avocam, em inelutável convite, as nominalidades em todas as épocas, existenciadas por mim. Com que peculiar sentimento, ao regressar de algum painel em que me condoeu a espécie de representação, me reconheço minorado do descontentamento, ao acudir-me a idéia de que o nome em causa incidira em outrem de minha memória, ou mesmo de apenas presumida aparição, fora de meu olhar. Muitas são as nominações, e cada uma delas, por sua vez, se nuança em delicados matizes, parceláveis em gradações que até obrigam a subnominalidades; mas as divisões e subdivisões operadas não proíbem que eu reduza a poucos os no-

AS FORMAÇÕES ALEGÓRICAS

mes que transformam em signos os vultos e cenas de minha visualidade. Adotaria, até, por únicos prevalecentes, a alegria e a tristeza, inegavelmente os nomes que, em permanente contradita, podem intitular os acontecimentos de meu repertório; revelam-se os dizeres com que me muno e premuno para os atos do existenciamento, e se mostram tão solícitos em se aplicarem que se permitem, depois dos correspondentes sucessos, que me distraia a extrair destes, pela memória e como verificados fora de minha pessoal programação, a dosagem da alegria e a dosagem da tristeza. No mister de ver concretamente matizados um e outro desses nomes, à medida que se encarnam ante a minha lupa, limito-me, nas análises, a muito menos do que seria admissível, encaminhado que sou, por um princípio que a arte recomenda: o da configuração alegórica.

O vão da arquitetura — objeto de meu livro *O Espaço da Arquitetura* — me indicara que a elaboração artística não se devera arrimar exclusivamente aos esteios do artifício, isto é, da matéria buscada apenas nos meios de representação. O vazio da obra arquitetônica, em si mesmo deserto ou em preenchimento, informa que a realidade também se habilita à conversão em arte, que se galvaniza o cotidiano, a costumeira objetividade vindo a ser matéria artística. Nesse livro, intento demonstrar que o espaço interno é muito sensível a presenças que nele se situam, e que as formações que aí se processam, como os aconchegos de luz e sombra e o próprio comparecimento humano, a que o bojo se destina, provém da criatividade do arquiteto; as quais ele, na condição de artista, afeiçoou não só à qualidade do habitante ou do visitador ocasional, mas também à qualidade de seu espírito, dele arquiteto. Desta maneira, atua o arquiteto com os elementos da realidade, a luz, a sombra, a temperatura, o odor, o ruído etc., igualmente ao pintor, ao escultor, com os elementos da representação, as tintas e os materiais plásticos. As situações em ato que me restituem figurativamente o que na hora venho de pensar, sem os respectivos intérpretes se darem conta de seus desempenhos diante de mim, se equivalem, nesse tocante, a predicamentos artísticos da realidade; contudo, os exemplos mais frisantes dessa prerrogativa da objetividade, em promover-se a plano estético, se encontram nas alegorias que explicitamente revelam o teor de sua comunicação. Requerendo do espectador a sensibilidade prevenida para tais flagrantes, a mesma que o estimula na ida a alguma exposição

50 O LUGAR DE TODOS OS LUGARES

de quadros, as faces alegóricas, animadas e inanimadas, assim configuram, livres de minha coadjuvação, as nominalidades que, no minuto, e por elas despertadas, acodem ao meu pensamento. O ato de eu reconhecer em corpo ou entrecho cênico o conspecto de uma alegoria, importa em descobrir na objetividade rotineira um tipo de disponibilidade que acentua o seu pendor à subordinação à minha existência: o mesmo que posso declarar de todos os vultos e sucessos que têm comigo alianças cuja autenticidade se assemelha à que reside entre o objeto e seu estojo. Se indigitar a alguém a alegoria na ocasião configurada, talvez eu não consiga dessa testemunha o grau de convencimento que me toca, persuadindo-me da raridade ou impossibilidade de repetir-se em outrem a minha recepção; mas, compensando-me de não ver, como estimara, o meu belvedere posto, intactamente, em outra personalidade, apoio-me na coonestação, daí derivada, de que todos os entes se modulam, em última instância, ao índice de minha óptica, nessa concepção de existirem por efeito de minha existência.

Quantas alegorias não se efetuam, com perfeição, na ausência de meus olhos, quantas não se evidenciaram em outras épocas, inutilmente oferecidas a eles que, no entanto, não havia como alcançá-las. Todavia, o mundo da ausência, na ordem fisionômica, nunca se mostra inteiramente perdido: a cenaridade da repetição, existenciada em mim, e muitas vezes inventada por meu engenho, me confere o atributo de imergir onde não fui com o meu olhar, e o minuto de agora prodigalizando-se com o facial acrescentamento. Uma alegoria que se prende à intemporal nominação, a modo da tristeza e da alegria, incluindo-se os subnomes integrados em cada uma, os quais são de todas as eras, uma alegoria dessa natureza representa fecunda concretização: a de auspiciar ao meu belvedere a presença de uma entidade — o nome — cuja estabilidade no tempo se consolida mercê da repetição de cenas e de gestos; com efeito, as nominalidades genéricas se constituem em grandes e solícitos unificadores de personagens, cabendo-lhes um grau tão intensivo e extensivo no setor do articulamento humano, que somente o meu próprio miradouro, em seu sentido de universal continente, pode a eles avantajar-se. Acredito que depois de mim mesmo, sejam os nomes genéricos — a alegria, a tristeza, a indiferença, o amor, o ódio, a piedade, a iniqüidade etc., nominações e subnominações intemporais — os mais incisivos na unificação dos vultos e painéis de meu reper

AS FORMAÇÕES ALEGÓRICAS 51

tório. Parecem estalagens fixas onde as pessoas se hospedam infalivelmente, e às vezes habitações de permanente morada; nenhum comportamento ou atitude humana se isenta de um nome suscetível de configurar-se em episódio ou flagrante de minha lupa, de modelar-se em alegoria. Nas horas do cotidiano, com freqüência descubro retábulos que, afora o que significam para os seus intérpretes, se elevam à encarnação de uma genérica nominalidade, merecendo de mim que faça com que eles perdurem em escrita exposição, num propósito que até as testemunhas, acaso existentes, não chegam a suspeitar; no entanto, a nominalidade em apreço, elástica em sua imensidão, assim desponta aos meus olhos, passível de atencioso exame, porque ela não está em mim, a mover-me a sentimentos, e sim a apresentar-se em óptica exibição; inclusive, em alguns momentos, atuando, em pequena mas cursiva tessitura, como se fora, desde que esculturada a alegoria no corpo de um único intérprete, o protagonista com a sua função em determinado enredo, ator alegórico à semelhança de antigos teatros. As faces ou grupos de faces, que se franqueiam a nominações genéricas, são prestimosos informantes a me dizerem da existência dessas nominalidades que se dedicam a céleres convocações a que deverei ficar atento, pois o meu vulto, passando do plano visual para o plano do pensamento, vindo a receber dentro de mim a insinuante nominalidade, poderá também se converter à ocorrente alegoria.

Nas vigências de estabelecido nome, as efígies e os painéis se inclinam a iguais aparências, inclusive se repetem às vezes de modo total, e assim sendo, quantas oportunidades tenho tido de ver, perante o meu olhar, a cena que, outrora surgida, os respectivos atores consideraram única. Durante a prática da nominação, os intérpretes têm-na por irreproduzível, entretanto nos ressurgimentos do nome o aspecto facial, o teor de seu desempenho, se cadencia o mesmo; tanto assim que o mais descuidado dos deambulantes afirmará, ao ver o episódio, que se trata do infortúnio lutuoso ou do mero despedimento ao partir o viajante, de algo em definido arranjo e já inserido em seu conhecimento. Se alongar-se o episódio no desenvolvimento do assunto, desdobrando-se em seqüências o significado, então não mais persiste a formação alegórica, em vista de outros nomes que vêm a concorrer com o nome inicial e digno de ser único em minha contemplação. Preocupo-me com a observação de quadros, de estampas, de volume ou volumes escultóricos

52 O LUGAR DE TODOS OS LUGARES

que o artista realizou com alegórica intenção, detendo-me em conferir, com o nome atribuído pelo autor, a configuração representativa que esse nome lhe ditara; no curso do exame, a nominalidade adquire uma feição menos abstrata, assumindo em meu pensamento uma tonalidade, um gosto, algo de sensorial como se minhas mãos se pusessem a trabalhar diretamente nele, sem dúvida repetindo-se em mim o que sucedera com o autor da obra que se demorou na idéia do nome a fim de auscultar a sua vivente estrutura. Na grande maioria dos exemplos alegóricos, aceito a facialização imposta pelo artista, conquanto a análise e a estésica assimilação, que a mim competem, se verifiquem após assenhorear-me do nome, do título da obra, este o rotulador e sobretudo o orientador de quantos se exercitam em seu estudo. De fato, sem o prévio conhecimento do nome, eu não atinaria com a intenção do autor, talvez traduzisse e interpretasse a obra em colisão com a alegoria cujo criador a achara, decerto, claramente explícita.

Tal como nas alegorias, na feição geral de meu repertório os acontecimentos se processam com a prevalência dos nomes sobre as faces em que eles repousam. Independentemente das nominalidades, as fisionomias e os painéis se ressentiriam da qualidade virtualizadora, qual seja a de a aparência visível capacitar-se a conter um nome que, por sua vez, recobre outras faces além daquela que me está defronte; e sendo assim, há, na alegoria presente, a condensação virtual de todas as efígies e episódios que se impregnam do mesmo nome, o nome revelando-se o irrecusável unificador de tudo que existe, em realidade e em possibilidade, no seio de meu repositório. Programado um nome que tenho por extensivo e intensivo, e fixando-o na mente, procuro em torno de mim as suas correspondências figurativas e, dependendo da disposição de minha receptividade, às vezes logo as encontro, dessarte anuindo-se o prevalecimento do nome. As buscadas alegorias são ordinariamente as que se efetivam com a simultaneidade de seus elementos e permitem, com a imobilidade cênica, o vagar e a profundeza de meu exame; aprazendo-me bem mais aquelas que, sempre que volto a observá-las, me apontam logo o acento que procuro, o sentido que as salienta das demais figurações, e vivificador da constituição alegórica; isto quando pretendo imediata homologação de uma nominalidade genérica, almejando na hora que o semblante ou o retábulo me conduza, do recesso em que se acha, o nome que se fará assim com-

AS FORMAÇÕES ALEGÓRICAS   53

parecente diante de meu belvedere, graças à coisa, ao objeto em que se outorga.

A satisfação direta e fácil pode não ocorrer, o nome e a face sonegando-se ao advento alegórico, e então me reservo a, em meu gabinete, rememorar as cenas havidas, concedendo perdurabilidade ao que eu pretendia permanecesse em intemporal fixação, a fim de tentar, com a temporalização do painel, do seu seqüenciamento em outros painéis, a alegoria em termos de alongado assunto, de enredo, de trama desenvolvida. Faz-se necessário o senso de medida, com o intuito de não ver em diluição a estrutura alegórica, em virtude do elastecimento da nominalidade, as minhas configurações parecendo-se com as de certos artistas, inclusive da literatura, que souberam em suas obras de sucessividade, e não de simultaneidade, aplicar o método alegórico em vez do método cursivo, segundo explanei no livro *A Imagem Autônoma*. No caso particular de minha lupa, inúmeras têm sido as configurações temporais, de maneira que as correspondentes alegorias se armam por efeito da rememorativa restauração, não me eximindo de ajuntar ao vero do acontecido algumas suplementações de meu engenho: tudo sob o desígnio de elaborar, aproveitando fecundas primícias, o detimento do nome no correr de vários episódios, íntegra e estável a nominação na ordem dos sucessivos painéis.

Em todos os eventos alegóricos, atemporais e temporais, se patenteia, conseqüentemente, a repetição de cenas e de gestos, porquanto eles se abrem a idêntico mister: o de promover o conspecto do nome em minha visibilidade, à guisa das necrópoles onde parece que um só escultor se incumbiu de confeccionar as tumbas. No exercício do cotidiano, com o miradouro prevenido quanto a surgimentos alegóricos, registro a abundância com que os vultos se tornam disponíveis ao recaimento de genéricas nominalidades, como se estas, por necessidade ubíqua, indicassem a toda hora os sinais de sua existência. Dentre os nomes genéricos, suscetíveis de manifestação alegórica, sobressaem-se duas subdivisões da tristeza: a da morte e a da indiferença. A cada passo, estas se formulam fisionomicamente, sugerindo propensões simbólicas, até mesmo alegorias acabadas, de sorte que o espectador, no caso o meu belvedere, experimenta a intensidade daqueles nomes que, na insistência de se realçarem em meu repertório, atuam a exemplo de dísticos a admoestarem sobre presenças aliciantes. Sem poder

54 O LUGAR DE TODOS OS LUGARES

me desobrigar do tempo e da mobilidade, compreendo que, ao distanciar-me dos outros e estes de meu vulto, se evidencia a conjuntura da ausência, conjuntura explicitamente insinuadora da morte, e que entabula, com ela, associações de claro discernimento. Outrossim, a contingência de eu não ampliar o convívio doméstico a todos os vultos, de não poder fertilizar o recíproco interesse e conhecimento pessoal entre mim e os demais que habitam a terra, faculta, de modo contínuo, a dimensão da indiferença, a qual se dá por estendida até nos mais íntimos recantos.

Nos encontros alegóricos, acontece-me deparar com flagrantes de que participam rostos de minha familiaridade, no transcurso dos quais a feição, com que de costume os vejo, se esgarça a fim de que, retirando-os um pouco de minha subjetividade afetiva, lhes absorva o sentido ocasionalmente alegórico. Triste ou alegre configuração, valho-me do ensejo para aquilatar das aproximações entre o semblante ou a cena em foco e o nome que assim me adverte de sua própria existência. Ocorre também que um vulto de minhas relações permanece o mesmo em sua aparência alegórica, irremovível em seu determinado aspecto, e nessa invariável outorga é semelhante ao ator de um único papel. Querendo, em minhas nótulas, fixar alguma teia em que perpasse a nominação que ele representa, incluo-o nela, a despeito de em sua respectiva realidade, não haver conhecido sequer os demais protagonistas nem o local da urdidura. Na ordenação de meu repertório, permito-me a liberdade de, subvertendo as leis da objetividade, atender às urgências de meu belvedere, compondo e recompondo o meu álbum de acordo com os ditames de meu espírito, com os decretos que o meu ser continuamente legitima.

Se na rememoração dos fatos situo em primeiro plano, e em detrimento das puras efígies, as correspondentes nominações, assinalam-se estas como se personagens fossem; valendo-me, assim, de mais de um evento alegórico, se faz possível combinar temas a modo de intérpretes, entrementes atingindo o fenômeno alegórico o seu mais abstrato encarecimento: as figuras, além de trazerem os nomes à baila, encarnando-os de forma explícita, afastam-se da minha consideração, para o só prevalecimento dos títulos que com elas apareceram. No mundo fisionômico, os acontecimentos da óptica se deixam traduzir como possibilitadores de nominalidades, os meios através dos quais os painéis e vultos, ao transcenderem o mero sentido visual, se promovem a valo-

AS FORMAÇÕES ALEGÓRICAS 55

res de anunciação. O convívio no seio da comunidade óptica, inserindo-se o gesto individual de alguém em recolher episódios de sua peculiar captação, mostra-se farto de ensejos em que as alegorias podem proliferar, conquanto o meu descortino saiba, por intuição prévia, aliar a determinado tema determinada figuração. Como que os nomes genéricos, impassíveis em sua abstração, necessitam de encarnar-se a meus olhos, talvez para maior duração em meu álbum. Parecendo um dos requisitos de meu repertório a configuração dos nomes que recebo ou de que tenho notícias; compreendo por que a visualidade tanto se presta a contentar de todo as minhas urgências de arte: ela encerra em si mesma o predicamento de converter as realidades em signos alegóricos.

No mundo fisionômico se contêm o princípio e o fim de minha criatividade, entendendo-se por esta a transformação do real em alegórico, confessando-me através da objetividade, pronta sempre a me satisfazer o desígnio, porquanto o meu ser é a fonte de todo o existir; e nada dessa objetividade se isenta da condição alegórica, desde que a continência de meu vulto, a continência de minha óptica, se perfaz em agente de unificação. Há uma familiaridade entre as coisas pela circunstância de pertencerem ao campo de meu olhar: à existência de meus olhos elas devem a sua óptica existência, aquela que centraliza todo o interesse de minha arte. A cada passo, a cada instante, sinto na luz, com as sombras que ela consente, a metáfora mais próxima e mais consentânea da ideação que formulo sobre mim próprio, eu outorgando-me na visualidade de meu belvedere que, ao elaborar o conteúdo fisionômico, significa o meu ser, este cedendo a uma de suas parcialidades — a vista — o sortilégio de se tornar universalizante. Procedo à similitude do artista fiel à matéria de que se mune para exteriorizar a sua intuição cosmogônica; de quantas emulações me oferece a realidade, nas suas várias dimensões ou recessos, correspondendo aos sentidos de recepção da objetividade, as conseguidas pelo miradouro me contentam de maneira bastante, os seus dons de linguagem recaindo, com clareza, até em ocasiões que, pouco visualizáveis, entretanto sobrevêm a meus olhos, resolvidas por meu engenho, pois que no idioma óptico se vencem muitas dificuldades supostamente irredutíveis.

A formação alegórica me confirma, a um tempo, o nome que nela aparece e a minha continência existenciadora.

56 O LUGAR DE TODOS OS LUGARES

Uma singular relação, portanto, vem irmanar a minha pessoa e os entrechos nominados, estes catalogando-se na qualidade de conteúdos que não se rotulariam sem a presença de meus olhos, o conhecimento da objetividade equivalendo-se ao auto-reconhecimento de meu ser. Em verdade, toda impregnação de sentido no retábulo em contemplação, representa um ato de deferimento ao existir do contemplador, compondo-se na intimidade de seu repertório um mundo de consangüinidades cujas concreções em painéis se estatuem em consonância com ele, o anotador de sua existência. Conhecer, reconhecer-se, é a própria criação em plenitude: criação e contemplação redundam em palavras sinônimas, em face do existenciamento que o ser em autovisualização produz nos apareceres e desapareceres advindos a ela. Investindo-me no papel de instância última, de consubstanciador das figuras e cenas de meu álbum — o repertório mais vasto de todos quantos se podem e puderam formar, pois que ele os engloba, em graus de realidade e de possibilidade — assumo a tarefa de homologar-me, de auto-refletir-me, de ver e rever os nomes insertos em minha pessoal e universalizadora agenda. De seus horizontes abstratos, as nominações, temas genéricos, se encarnam em fisionomias, em cenas, transformando-se conseqüentemente em alegóricos, a fim de que melhor se restituam à minha receptividade. Dessa maneira, a conversão da nominalidade em concreção objetiva, a sua atuação alegórica, significa, além de um reclamo de minha artisticidade, um mágico atendimento a ela, permitindo que mais se acentue o acerto da metáfora da lâmpada, porque é à visibilidade de meus olhos que os nomes se fazem figurativamente visíveis.

Contudo, se nem todos os nomes se encaminham ao meu olhar, se restam alguns de dificultosa facialização, a esperança de vê-los não deserta de mim, cujo miradouro, em permanente acuidade, vive atento para complementar o painel se algum indício da nominação surgir de repente. Para o mister do conhecimento fisionômico, o belvedere se aprimora mais ainda ao saber que o precioso nome se tem recusado a aderir às figurações rotineiras, habituais, induzindo-me a ações que se revelam providências necessárias à contemplação em expectativa. E frustrando-me no empenho em conseguir, visualizada, a nominação, de modo direto e sob a espontaneidade dos protagonistas, as ações a que me movo passam a consistir, geralmente, em posições diversas que ocupa o meu miradouro, como a buscar a alegoria no

AS FORMAÇÕES ALEGÓRICAS 57

anverso e no verso das aparições. Prosseguindo no intuito, em face das insatisfações havidas, alento-me com a fidelidade a um princípio que é estruturalmente básico de minha ordem fisionômica: o da indistinção entre os vultos da objetividade e os vultos da imaginativa. Então, à vista da imaginária, isto é, do meu repertório de figurações tanto reais como fictícias — o puro universo formal — sirvo-me de olhados entrechos de mistura com idealizados painéis, ou apenas de episódios em devaneio, para a visualização de programado título, do nome que se tem retraído em seu ser abstrato. Nesses trabalhos do pensamento, desde que os ponho a todos no mesmo nível de estada em meu repertório, não me preocupo em conferir privilégios de posição no curso das pequenas teias, senão aqueles decretados pelo próprio assunto. Em última análise, esses exercícios de factura que vão sempre além da desejada alegoria, desenvolvendo-se de ordinário em cursiva urdidura, repetem o natural comportamento do devaneio, quando me surpreendo a combinar o existido e o não-existido e até com os mesmos vultos que a realidade fornecera.

5. A Contemporaneidade Fisionômica

O passado se inscreve na minha contemporaneidade, isto no sentido de que a presença dele se afigura inerente ao meu repertório, e o conhecimento que o estabelece, em mim, tem a duração reduzida ao prazo de minha vida consciente. Estatui-se, em mim, sob o aspecto de imaginada dimensão, o passado que dia a dia se avoluma, e com esse avolumar-se, ele, o pretérito, em composição constante, encontrará em meu vulto a baliza final de seu desenvolvimento. Os fatos mais antigos e os mais recentes possuem, em mim, em minha individual perduração, a mesma fatalidade de perecer no instante de minha morte, passivamente participando de minha efemeridade. À guisa de nuvens que seguissem do poente para o nascente, unindo a ambos os lados sob o manto que a tudo sombreia, assim, com a conjuntura de desaparecer comigo em nivelador retrocesso, contagiados pelo irrecorrível luto, ao meu tempo de vida vêm solidarizar-se todos os componentes do passado que alcancei e do passado que, em realidade cênica, se antecipou a mim e de que me informo através de terceiros. Conta, para o meu repertório, essa absoluta contemporaneidade com que os acontecimentos e os protagonistas se investem na existência no âmago dele, do meu repositório. O passado real e o passado fictício constituem todo o ser de minha disponibilidade fisionômica, o passado a se elastecer até o momento de minha morte, quando cessa toda a possibilidade de ele abastecer e fecundar a minha imaginativa.

60   O LUGAR DE TODOS OS LUGARES

Qualquer ação que se tenha desenrolado ou que se desenrola, perto de mim ou nos mais distantes lugares e ocasiões, conseqüentemente indevassáveis por meu belvedere, qualquer episódio não visto nem noticiado, recebeu, para mais firme articulação ao meu repertório, a coberta de algum dos nomes de minha temática; o nome, em genérico envolvimento, se incumbe de, indo de mim, sem entretanto me deixar, promover formações cênicas, retábulos alegóricos e retábulos cursivos, os quais, ungidos pela nominação, se impregnam da repetição em comunidade, de um grau de similitude que é o imposto por esse nome nas paragens em que se demora, em sua fixidez conceptante. O nome, tendo a prerrogativa de trazer à repetição outro painel em que ele incidiu, sendo a conduta do nome a uniformidade cênica e intemporal, consigo reportar-me imaginadamente ao pretérito que não testemunhei mas que se verificou em mim, estando adstrito à anunciadora nominalidade. Os títulos genéricos perfazem a substância que analoga a programação com que as coisas se existenciam em meu repertório, todas vindo a ele através dos nomes contidos em minha agenda; nomes que, em sua capacitação generalizadora, se apresentam em número mais limitado do que se supõe, visto que em seu caráter de subdivisões ou subnomes de nominações maiores, se agregam ao departamento da alegria ou ao departamento da tristeza. Observando-se as pessoas como se observam os irracionais, ver-se-ia que os homens se comportam, em maior ou menor índice, à maneira destes, inscrevendo-se no capítulo da repetição tanto o gregarismo como o isolamento. Os nomes representam os fatores a partir dos quais atinjo, em mim, as faces, os painéis que se repetiram e se repetem, bastando-me a pronúncia de um deles para que, mentalmente, componha uma efígie, um episódio que com acerto lhe corresponde, não fora a imaginação uma exímia alegorizadora, uma perfeita selecionadora de intérpretes.

O caráter instrumental do nome, a sua faculdade de conduzir para mim, em mim, os rostos que longe desempenharam os seus papéis, se ostenta mais solícito quando se trata de meu vulto sob o pleno domínio da nominação: a minha individualidade à mercê das exigências de tão rigoroso império, a minha representação facial e cênica a se expor de modo explícito, a ponto de todos os assistentes, as menos avisadas testemunhas, concordarem entre si quanto à nominalidade então em mim vigente. Dá-se que ela se aproximou tanto de minha efígie, lhe penetrou tão profundamente a sensibilidade que não pude vê-la, tal como

A CONTEMPORANEIDADE FISIONÔMICA 61

a veria nos casos em que sou eu apenas o mero contemplador. Nessas vezes, a experiência da nominação transcende à simples facialidade, em situação parecida à que tocasse a quem, sem espelho, visse os próprios olhos. A autoconsciência do desempenho, exercida na atualidade do nome, impede-me a inteireza do conhecimento em objetividade, como se a mim mesmo, enquanto contemplador, devesse se vedar a participação no interior de certos nomes, de determinados temas a que minha pessoa se integra, desfazendo-se a possibilidade de ver-se como depois estimara. Realmente, após se cumprir a representação, não saberei exatamente se me houve da maneira que eu programaria, com pormenores, para o que julgara o bom êxito de meu rosto, a memória sem outra coisa me exibir senão o atrito, às vezes por demais penoso, entre o meu vulto e o nome que o agastara. Assim, o arranjo cênico em que se inclui a minha fisionomia, arranjo ditado por alguma nominação de tal espécie, exige de mim, para o perfeito reconhecimento de sua aglutinação ao título em foco, o retraimento de meu corpo diante da vigente nominalidade; requisito este que nem sempre alcanço, em virtude de os nomes serem em extremo contagiantes, a si absorvendo protagonistas que não foram de logo convocados. Torna-se preciso, para a obtenção da neutralidade de que a consecução de cenas tanto necessita, que um nome excessivamente desamoroso venha a incorporar-se à beira do painel: o nome da indiferença que se positiva no tocante ao recolhimento dos episódios em que não figuro, e em particular desolador quando sou eu mesmo, ao pretender um outro nome no painel visto por terceiro, a personagem prestes a uma contentadora representação, e que aguarda, portanto, o bem-estar em alheio repertório, muito caroável à indiferença.

Trasladando-se da realidade para o campo artístico, as nominalidades, que o criador considera próprias para a sua tarefa de criação, mais conscientemente se apuram nesta que nos instantes empíricos. Há, na constituição de meu repertório — qualquer executor artístico dirá o mesmo — dois momentos de elaboração à base de nomes genéricos: o primeiro, na ocasião de o retábulo se deferir, em mim, de acordo com a nominalidade que traduzo à vista de seu aparecimento; o segundo, na ocasião de, com os dados cênicos que me aprouver, eu, o executor artístico, os articular ao intencionado nome. Este, comumente em feição que o domínio do autor mais aceita do que modela, é a principal

62 O LUGAR DE TODOS OS LUGARES

entidade com que conta o artista em sua factura. Na agenda do criador, muitos nomes se contêm, entretanto, ele escolhe aquele ou aqueles que — em alguns casos só existe, para ele, um nome, caracterizando-se os demais como subnomes, consangüíneos do nome genérico — melhor se atêm com a qualidade de seu miradouro, com a intuição, que ele possui do universo com que se depara, ou do universo em que se sente envolvido. Cada artista persevera em um nome ou subnome de sua predileção, e com o artifício da arte o esmera em correspondência figurativa, quando ao seu gênero de arte pertencem as figurações; requintadamente o nome se coloca em imagens da inventiva, ordenando a sua fixidez ou o ritmo em consonância com a regra ou regras com que o artista regulamenta a confecção de sua obra, e todo o mais atende, da mesma forma, às sugestões faciais do nome. Nessa oportunidade, se confundem a visão do artista e a sua nominada intuição, a unidade de seu repertório se patenteia superiormente nesse ponto em que lhe é impossível separar do universo artístico o sentimento que lhe surge do universo real.

Na factura da ordem fisionômica, na apreciação do meu repertório figurativo, ocorre a singularidade de tudo que se me oferece objetivamente, portanto o cabedal inteiro da externa imaginária, ser de minha posse, em prerrogativa que se coonesta, em plano cosmológico, com a sua irrestrita solidariedade à conjuntura de meu perecimento. Na elaboração de meu universo facial — com o aproveitamento da realidade empírica, a exemplo das situações em ato — a matéria à minha disposição, ainda que eu não me associe emocionalmente ao nome em causa, é matéria que já me pertence antes de assumir o significado que lhe sobreponho. De modo irredutível, tenho as personagens não só em exibição na cena, mas também as possuo em seus bastidores, em suas vidas não declaradas aos meus olhos. O meu repertório consta do passado havido sob o meu testemunho, e do outro passado igualmente havido, o que me advém em termos de virtualidade, incluso numa secção que, do mesmo modo, se modela de conformidade com o módulo de minha receptiva, sendo esta o estojo absoluto em que penetram e estão os entes e episódios de toda a imaginária.

Em virtude da perecibilidade a que se condiciona, por inerir, em mim, o falecível estojo, em virtude de a fatalidade de sua extinção, comigo, regredir o poder até às coisas de ordinário tidas como primeiras no tempo, todas

A CONTEMPORANEIDADE FISIONÔMICA   63

as feições do pretérito se acomodam em minha contemporaneidade ou, antes, elas se afiguram com o existir que lhes proporciono, pois que de mim elas não existiriam se eu não existisse. Consoante a ordem fisionômica, a sucessividade ancestral como que se encurta ao meu tempo individual, para efeito de se instituir em meu repositório. Mercê do existenciamento fisionômico, os seres havidos se submetem à circunstância de estarem em mim, e por conseqüência equivaleriam ao nada se não fora a presença de minha efígie no mister de existenciar os recheios de meu conteúdo. Sendo o conhecimento a contemplação de mim próprio, concedo-me, no setor artístico, o privilégio de remover os fatos de sua fixação histórica para uma ordenação segunda e de acordo com os ditames de minha sensibilidade. Se o repertório me pertence, resulta aceitável que eu ajuste os painéis e promova arranjos cênicos em harmonia com os interesses de minha criatividade; para tanto, valho-me das argúcias de meu belvedere, com o qual obtenho as desejadas ratificações de minha temática, dos nomes que vejo estendidos sobre um outrora que dessarte se apronta a fim de se deter ante a minha lupa. Estilizo todo o passado como estilizo todo o presente, quero dizer, o mundo fisionômico é aquele que atende à lei de minha vida, aquele que, indo a finar-se na minha morte, para isso se prepara ao compreender-se na modalidade de minha existência. Sob o signo da contemporaneidade, que transluz nos painéis do Julgamento Último, várias vezes presente ao longo da obra *A Ordem Fisionômica,* cenas estas que me permitem a apresentação, em simultaneidade, de todos os entes vividos na terra, inclusive com os seus respectivos episódios, objetos do teor da reunião, sob o signo da contemporaneidade, descubro e ativo articulações entre seres aparentemente díspares; mas que, vinculados à mesma denominação, me propiciam a impressão de que, além da aproximação que acabam de anuir entre eles, todos os participantes mais se integraram em meu ser, cabendo em mim como couberam na vigente nominalidade. Estar em meu conhecimento é o mesmo que aderir à minha contemporaneidade. E se disponho das cenas a ponto de lhes estabelecer o tratamento e a temporalidade convenientes em mim, pratico em meu repertório um avizinhamento que o mister de homologar-me exige.

Com o exercício unificador dos nomes, admitidos na agenda de meu repertório, vejo se fomentar o sentimento

64 O LUGAR DE TODOS OS LUGARES

que a cada passo me despertam as coisas visíveis: o sentimento de posse em relação aos atores que desempenham a nominalidade em causa, uma afecção muito leve e que extasia, à similitude da que me engana no minuto em que, observando a marcha de alguém a certo lugar, que todos os dias se repete, me surpreendo com a idéia de que sou o orientador, o monitor direto do vulto em seu caminho. A densidade da sensação é a mesma, no entanto não me iludo quando me sinto o possuidor de quantos representam a nominalidade que lhes deferi. Para que esta se preencha na medida de meu interesse, conduzindo longe os meus direitos de posse, entre a dualidade face e nome determino a prevalência deste, da nominalidade que pretendo, em minha auto-homologação, passe a elastecer-se, de forma a adensar-se a contemporaneidade de meu repositório, a contemplação que aufiro de mim mesmo. Quantas vezes, cientificado de que em algum local um determinado nome intitulará a seqüência dos painéis, mentalmente os antevejo com a mais completa exatidão que pode consentir uma nominalidade genérica, e com a preciosa ajuda do lugar que, de mim conhecido, soe facilitar o acerto da clara previsão: de tão bem vaticinada, me deixa a sensação, ao assistir ao espetáculo em real desenvoltura, de que eu o dirigira, o ensaiara enquanto estivera fora do ambiente. Senhor das possibilidades cênicas de muitos nomes, sinto-me o predetentor de realidades que operam à distância de minha vista, para os quais, se as vir em plenitude, a surpresa não conta, e, acima de tudo, me acrescenta a impressão de posse, de havê-las ainda antes de se verificarem. A consangüinidade entre a minha lupa e o repertório que ela abastece se afina à proporção que recupero, através do real cotidiano, o episódio ou episódios que se desenvolveram, precedentemente, na rampa de meu devaneio, graças à correspondência, de natureza plástica, que à concreção insinua, ou melhor, dita a nominação em foco.

Aos nomes assíduos, em meu repositório, atendem realidades que me parecem intensas por seu vigor figurativo, aliado à curta variação de aspectos, mas que se compensa com a densidade da representação. Trata-se dos nomes que me colocam em imanência fisionômica, isto é, os rostos e entrechos que eles rotulam, coincidem com as premonições do contra-regra que em mim se contém, uma endopatia bastante lúcida processando-se em presença de

A CONTEMPORANEIDADE FISIONÔMICA 65

meu belvedere. Em algumas oportunidades acontece que o nome, como que a me obrigar a contemplativas experiências, se demora em recobrir, em mim, as personagens que no entanto já atuam na conformidade de seus ditames; apenas a minha receptividade não atina com a vigência dessa alteração, com a mente distraída, não vê os figurantes que se desajustam à nominalidade, entregues a desempenho à margem de minha ratificação; minutos após, eis que desperto, e imediatamente, acabada a absorção, a nova nominalidade me surge, enfim; sendo eu, portanto, dos vultos comparecentes ao recinto, aquele que a recolheu por último, quando eu devera ter sido, para minha satisfação particular, o pressagiador da explícita seqüência; contudo, ao receber o nome, a tardança mesma se positiva ao meu olhar: ela me permite vislumbrar a retroação do nome, o seu regresso aos pontos iniciais, induzindo-me a uma leitura galvanizadora, as cenas se franqueando agora ao título que antes eu não percebera. Com anterioridade ou posterioridade, o nome ilustra a minha idéia da contemporaneidade de minha existência a abranger a todas as contemporaneidades, a todas as periodicidades: os passados momentos que, a fim de se darem em existenciamento, reduzem os hiatos de suas separações e se enquadram nos limites de meu repertório, programando-se à véspera absoluta, à extinção comigo, prestes a faná-los.

Na prática de minhas anotações que, reunidas, compreendem os volumes de *A Ordem Fisionômica,* se mostra presente o meu intuito de oferecer, em cada parágrafo, em toda descrição de painéis, um tom, um ritmo, de acordo com a posição de minha lupa. Se não o consigo perante a receptividade dos leitores, entretanto me valeu a qualidade do propósito: intentei associar aos apontamentos e digressões respectivos a feição de amplexo que aparenta, em suas relações com o mundo da imaginária, o meu miradouro em constante vigília. Pairando sobre ele o tratamento do *nós,* acredito haver, pelo menos, acentuado a aglutinação, inerente ao meu ser, entre o meu existir e o existir a que denominei de fisionômico, o de todos os vultos e cenas que se conformam, diretamente ou por interpostos meios, ao prazo de minha vida conhecedora. Cognatos ao meu belvedere, pelo absoluto predicamento de serem, segundo a conclusão a que me atenho no papel de óptica situada em derradeira instância, integrados na extensão e tempo de minha vida, os acontecimentos nunca se externam sem denunciar a medida

66 O LUGAR DE TODOS OS LUGARES

condizente com o amplexo com que a minha visão os absorve. Sou o estojo de quanto existe e existiu. Como tal, observo nas coisas que a mim comparecem de maneira fatal os vestígios de minha modalidade. À feição de cada objeto que, pela mera aparência, indica a forma do estojo que o envolveria, dessarte, contemplo, no repertório que encerra realidades e fabulações, o estilo, as modelações de ser e de estar, que, ao vê-las, se afirmam comigo, tão-só pela circunstância de caberem no bojo de meu conhecimento, de se constituírem parcelas de meu repositório. Ofensivas ou não à minha sensibilidade, que pode repeli-las porém não sonegar o fato de suas existências, as situações aparecidas — é o mesmo que dizer: aparecidas para o meu repertório — antes de se fazerem hostis ou deleitáveis, se elucidam como próprias a se acomodarem no seio de minha receptividade.

A minha visão, considerada em si mesma, independente dos influxos que transmite ao campo dos sentimentos e ao das ideações lógicas, a minha visão é fecundamente passiva, e enquanto se exerce, abre-se em pura e genuína positivação, com o amplexo de seu procedimento a ver-se em infalível desenvoltura. No mundo fisionômico, no universo que se baliza à duração de minha existência, dá-se que os retábulos sucedidos antes do exercício de meu conhecimento, e os que hoje se processam além do campo de minha óptica, se capitulam no setor daquela imaginária, cuja composição promove o meu engenho; para isso, fundamentando-se em faces representativas, em figuras e entrechos que se prestam à outorga, intermediários portanto, os quais vêm trazer à minha imaginativa — nivelam-se o plano da ficção e o plano da realidade — o que se passou há muito e que se mantinha no obscurecimento do nada, em mim, como que aguardando, para o exibido advento em meu repertório, para o existir fisionômico, a claridade, embora efêmera, de meu vulto. Para imergirem em minha contemporaneidade, estendendo-se coevos ao prazo de meu repositório, os eventos do passado se sub-rogam em reconstituições da mente, e ainda em situações armadas quer por si mesmas, quer por minha iniciativa, conquanto os recubra a todos a nominalidade que outrora fora a significante.

Dentro de minha contemporaneidade, a contemporaneidade a que tudo e todos se solidarizam, por mais concretos e eloqüentes que se manifestem os episódios, por mais firme que se exponha a realidade, esta se consubstancia, no curso

A CONTEMPORANEIDADE FISIONÔMICA 67

de minha breve duração, em painéis configurados em meu pensamento. Assim o acervo da interior imaginária cada vez mais se acrescenta às custas da realidade que, pouco a pouco, se reduz diante de meus olhos; com efeito, o curto prazo de minha vida, ou antes, o meu poder de clarificação direta, dia a dia segue a abreviar-se, e, em conseqüência, os painéis da realidade tendem a me aparecer, quando aparecerem, sem a presença identificada de seus protagonistas, que na hora se substabelecerão em outorgados semblantes que ainda se consentem deparar pela minha lupa. Desse modo, as ocorrências de minha atual contemporaneidade se assemelham, nesse sentido da separação de minha óptica individual, àquelas ocorrências que se ostentaram anteriormente à minha receptividade, em inexistência fisionômica. Em analogia com as cenas do passado, as que hoje se desenvolvem, livres de meu pessoal testemunho, em quantidade cada vez maior, falam então a mim, que as sei existentes, do nada a que se avizinham. Nessa posição de ausência, os painéis que a habitam, proporcionam-me uma versão aproximada daquela que me concede a realidade e que se fez anterior ao meu surgimento óptico, ao meu pessoal nascimento, o período a que me reporto graças às informações de outrem.

Mas, tanto as presenças como as ausências, sem exceção de nenhuma, são entidades de meu repertório e, estando em mim, regem-se pelas medidas de minhas fronteiras, passam a fluir em minha contemporaneidade; havendo assim, para as presenças que se armaram aos olhos de outros, e não aos meus que inexistiam, dois ângulos de temporalidade: um, alheio à minha duração pessoal, e um, aderido simultaneamente a esta. O mais consentâneo seria afirmar que ambas as categorias de tempo, sob a regressiva idéia de que se extinguirão com a minha morte, em existencial dependência a mim, se inscrevem no tempo fisionômico, o do prazo de minha vida conhecedora e reconhecedora. Com o meu perecimento, hão de perecer, de morte a mais e definitiva, em mim, os que, no passado, já se deram ao nome da morte: nome que, à guisa dos demais e com todas as figuras e entrechos, desfruta de minha contemporaneidade. O tempo fisionômico — o de atendimento à durabilidade de meu repertório, onde ele se inclui — estritamente limitado entre a sua origem e o seu término — o prazo de minha vida — existindo por existência de minha individualidade, me franqueia o seu teor disponível, a sua infinidade de envolvimento, para que, já no domínio da arte, eu aplique

68 O LUGAR DE TODOS OS LUGARES

arbitrárias licenças, retemporalizando episódios que se verificaram em diferente cursivo. Permitindo-me tais liberdades, o tempo fisionômico, sempre aberto a qualquer ordem de localização dos fatos, confere aos nomes a prerrogativa de ditar as normas do novo entrosamento, pondo cada coisa em seu lugar, de acordo com a nominação presente. Quando o curso histórico se adianta, não há, em sua determinação, uma lógica de aparecer, referentemente aos nomes; daí a necessidade que surge, em relação ao meu afeto, de desobedecer à geral temporalidade e conseguir, com as mudanças de local do pretérito, uma seqüência mais propícia à minha sensibilidade. Os nomes que, despegados de mim, se confundiam, se atabalhoavam e se atabalhoam, obrigando-me a cuidados, a agudezas, a fim de bem isolá-los um de outro, agora, com as permissões da contemporaneidade que me pertence, concedem que eu escolha aquele que me convém à hora, e em seu preenchimento retiro do comum passado os vultos que, em instantes diversos, entretanto se unem à temporalidade do mesmo nome. Aliás, a maneira habitual da meditação coonesta esse procedimento: de fato, me surpreendo na tarefa de aglutinar entrechos distantes uns dos outros, porém ligados pelo nome que é, portanto, a base do devaneio, da reflexão a aspirar um tempo que lhe seja exclusivo, com a sua perduração demarcada pela nominal vigência.

Em muitas oportunidades, tenho ido a colóquios, não em busca dos intérpretes, mas do nome que encontrarei por eles representado. Como prova o conteúdo dos livros sob a epígrafe geral de *A Ordem Fisionômica,* o meu intento, nesse particular, foi o de, no trabalho sobre a minha contemporaneidade, obter dos nomes o tempo compatível com a sensibilidade de meu vulto, o seu período de vigoramento encurtando-se ou alongando-se segundo a minha urgência interna. Sem perda da densidade figurativa, decreto às situações em desempenho a medida de sua temporalidade, um tempo no interior do tempo de minha contemporaneidade. Toda obra de arte de natureza temporã socorre-se dessa licença, ou, em outras palavras, o artista repete em sua factura o privilégio que, cosmogonicamente, lhe era natural: o de ser possuidor, em passividade e em atividade, do tempo em integralidade e em convencionadas subdivisões. Sem dúvida que os parcelamentos da contemporaneidade, os quais afloram, mais do que no domínio da arte, no domínio do cotidiano, tão repleto de frações do tempo geral, sem dúvida que o exercício de utilizar-se o correr da duração,

A CONTEMPORANEIDADE FISIONÔMICA   69

atesta em si a disponibilidade com que plastifico, na arte e à margem dela, a contemporaneidade absoluta e de mim privativa. Observando a realidade e a fantasia dos outros e as minhas próprias, concluo que a minha contemporaneidade — a única existente, em derradeira instância — significa algo suscetível de merecer tratamento de ordem facial, podendo, inclusive, fazer-se representar, como pura fluência, pelos valores ópticos extensivos.

Para essa representação habilita-se a paisagem de longínquos horizontes, posta num só quadro visual, tendo em confusão e dissolvência os planos mais afastados de mim; na composição dessa paisagem, as formas se ordenam com a nitidez regulada pelo ponto onde me situo, de maneira que, analogamente aos vultos e retábulos que tanto mais no pretérito menos detalhados na rememória, os acidentes da perspectiva tanto mais distantes de meu belvedere menos caracterizados se mostram à minha observação. Na contemporaneidade que me pertence, planos diversos de aparição se matizam, em mim, de conformidade com a presença de meu rosto nas infindáveis conjunturas que me preenchem o repertório; este encerra figurações que se comparam às do panorama extenso, e ainda desta vez a minha efígie, enquanto receptividade, se patenteia na qualidade de centro referenciador de tudo que sucede: em verdade, todos os protagonistas me ladeiam, todas as representações, na escala que se assemelha à da paisagem dos longínquos horizontes, convergem para a privatividade absoluta de meu ser. A suprema investidura me capacita a deslocar o miradouro consoante o interesse da pairante nominalidade, e com as mobilidades que exercito, a da realidade ocular e a da mentalização, ora dispenso, ora convoco, as personagens, entrechos, situações que devem, segundo meus pessoais reclamos, estender-se em ordem por mim determinada. Em conseqüência, o trabalho artístico — as narrações em densos parágrafos — se não consegue, explicitamente, expressar o conspecto da contemporaneidade única, no entanto deixa sugerida a presença de uma claridade que, atingindo a todos os recantos, se limita, contudo, à efemeridade de quem a porta e governa.

6. O Ponto Intestemunhável

Sendo exíguo o olhar para tudo conter, nem por isso se interrompe o existenciador conhecimento, que também se abastece por meio de interpostos figurantes, os quais levam a solicitude não somente a pormenores de apreciável grandeza, mas, principalmente animam no contemplador a inclinação mística. Abstraindo-me de considerar os protagonistas em sua posição de totais informadores, que contribuem com todas as faculdades noticiosas para o enriquecimento de meu acervo, reduzo-me à fonte exclusiva do olhar, e, quanto aos elementos que me chegam, especialmente me preocupo com as faces enquanto sob a outorga dos que perseveram na ausência, fora de minha visão direta. Se cada indivíduo é um constante indicador do gênero a que se articula, toda efígie tem o predicado de trazer a mim, em grau de presumida esculturação, os equivalentes no interior de sua generalidade. A modo do museu em que as espécies e os gêneros comparecem em virtude de delegarem a sua outorga às diferentes peças que se classificam no mostruário, as fisionomias que se colocam à minha frente podem manifestar, além do prospecto comum, atento à qualidade do painel, ao nome que lhe defiro, e de acordo com a consciência de tais intérpretes, podem eles ainda apresentar outra ou outras efígies, outro ou outros episódios, enfim, estariam a outorgar-se em delegação advinda da ausência. Esta, em seu incomensurável território, atenua o obscurecimento, como que, a fim de ativar o relacionamento entre mim e as figurações que a habitam; havendo talvez,

72 O LUGAR DE TODOS OS LUGARES

no íntimo dessa representação, o significado de, sendo o meu belvedere o existenciador de quanto existe, nada mais natural que se estabelecerem, sempre que me aprouver, os contactos com situações e vultos que não caminham para a direta percepção de meu olhar. Nesse processo de desvendar a ausência, as condições da outorga ordinariamente surgem de minha admissibilidade, que, flexível ao extremo, me faculta receber, por interpostas faces, acontecimentos e semblantes que apenas em mim encontram o fio aliciador entre o outorgante e o outorgado. Competindo-me, em instância última, a posse de toda a generalidade, resulta óbvio que as ligações se operem em termos de recepção por mim, confundindo-se no mesmo ato a permissão de meu engenho e a espontânea entrega das credenciais, de teor fisionômico. Sem dúvida que os esclarecimentos acerca da outorga se validam mais desde que restritos ao exame de meu próprio miradouro, a fonte dos existenciamentos a absorver o maior número de condutas descobertas e atuais, à similitude da luzerna em sua função de promover os acidentes ópticos.

Se a minha vida é a contemplação de meu repertório, a maior parte dessa contemplação se dedica a efígies, a painéis e a nomes que se fixam ou vagueiam alhures, de sorte que a imaginária interna, a imaginária da mente, me ocupa bem mais que a imaginária exterior, a imaginária que os olhos alcançam de maneira direta. Acontece que o comportamento físico de meu corpo contribui para que a mente chegue a ponto de confundir-se com o próprio repositório; a mobilidade de minha figura, a fluência temporal, a impossibilidade de os olhos abrangerem o total panorama, concorrem para que a minha vida seja mais uma vida de ausências. O estilo com que as torno existentes, com que as deponho em meu repertório, significa o mostruário do perecimento em véspera, o perecimento universal a sobreviver com a minha morte. Portanto, a conduta diária, a que normalmente se submete o meu vulto, é, sem que eu me dê conta à medida que me acerco de ausências, o apresto em pleno vestíbulo da desaparição, da morte que, no papel de infalível entidade, e por emanação de seu poder, estende, no plano da vida, e sob a forma de iniludíveis sinais, o influxo de sua vizinhança, em termos explicitamente figurativos.

De fato, cabe à ordem fisionômica o atributo de, em versões permanentes, proporcionar a estada daquele nome,

O PONTO INTESTEMUNHÁVEL

o do perecimento em índice de véspera, para isso empregando o cabedal de alegorias, de símbolos, de metáforas, e, sobretudo, o de manifestações diretas de que tanto se prodigaliza o atento miradouro. O mundo fisionômico, ao ser interpretado desse modo, me persuade a ver, na atualidade de meu conspecto, no meu exercício de apreender com a retina os semblantes e retábulos, a ocasião em que se atenua o domínio daquele nome; sem embargo de assim mesmo, em confronto palpável com os objetos da presença, o meu hábito de leitura vir a notar, no rosto ou painel em foco, numa exibição da ausência configurada, o nome do perecimento, nunca afastado de todo, a converter a si o que pudera dele se desvincular; perco, por conseqüência, o ensejo de diuturnamente traduzir o nome que lhe fosse a antítese; isenta-se dele o que realmente sucede nas horas em que, por forte sedução dos desempenhos, e por aguda diversão a que me obriga o nome em pauta e transitório, este prevalece, mas em investidura da rotina e não da arte. Durante a factura do meu trabalho, sinto que a minha intuição, que a essência de minha arte, se fecunda, inclusive a expensas da rotina, do empirismo das revelações tidas por contraditórias, com as correspondências da ordem fisionômica: ao elaborar a arte, com ela me transcendo, pois que esta, entornando-se de si própria me conduz, impregnando todo o meu repertório, todo o existir de seus componentes, ao meu ser como o existenciador absoluto. Por isso que, no curso de minha especulação sobre a dependência que ao meu existir estão afetas as demais existenciais, os sucessos que se prestaram a tratamento artístico, passando assim por duas instâncias, a da realidade e a da arte, se mostram mais incisivos na demonstração de que em mim se configura a galeria de todas as existências; isto no sentido de que, fisionomicamente, os flagrantes reais, quer os não trazidos à arte de minha factura, quer os aproveitados por ela, se catalogam na agenda de minha lupa.

Com o trânsito da realidade para o plano estético, os acontecimentos informam que, em mim, duas fases com eles ocorrem: uma, a da aparição inédita, e a outra, a da pura imaginária. E aqueles vultos que participaram da primeira situação, recebem, em mim, pela circunstância mesma de os haver promovido à arte, uma localização prestigiosa, ao se instituírem em recursos de que me valho quando me advém o ensejo de, por memória e por imaginação, debruçar-me sobre o meu repertório, a fim de melhor experimentar a consangüinidade entre ele e a minha pessoa

74 O LUGAR DE TODOS OS LUGARES

unificante. A sensibilidade, o gosto, as preferências arbitrárias ou justificadas, enfim, os requisitos de minha recepção interferem no momento da escolha, decerto modelando à sua medida os retábulos e os atores em nova exibição, no interior de minha mente; entende-se que toda intervenção procedida em meu repositório é feita para que este se consolide ante a disponibilidade que pretendo auferir do seu conspecto. Os aparecimentos e desaparecimentos, as modalidades, as durações, as posições, todas as conjunturas de ser e de estar em meu repertório, compreendem atos e circunstâncias de um acomodamento, em mim, de mim e para mim, que congenitamente em substância comigo, há de alcançar, com a sua morte em minha morte, o instante de mais completa afinidade entre nós ambos: eu e o repertório em que tais condições se verificam. Apagada a luz, extingue-se com ela o espetáculo visual. Em virtude do apagamento, dá-se, com a inexistência fisionômica, então ocorrida, uma uniformização em face da obscuridade, portanto, em termos de inexistência. Esta metáfora se aplica ao relacionamento final entre mim e o meu repertório, apenas, surge um ponto que a metáfora não consegue atingir: o da absoluta ausência de testemunhas que, em mim, possam depor acerca desse fato de se terem unido em derradeira morte com o meu vulto os vultos e entrechos que foram vistos, imaginados ou fabulados em minha existência. Esse ponto intestemunhável se afigura o intransponível ao empenho e agudeza de meu belvedere, o repertório não mais existindo sob a intestemunhabilidade desde o momento em que se efetiva a morte. Fonte das angústias mais graves, a certeza de que advirá a ocasião a partir da qual não mais me verei no mister do existenciamento, a certeza da extinção absoluta em mim suscita o encarecimento de configurá-la, pelo menos no tocante à exclusividade de meu corpo e de meu nome próprio, concedendo à nominalidade indiferença o atributo de pairar onde não vão os resquícios de minha individualidade. Várias seqüências dessa tentativa de observar-me como se morto eu estivera, foram narradas em *A Ordem Fisionômica,* e durante elas o meu miradouro se comporta como uma visão tanto quanto possível neutra em relação ao meu rosto, que este, situando-se em desaparecimento, não poderia interessar à vista que busca fixações concretas.

Então, procuro-me no vazio que deixara o meu semblante, reconstituindo-me através de estojos que me agasalharam, representando-se à lupa estranha a ele e no entanto

O PONTO INTESTEMUNHÁVEL 75

a mim pertencente nessa qualidade de não perceber-me, o
painel ou a série de painéis tal se constituiria não comparecendo ao local o meu vulto; a fim de ter-me em ausência,
pára e move-se-me o miradouro, e ninguém que porventura
vislumbrasse tal episódio, concluiria que eu intento o não-
prospecto de meu ser; antes esse alguém pensara que ali me
encontro cioso de minha presença. Ainda acontece que,
para melhor contemplação da minha ausência, oculto-me
dos demais, e assim, de favorável observatório, enxergo as
sendas por mim não percorridas, quando deveram ter sido
caminhadas por meus pés, dessarte trazendo-me aos olhos
o dia seguinte ao meu falecimento. Mantendo-me em ângulo
propício, e evitando que alguém me descubra em atalaia,
apreendo do nome indiferença as gradações de pouso em
que ele se perfaz; já senhor dos processos para levantar
uma ponta do não-ser prolongo a tarefa de esconder-me
da existência, indo a curiosas modalidades da indiferença,
introduzindo fases de representação: dessa forma, em determinados recintos, onde a minha face aparecia cotidiana,
me vejo em sentido afastamento, em retábulos que se capi-
tulariam como os de horas, semanas, logo em seguida ao
meu perecimento; em outros recintos, com personagens que,
mesmo na prática do convívio com o meu vulto, cultivavam
a subestima, e com ela os inícios da póstuma indeferença,
descubro-me no desempenho de com eles não me situar;
nesta experiência, adquiro o não-ser tal e qual há de promover-se dentro de certo prazo: a minha desaparição total,
inclusive com os de minha afeição também estes já falecidos
em seus pessoais falecimentos. A curiosidade se estende a
situações de que não participo, a minha ausência passando
a configurar o sentido que ao painel ou painéis ofereço,
catalisando-se a conjuntura, tornada, na insciência dos atores, em fato inserto em minha agenda: a configuração cênica, em termos de ilustração e de escorço, de algo privativo
de minha posse: o óptico testemunho, por mim, daquele
ponto intestemunhável, o ver-me como se perecido eu fora.
Ao convencer-me de que eu somente, quanto ao meu
corpo, tenho condições para moderar os reclamos da indiferença, com o simples predicado de dispor da visão que
a faz existida, acode-me outra convicção, no pleno uso de
minha privatividade: sou o único a vedar que prossiga a
indiferença, pois que se envolve em minha desaparição a
desaparição da própria indiferença, e de todas as nominalidades que provei e vi por outros provadas. Escapa de meu
controle a maioria dos desempenhos da realidade, por isso

76 O LUGAR DE TODOS OS LUGARES

que proliferam, diariamente, perante meus olhos, os entre-chos eivados da indiferença, quer dos circunstantes com referência ao meu vulto, quer dos circunstantes entre si, todos a revelarem a presença quase ubíqua desse nome. À guisa de preparação à plenitude do falecimento, as contingências do cotidiano se modelam, em geral, consoante os moldes da indiferença, numa espécie de gritante aviso acerca do que advirá em seguida a essa nominação: o perecimento homologador do sentido inerente a essa véspera. Nada existe além de meu repertório, os nomes e as faces se integram nele, redundando, em última análise, que toda ilustração, todo esboço atinente à morte — considerando-se esboço cada morte que sucede em meu conhecimento — visa ao momento de minha individual extinção, da qual, a rigor, não restará ninguém para lhe servir de testemunho. Para a tradução do significado daquilo que eu represento, adotei em mais de uma oportunidade, em *A Ordem Fisionômica,* a metáfora da arquitetura; efetivamente, ela se presta a fazer evidente a conjuntura de ser eu o depositário de tudo que existe, proporcionando ao universo uma efemeridade com a breve duração de minha vida. A minha situação de continente e modulador de meus conteúdos, assemelha-se, de fato, ao vão de um edifício que acolhe, da maneira que ele consente, distribuindo-os, de modo automático, os comparecentes que de ordinário não se dão conta de tal dependência em relação ao ordenamento ali prefixado pelo arquiteto. No livro *O Espaço da Arquitetura,* escrito posteriormente àquela obra, anotei alguns pontos de tal similitude. principalmente quando eu aludia à luz ambiente, à claridade que tanto escultura os objetos, propinando-lhes existência ante o olhar do espectador.

Considerando as atitudes, os gestos, as composições cênicas operadas em meu repertório — que é sinônimo de conhecimento — compreendo-as sob a significação de liturgias; a repetição com que elas se exteriorizam, o caráter de ilustradoras de meu perecimento a sobrevir, inculcam-me a idéia de uma dimensão figurativa — a ordem fisionômica — que se unge, em ritual supremo, como a véspera que se motiva, que se ajusta, que se concerta sob os ditames do esperado acontecimento. A minha vida é a contemplação do mundo como liturgia indicadora de minha morte. Em seus escorços, nos meandros de sua estabilidade e de sua instabilidade, os desempenhos que enxergo e os que me chegam por agentes intermediários, emanam, dirigidos a mim que sou o assistente na mais recuada poltrona, os

O PONTO INTESTEMUNHÁVEL 77

dísticos do perdimento a que me submeterei, levando-os comigo. Os desempenhos versam a propósito de mim, o existenciador e efêmero mantenedor de sua existência: a demarcação final desse existir confunde-se com a demarcação de meu existir pessoal, exatamente na data em que a véspera se soluciona.

A pós-véspera é o ponto intestemunhável: a ninguém alieno a prerrogativa de fisionomicamente sobreviver a mim. Ninguém virá, em mim, a comparecer ao velório que não se verificará, porquanto os que poderiam fazê-lo, já estarão perecidos no mesmo perecimento. Não se reproduzirá, no tocante ao meu vulto, em mim, a cena que tantas vezes tenho presenciado, a do velório de outrem, na qual me vejo também morto nessa respectiva morte, a desse alguém que me possuía em seu conhecimento, em seu repertório. Enquanto eu não atingir o ponto intestemunhável, continuo a assistir as mortes fisionômicas de minha pessoa, o que não chega a se constituir em exata antevisão de meu próprio falecimento, isto porque a participação que cumpro hoje nos velórios não se repetirá sob a feição de sobreviventes meus diante de meu pessoal velório. Sem o sentido de cênico ensaio, contemplo, no painel do funeral, o funeral de mim mesmo, em conjuntura que me consente ser, em simultaneidade, a lupa receptora e o objeto em recepção. Pretendendo descobrir algum modo de metaforicamente representar a situação de encerrar-se com o meu falecimento a possibilidade de ocorrer a cena de meu velório, de representar, portanto, o intestemunhável, perco-me em buscas infrutíferas, afinal contentando-me com pequenas amostras do que seria o não ver-me em último perecimento. Assim, em mais de um episódio, dos relatados em *A Ordem Fisionômica,* me situo, durante os enterramentos, em posição de apanhar o inteiro painel, ao mesmo tempo que me esquivo à detença de outros olhares, retirando-me das tentativas de me haverem como alvo de atenção, mero comparsa que permaneço, a efígie que nenhuma outra vem a gravar; entrementes, em consoante adesão ao nome indiferença, que então aumenta o seu império sobre o recém-falecido, compactuo um tanto com o ser em desaparecimento, associo-me fisionomicamente à morte que se opera: a esquivança de minha figura instituindo-se em parte daquela esquivança que se centraliza no morto que as testemunhas congrega. No retábulo em mira, tudo quanto representa invisibilidade, sombra, desconhecimento, implica aglutinação fisionômica ao núcleo do entrecho, ao nome indiferença que não mais se despegará,

78   O LUGAR DE TODOS OS LUGARES

sob o aspecto do esquecimento, daquele morto que recebe de mim, em unção adequada, a comunhão no fato de também ser abrangido, pelo nome indiferença, o meu vulto perante o despercebimento dos demais.

As representações conscientes formam grande parte do acervo de minhas descrições, o belvedere sempre em vigília na passagem das nominações genéricas, de maneira a bem depositar, em meu repertório, os sucessos que portanto, ao penetrarem nele, se acomodam ao estilo de minha adoção, e tanto mais investidos em minha consciência, mais se favorecem em explicitude, em ratificação ao meu ser. Entretanto, em grau de presumidos, se armam os desempenhos que, ainda englobando a minha personalidade, todavia a participação de meu rosto se pratica na ignorância da nominalidade que no momento preside. Na vida rotineira, fora, pois, dos intuitos de natureza artística, proliferam nomes a que a minha efígie atende, processando-se, por conseguinte, inúmeras ritualidades de que ela se desincumbe com perfeição porém sem de tais circunstâncias se cientificar. Em meu repertório, elas figuram em índice de certeiras presunções, e até que se poderia dizer que os desempenhos cujos rótulos costumo homologar, os de minha sabedora consciência, servem a outra ou outras peças também em exibição no território em que acaso estou, mas desta vez apenas no caráter de mero autômato, de ordinário me inscrevendo, assim, na investidura de sobejantes nominalidades. Sem dúvida que é bem maior a quantidade de nomes de que participo sem o notar, do que a de nomes em que me infiltro com integral consciência; se às vezes algum belvedere me surpreende em ignota representação, e a revela ao meu entendimento, dá-se-me a sensação de que, ao escutar a revelação, se quebra a linha de meu ignorado papel, efeito natural em quem se surpreende com a violação de sua fronteira estética. Será puro o desempenho desde que o ator não se retire do nome em virtude de algum externo apelo; por isso que, em procuras alegóricas, impeço-me de despertar de seu nome o protagonista que o detém à revelia de si próprio; absorto no tocante à nominalidade que somente o meu miradouro traduz, ele se acredita em sua realidade para quantos o observem, mas, de meu posto, coloco, em efetivada agenda, a configuração em que ele se admite e a outra, a que me foi privativa, a que ele desconhece, e no entanto se salienta como a preferida de minha óptica.

O PONTO INTESTEMUNHÁVEL 79

Com assiduidade me descubro a mais querer aqueles retábulos e seqüências que se avizinham explicitamente do estilo, da qualidade de minha recepção; a sua espontaneidade de atitudes, mercê da simpatia harmoniosa, detendome ou movendo-me ante os vultos exibidos, os meus olhos a se conduzirem em rigorosa consangüinidade com eles: sempre a se efetuar o congraçamento de minha pessoa com as personagens que lhe devem a existência. Por tudo isso, pela conjuntura fisionômica de serem em mim, o meu perecimento há de constituir-se em perecimento abrupto para os nomes e desempenhos que pairam e se desenvolvem, em presença ou à margem de meu semblante. Quantas nominalidades, em plena desenvoltura através de obedientes protagonistas, não se surpreenderiam seccionadas irremediavelmente, sucumbidas a meio de suas exteriorizações, se acaso aparecesse — sendo impossível a hipótese em face de, em mim, nenhuma lupa vir a sobreviver-me — uma lente a atestar o que fora, ao extinguir-se comigo, o universo fisionômico. A despeito dessa impossibilidade, ou talvez por motivo dela mesma, aplico-me a imaginar os nomes que não conseguiram de todo preencher-se, os que se facializaram abundante ou excessivamente, os atores que tanto se exercitaram em bem-queridos e mal-queridos nomes, os rostos que não chegaram nunca a exibir-se em programadas nominações, enfim, o devaneio a se demorar no evento das bruscas interrupções, por força da morte de meu ser que, além de existenciador, também se mostrara o mantenedor das existências em mim. O ponto intestemunhável, absoluto em seu fim, deixará cair em todas as exibições, as realizadas e as presumidas, a obscuridade que de mim se entorna infinitamente.

Especulando acerca das conexões entre o meu repertório e o meu belvedere, atribuo ao tempo um dos maiores influxos na personalização de meu inesgotável acervo, persuadindo-me de que é a temporalidade cronológica o agente que mais encaminha, ao lado da inubiqüidade de meu miradouro, os sucessos e respectivos lugares ao seio de meu repositório. Com o tempo que transcorre, os acontecimentos e logradouros se convertem, incessantemente, em seres de minha introspectiva imaginária, afirmando, em conseqüência, a faculdade retentora que, em última instância, é exclusiva de minha personalidade. Por mais persistente que se exponha o vulto, e por mais perseverante que seja a minha presença em sua proximidade, vendo-o e revendo-o no decorrer das horas, possui ele, em cada dia, mais um ontem

80 O LUGAR DE TODOS OS LUGARES

em seu prospecto; esse ontem não é ele em si próprio quem mo restitui, mas sim a memória que me pertence, a qual o soma aos já existentes em minha imaginária. A estabilidade da similitude, fazendo com que uma efígie se manifeste hoje tal como anteriormente se manifestou, induz a revigorar o pensamento de que a objetividade se estrutura à minha revelia; porém, admitindo-se a ordem fisionômica, se concluirá que a figura em apreço não mais se consubstancia na feição que possuíra à véspera, senão por meio de minha receptividade que esteve, ontem e hoje, a lhe ativar a existência em mim. Uma coisa, tal como se apresentara ontem, conserva-se aparentemente a mesma, tem por conseguinte a sua repetição em virtude de meu belvedere que, dessa forma, é o preservador desse ontem através da memória; portanto, o passado de cada vulto não reside privativamente nesse vulto, porém sobretudo em mim que o possuo em meu repositório. De acordo com a ordem fisionômica, a mim compete existenciar e auferir os seres existentes, de sorte que o relacionamento, que estabeleço, entre a minha pessoa e os entes de meu conteúdo, se traduz em personalização a que nada refoge. O único de minha receptividade, a instância derradeira que a define, vê-se perfilhado pelos modos como se naturaliza no papel de estojo a que se compara a minha percepção; quantas vezes se ilustra, mercê de mim próprio, a qualidade de os vultos e cenas a se instalarem em meu repositório, a se perfazerem na condição de dependentes de minha vida pessoal; a fim de bem se deferir, segundo a ordem fisionômica, a criadora vigília de meu belvedere, também me exercito na tarefa outra, na de eliminador de similitudes, na de existenciador, portanto, de individualidades, de surgimentos distintos.

Sinto-me o senhor de meu repertório se tenho, diante de mim, dois objetos exatamente iguais; contudo, cada um deles representa um ser à parte, pois que sucessivamente aprecio a um e a outro, cada qual inscrito em suas fronteiras particulares. Para que se firme a individualidade de cada um, obviamente impossibilitada pela semelhança que externam, há necessidade de, por minha iniciativa, marcar num dos objetos uma assinalação de qualquer tipo, de maneira a diferençar-se de seu sósia. Conseqüentemente, o existir singular de cada um depende de minha presença existenciadora. Sou criador de individualidades, inclusive, não precisando, para isso, de alterar a composição ou a superfície do objeto, bastando-me ater apenas à posição que

O PONTO INTESTEMUNHÁVEL 81

ele ocupa em face de meus olhos. Dessas ocorrências, tão comuns no cotidiano de toda pessoa, nutre-se o meu predicado de personalizar a tudo que sobrevém ao meu repertório, uma espécie de triagem a se proceder nos preâmbulos do existenciamento, grande parcela da contemplação a empregar-se no mister de desfazer similitudes como se estas fossem inadequadas ao estilo com que os meus conteúdos se movem em suas vidas. Essa indisposição ao indistinto, à similaridade, indisposição que tanto me versatiliza o repertório, talvez se explique como a véspera em aproveitamento, em positividade prestes a dissolver-se, porquanto, o pósvéspera a aguarda a fim de que prevaleça a universalizadora similitude: aquela que, no mesmo nível de obnubilação, avocará a todos os episódios e fisionomias, por se haver acabado, comigo, a fonte dos existenciamentos, como o só viger, agora, da escura paridade.

7. A Metáfora da Arquitetura

Com exceção das faces que me ladeiam na atual presença, e que se aprontam para o albergue de meu repertório, o mais que figurativamente possuo, reside, de maneira mentalizada, nesse repertório de contínuos preenchimentos; de fato, o instante presente é o único em que o universo não se me exibe na imaginária do pensamento, e tal instante de objetiva imaginária, instante que se dilui ali mesmo, à medida que transcorre o tempo, transformando-se em conteúdo de minha idealidade, tal instante representa o vestíbulo onde se situa o meu belvedere. Este, quando se dedica ao seu mister, o de empreender a figuração de meu repertório, segundo as nominalidades que nele também habitam, está sempre a se firmar em atualidade, no ponto a partir do qual os acontecimentos se estadeiam no pretérito; assim, a atualidade em que o miradouro se patenteia, recua, com todo o quadro de sua então presença, para o meu repositório que dessarte se essencializa com retábulos em mentalização. Por conseguinte, a presença concreta é algo bem menor que a ausência configurada, de sorte que a prática da contemplação se conduz mais assídua no plano do devaneio que no da percepção dos dados externos. Por isso que toda anotação das efígies e sucessos em desempenho, os flagrantes recolhidos pelos olhos, enfim, os contactos, em termos de contemplação coeva entre mim e a empírica realidade, revelam, pelo menos, a mim, um ar, um tom, um gosto de fatalidade ao pretérito, de visão sobrevinda mas

84 O LUGAR DE TODOS OS LUGARES

vulnerada, ressentida, em virtude do inevitável perdimento: ou melhor, em virtude da transferência da imaginária real, da imaginária externa, para a imaginária do puro pensamento, a imaginária interna. Em verdade, o desempenho de outrem dentro de mim se processa muito mais insistentemente — salvo quando é extenso e profundo o domínio do nome indiferença — e com corolários e digressões cênicas que eu não encontraria nas ocasiões do apanhado óptico e objetivo. Em face dessas observações, não havia porque conservar a distinção, convencionada no setor filosófico, entre figurações da realidade e figurações do devaneio; a diferenciação pode se manter naqueles casos em que a estrutura interna da obra assim exige, mas no caso de *A Ordem Fisionômica,* ela não poderia preservar-se, antes de tudo porque a unicidade cosmogônica, deferida por minha personalidade como a instância última e a existenciadora, colidiria com os esquemas antitéticos, inclusive o da separação entre o visível e o imaginado. Tomando o conceito imaginária como o mais correto para o envolvimento das duas situações, alheando-me legitimamente, na qualidade de artista, das armações próprias da ciência, acredito que assim fortaleço, não só a estrutura do livro que tem satisfeita uma de suas urgências fundamentais, mas igualmente abro ao leitor uma extensão com lógicas harmonias.

Sendo uma a imaginária, admito-me com privilégios, com liberdades que apenas a criação artística favorece, se não mesmo ordena, em vista da sua essência: a intuição acerca de quanto existe, intuição privativa do autor que a porta. Os modos temporais e espaciais se incluem entre os suscetíveis de interpretação, de tratamento arbitrário, conquanto incidam sobre o teor em artística factura. Da mesma forma que divido e subdivido as semanas, os dias, as horas, consoante requerem os assuntos que tento configurar, retirando-lhes a ordem com que normalmente se deram, a ponto de eles, os assuntos, se cadenciarem em seus tempos específicos, assim, com relação aos lugares, os torno maleáveis ao meu alvedrio, removendo-os ou não removendo-os, tudo de acordo com a minha livre determinação. Desloco os lugares de seus lugares, com a mesma desenvoltura que emprego ao mover os protagonistas que os preenchem, os locais assumindo uma feição que, em termos de realidade empírica, ter-se-á por infringente de rígidas normas; contudo, não vigorando tais normas no terreno da prática artística, a plasticidade

A METÁFORA DA ARQUITETURA 85

e portabilidade dos logradouros inserindo-se no conceito de imaginária, partícipes, conseqüentemente, do mundo fisionômico, os cenários acedem em corresponder aos reclamos de minha receptividade que, na fabulação de signos, nada exclui de seu cosmogônico amplexo. Em mim, salvo os ambientes em que me ponho, aqueles que, fixados aí, enxergo com os meus olhos, salvo os recintos de minha rigorosa atualidade, os demais se capitulam em mentalização, acenam os conspectos graças à estadia em meus pensamentos. Mais uma vez a metáfora da arquitetura se entende com o meu universalizante belvedere: a exemplo do vão do edifício que a si acomoda, impregnando-os com o seu estilo, os seres que o penetram, analogamente, os vultos e sítios que se conjugam ou se desconjugam sem a permissão ou mesmo conhecimento de minha pessoa, também se facializam, se configuram, de conformidade com o vão — inegavelmente me constituo no vão mais abrangedor de quantos existem — que é o meu individual repositório, todos se afeiçoando segundo o módulo de meu ser receptivo.

À mentalização com que se estilizam as personagens, aderem os recintos que as contêm e ainda os não tocados por qualquer desempenho em externação, paisagens e trechos de paisagens cujo solo se reserva ermo de representações, quer porque se mostra inadequado à vivência, quer porque não o atingiriam os meus passos. Toda espacialidade, a natural e a artificial, concorda em mentalizar-se, em fazer-se conteúdo de meu repertório, existenciando-se por efeito de minha criatividade. Depositam-se em mim os lugares que testemunhei e os que me surgiram por meios interpostos, através da leitura, do ouvir dizer e do simples imaginar; guardo comigo todos os palcos em que apareceram os habitantes de meu repositório, todos eles denotando, em mim, o estojo que eu sou, em última análise. Com que liturgias monologais costumo, ao demorar a memória em algum recinto, me enternecer ao sentir-lhe a devaneada detença, em virtude da representação que se verificou em sua superfície, ritualizando-se o havido ambiente, por motivo de algum retábulo ou seqüência de retábulos me ter aparecido em seu seio. Então, vejo-me no privilégio, não alcançado por ocasião do desempenho, de contemplar a rampa isenta de protagonistas, puro tablado a que eu não reviera se não fora a ocorrência que o valorizou em mim. No caso, imito o comportamento que tantas vezes conduzo no cotidiano de minhas paragens, quando, perdido o sucesso que o realçou a meus olhos, regresso ao respectivo logradouro,

86 O LUGAR DE TODOS OS LUGARES

a fim de vê-lo ausente do passado assunto. Consubstanciando-se na imaginária, nivelam-se os ambientes da realidade e os ambientes do devaneio, facilitada que resulta a personalização, em face de anteriormente serem todos do meu repertório, o único, o exclusivo na tarefa de pôr-se em derradeira instância; a franca disponibilidade me habilita a submeter os lugares a encarecimentos de tal ordem significativos que parecem atores, portanto suscetíveis de, além do apego à cena do prestigioso recheio, variarem de sentido, receberem de mim certos eventos que não recaíram em seu bojo, numa passividade que me permite, quanto à fixação de determinado episódio, de determinado nome, transferir a este do local histórico para outro de minha atual predileção. Como se tardiamente, quanto à realidade, ao meu engenho coubesse a missão de, reparando um insuportável defeito, que se registrou no instante do surgimento, colocar agora as coisas nos devidos lugares, proporcionando ao recinto em foco o painel que, em termos fisionômicos, lhe diz respeito, tudo ante a superior correspondência com os meus íntimos ditames.

A removibilidade do logradouro é um exercício que se processa com assiduidade, a pessoa a verificar em si o atendimento dos lugares ao módulo de sua meditação, vendo-se a personalizar as rampas que, testemunhadas ou apenas sabidas, se transferiram ao ontem de suas existências, pretéritas, portanto, a despeito de continuarem em subentendida fixidez; sendo assim, a circunstância de se porem em ausência de meu belvedere, já implica investidura na imaginária de meu devaneio, pois que o afastamento de meu olhar importa em integração, à minha personalidade, dos objetos que dele se retiram sem a minha presença: todas as coisas se perdem e todavia se encontram em meu repertório, desta vez transubstanciadas em vultos de minha ideação. Tenho-me surpreendido com o desejo de desobrigar-me da cena a fim de, à puridade, restabelecê-la sob o prestígio da lembrança que interferiria na disposição cênica, imprimindo nas figuras, cada qual de per si, uma demora mais conveniente, ou uma redução interpretativa mais adequada à minha absorção, liberdade que eu não obtivera perante o episódio em original aparecimento. Se os sucessos e personagens se transferem da imaginária objetiva para a imaginária de meus devaneios, normalmente eles o fazem trazendo consigo o cenário de sua pertinência em mim, às vezes sombreado, às vezes nítido, ligado sempre à rampa que os acolheu em sua objetividade e ao mesmo tempo em mi-

A METÁFORA DA ARQUITETURA 87

nha subjetividade. A imagem deambula e com ela o seu nicho: esta frase, que usei em outra ocasião, bem expressa o meu significado de mobilizador de recintos, desde que os mesmos se convertem à minha interior imaginária, estão em mim que sou o lugar de todos os lugares.

À guisa de capas superpostas, duas modalidades existem quanto à permanência das coisas e fatos dentro de meu ser: existe, primeiramente, a do amplexo, segundo a qual nada se verifica nem se verificou fora de minha personalidade; e existe a que se prende à trasladação à imaginária de meus ideamentos. A rigor, ambas se fundem quando venho a considerar a indistinção entre a imaginária do real e a imaginária do devaneio. O que era didaticamente separável conforma-se em uno no momento em que a especulação me leva ao ser enquanto existenciador, e como tal o elenco e a temática se deferem em nível comum de existenciamento. A capa de meu ser envolvedor recobre a outra capa, a dos instantes de a mim atrair e facilitar o encaminhamento dos dados externos ao reduto da memória e da imaginação. Os locais se assemelham a círculos concêntricos, e de maior diâmetro evidencia-se aquele que, a tudo abrangendo, abrange a mim mesmo na plenitude da contemplação. A minha vida mental se anima ao montar e remontar painéis, a incluir e excluir atores, a preencher e esvaziar nominações; e ao proceder assim, ela movimenta e imobiliza lugares, decalcando, inventando, mutilando, conforme as exigências da nominalidade, vale dizer, de mim próprio, que a inscrevo na qualidade de elemento de minha criação. Subordinando-se à medida de meu repertório, o cenário resulta, por conseguinte, em algo fatalmente vaticinado a perecer comigo, devendo acontecer, com a minha morte, uma extinção equivalente àquele naufrágio a que me referi em *A Ordem Fisionômica*: o naufrágio absoluto em que submergem o barco e as águas.

Na qualidade de lugar de todos os lugares, vejo-me em situação equiparável ao espaço interno da arquitetura, que se positiva ao acolher os vultos que passam ou se demoram em seu recesso: tal a minha consciência que, recebendo-os à sua medida, anota os acontecimentos e os figurantes respectivos. À feição da arquitetura, abre-se e fecha-se em mim um continuado acervo de ratificações de meu próprio existir, um cabedal de fluências aderidas ao estojo de minha receptividade. Também o espaço da arquitetura é um estojo para justas acomodações, nesse particular deixando implí-

88 O LUGAR DE TODOS OS LUGARES

cita a presença de alguém que, à distância, ou já falecido, dita, por decretos às vezes milenarmente duradouros, como os fixados em pedra, a maneira de os usuários se conduzirem no interior da construção. A esse respeito, escrevi a obra *O Espaço da Arquitetura,* na qual transfiro para o vão, e não para o maciço, o interesse filosófico e estético sobre valores de realidade. A arquitetura tem servido com freqüência a muitas intenções metafóricas, e de novo a utilizo em face da dimensão em que ela se me apresenta, com os valores de realidade em constante primazia. Assim, repito a posição do arquiteto que, estando ausente dos moradores, para quem idealizou o prédio, sabe entretanto que todos eles se movimentam e se imobilizam consoante as peças e passagens que ele, o arquiteto, lhes estabeleceu, modelando-lhes a conduta; com efeito, repito-lhe algo da criatividade sempre que os sucessos, correspondendo a uma nominalidade, de mim profundamente sabida, se executam de acordo com o meu presságio. Pode-se observar, no curso de *A Ordem Fisionômica,* a série numerosa de painéis que se produziram em atendimento a arranjos de minha parte, e desse modo eu confeccionava um tipo de presença que era pura confirmação, a realidade desenvolvendo-se como se a mim pertencessem os vultos circunstantes e os lugares em que se exibiam. Sem interferir na objetividade, no entanto ela se expunha ao molde de minha premeditação, como se eu aí não estivera e ao mesmo tempo como se eu fora o monitor insuperável.

Igualmente, repito a função do arquiteto quando ele se empenha na edificação de sua própria casa, mais do que nunca impondo o relacionamento entre os valores da realidade e a pessoa humana, no caso, ele a emanar a respectiva concha. Considerando-me o ser que aos demais propina o existenciamento, descubro no arquiteto similar conduta, porquanto este obriga os habitantes de suas obras a procedimentos de facialidade e de vida que são formas existenciadoras, conjunturas de ser e de estar que se não dariam se não as determinasse o demiúrgico arquiteto. Ele se existencia a si mesmo quando efetua a automoradia, o estojo a que diariamente se ajustará, cristalizando-se em elementos da realidade os influxos que de seu corpo e de seu espírito assim se consubstanciam em permanência. Nunca o arquiteto se confessara tão a seu gosto como nessa ocasião de se ter acostado ao competente nicho, proporcionando uma nova realidade: a obtida pela factura estética. Em virtude de ser obra de arte, a arquitetura do intencional

A METÁFORA DA ARQUITETURA

existenciamento se impregna de sentidos que não se vislumbram nos ambientes ao ar livre, externos à arquitetura; dentre os sentidos, salienta-se o de ser o recinto arquitetônico algo definido para o aconchego de certas ocorrências, a adequada rampa, adstrita a eventos especificamente nominados, e que se vulnera quando um descondizente motivo, um estranho retábulo nele penetra sem a licença arquitetural. A esse propósito, o capítulo *Teatralidade Real e Liturgia,* da obra *O Espaço da Arquitetura,* parece-me conter a cabível especulação acerca dos conectivos entre o nome e o lugar, o estilo de existenciamento com que o arquiteto firma o seu trabalho, capacitando-se a conferir uma ordem de acontecimentos de conformidade com o vão de sua autoria, dessarte vindo a transcender do ponto inicial, o da factura estética, ao do aliciamento cosmogônico: fazendo solidarizar-se com o querer do arquiteto os vultos que, postos à distância e isentos de seu governo, nunca imaginaram que, dentro em pouco, ao cruzarem a porta, configurarão a nominalidade que o arquiteto possuía em mente ao projetar, para eles, a unificadora cava.

Comparo-me, sempre, à arquitetura em sua qualidade de continente modelador de tudo quanto lhe ingressa no vazio: os vultos animados e inanimados, em variações de atitudes ou símiles em face da posição que assumem, todos se externam mercê do espaço interior que, dessa forma, lhes determina a facialidade. O caráter de presença que se opera no seio da arquitetura, reproduz, em índice de escorço, o existenciamento que se opera em mim, pois que me constituo em albergue de todos os seres, fisionomicamente dispostos a corresponderem aos meu ditames. Eles se contêm em mim, em meu repertório, obedecendo-lhe à modalidade, à semelhança dos comparecentes ao interno do edifício, com as aparências a dependerem das fixações e flexões que o arquiteto programou. Os pontos de contacto entre o meu universo e a arquitetura vêm a acentuar-se ainda se eu atentar sobre a feição com que me surgiu e surge a maior parte dos eventos condignos para a ilustração, pretendida em *A Ordem Fisionômica,* de minha visibilidade conquanto promotora de existenciamentos e homologadora de si própria. De fato, os painéis e seqüências de painéis, em sua maioria, se instalaram, ou foram por mim instalados, em ambientes criados pelo arquiteto, de sorte que, à margem de minhas contemplações e iniciativas no tocante a esses episódios, ladeou-me sempre a figura do arquiteto, ponderável co-autor de tantas facturas, quer da realidade,

90   O LUGAR DE TODOS OS LUGARES

quer da inventiva, as quais lhe devem muito dos arranjos cênicos, das composições oferecidas ao meu belvedere. Costumeiramente, eu já encontrava, submetidos a fórmulas de ser e de estar, estabelecidas por outrem — o arquiteto — os participantes da cena, desse modo facilitando-me a tarefa; trata-se de um co-autor anônimo quase que em todas as oportunidades, no entanto apreendo a favorável franquia com que ele anterior e superiormente abriu, à minha disponibilidade, a rampa que se fazia necessária aos reclamos de minha lupa. Sendo a arquitetura a arte de criar recintos, de criar lugares definidos quanto à natureza dos acontecimentos que os irão preencher, tenho, assim, que a ordem ditada pelo arquiteto, soe admitir uma infinidade de entrechos que, embora não meditados por ele, entretanto se mostram compatíveis com as delimitações inerentes ao local. Concedendo uma parcela de arbítrio aos usuários da obra, o arquiteto não supõe nunca a presença, nela, de alguém que, bem consciente da participação que pratica, se dê ao encarecimento de assimilar o fisionômico mister, posto dentro do abrigo: o de este proporcionar aos recém-vindos ao ambiente, a qualidade de fiéis aos arquiteturais desígnios, pois que em geral ignoram o conspecto de tal investidura, esta em situação equivalente à minha, como detentora e criadora de existências, todas de mim e em mim.

Ao produzir lugares, o arquiteto se sobrepõe à natureza, por motivo de a sua factura se dirigir a nominações certas e às subnominações respectivas. O capítulo que aborda a teatralidade real, indigita, corretamente, o predicado de os redutos arquitetônicos exigirem os preenchimentos para os quais foram concebidos, não obstante as máculas freqüentes de que os causadores nem sequer se dão conta. Um tanto dessa especificidade reside em recantos aliados a momentos, cabendo ao espectador a delicadeza de intuir, por exemplo, que o painel a se desenrolar a seus olhos, mais compreensível e oportuna se externara se fora tal outro ambiente o cenário dos rostos ora em exibição; com que júbilo particular a testemunha sente que o retábulo à vista, mais do que a concordância com o local, se harmoniza como a emanação deste, como o natural complemento de sua configuração. Todavia, as urgências do devaneio, legitimadas pela indistinção entre o real e o fictício, compensam as estranhezas e colisões encontradas, resolvendo-as em trasladações conduzidas, sobretudo, pelo nome que se manifesta no episódio em causa; sendo, assim, a minha faculdade de meditação um agente corretivo a largo emprego,

A METÁFORA DA ARQUITETURA

91

a imaginária interna a levar a extremo a inclinação, inerente a cada recinto externo, de se fazer abstrato; entendendo-se por abstrato a inafixação dos dados componentes quando os procuro evidenciar nessa condição de membros do recinto. Se demoro a contemplação sobre um dos elementos do lugar, como que ele se retira da noção de lugar, instituindo-se, por sua vez, em conteúdo do lugar, sempre insinuando-se a idéia de um lugar do lugar, antevisão do lugar por fim derradeiro e intransferível: o meu vulto continente. Na especulação que me propicia o espaço, no empírico de suas relações com o meu belvedere, vejo-o em constante dissolvência, em si mesmo dissipando-se; repetindo-se consigo, na experiência cotidiana, o fenômeno estético da paisagem a ressentir-se do duplo tratamento: o de ser olhada à distância e o de ser examinada de perto.

Os românticos preferiam-na de longe, porque assim melhor se neblinavam os contornos, as parcelas se perdiam em grande seio, favorecendo as buscadas endopatias, de sorte que o lugar se mantinha em seu conceito; e se o espectador o penetrava com o pensamento, com a sensibilidade inteira, ele se integrava no logradouro, transformando-se em um valor, a mais, do contagiador panorama. O lugar romântico, de tão forte, absorvia os entes circunstantes e ainda o leitor do potente descritivo. Depois, insatisfeitos, os realistas o devassaram, e retirando-o da distanciada posição, decompuseram-no por pretenderem retratar minúcias, e logo que as obtinham, estas se demitiam do caráter de trechos do ambiente, e em vez de integrantes, se negavam ao papel de recheios do logradouro. Verdadeiramente, o contemplador do lugar é dele o único que se isola, enquanto os companheiros de jornada, tão perto de seu corpo e até com o ritmo de seus passos, ele os tem na acepção de partes do reduto; isto porque ele, o contemplador, não enxerga os seus próprios olhos, vale dizer, o seu vulto e sim os dos demais, incorporando-se ao recinto em que passeiam, com a exceção de seu corpo que se resguarda em subjetivação exclusiva. Explica-se, mais uma vez, a razão que me estimulou a remover lugares, a suprimir deles a tradicional estabilidade, eu proporcionando, à efígie posta em minha frente, o encarecido teor de representar o reduto onde a vi, em certa oportunidade, em afetiva aglutinação com ele, a ponto de agora estar ele, o lugar, diante de mim e delegado por esse recém-vindo remanescente. Ampliando o uso de tal representação, e sabendo acolher as virtuali-

92 O LUGAR DE TODOS OS LUGARES

dades que nela se contêm, surpreendo-me em ocasião em que o local, a sede de minha real posição, se transforma no recinto onde se apresenta, por terceiros devidamente credenciados, algum sítio que habitei outrora; portanto, ninguém se confessará incólume do lugar em que se domiciliou, tal condição dependendo de existir um olhar que, afeito a combinações da indistinta imaginária, eleve à existência em seu repertório, modelando a este, os acidentes de sua visualidade. A imagem deambula e com ela o seu nicho: sabedor dessa verdade, em mim, estimaria que outros a mesma assertiva adotassem, de maneira que as visões sobre o meu vulto espargidas, repondo-se em lugares onde me conheceram, adicionassem, com essa conjuntura, mais um grau de possível prazer ao me vislumbrarem em suas presenças.

Em última análise, eu procuraria, com o prestigiado aumento de meu aspecto, evitar o domínio da indiferença, deste nome que se imiscui, que mais se infiltra nos hiatos de meu comparecer aos olhos de alguém; inclusive, ela pode viger, não somente nos hiatos e sim ante a clara incidência de meu rosto na direta lupa desse alguém, principalmente quando estou a configurar a parcela do recinto que ele contempla, transferindo-me à anônima plenitude do lugar, apagando em si a evidência de minha pessoa. A representação de algum local se opera, como em toda a representação, a expensas da delegada efígie; franqueando-se, por conseguinte, para o costumeiro exercício da indiferença, essa dimensão de ser através de interpostos vultos, o lugar não se excetuando da lei da indiferença, aquela que, apesar de minha vigília, vigora em toda a extensão de meu receptáculo. Geralmente, os semblantes participam do logradouro sem perceberem que fazem parte do panorama, deambulam dentro dos contornos da paisagem, indiferentes a ela, ao mesmo tempo que, pela circunstância de não se sentirem nela, mais se autenticam na condição de a ela pertencerem. Decompor a paisagem significa moderar o domínio da indiferença, porquanto um objeto por mim focalizado é o instante do mais vivo existenciamento, o gesto mais agudo de minha auto-homologação.

Se os lugares se delegam em figuras, por meio das quais eles se tornam moventes, pode-se afirmar, dos indivíduos que perambulam, que estes são lugares dispersos de suas origens, que se entrecruzam detentores das respectivas outorgas; isto, não obstante o desconhecimento dos portado-

A METÁFORA DA ARQUITETURA 93

res que necessitariam, para a completa ciência quanto aos sítios representados, uma impraticável série de testemunhas dos lugares havidos, informando-lhes acerca da legitimidade dos desempenhos. Mas, ninguém aparece com o propósito de lhes comunicar os recantos de que se revestem, inculca-se impossível o ato de, abolindo a ocasional indiferença, pôr em ênfase existencial a conscientização dos atores no tocante aos correspondentes papéis. A verdade é que a indiferença persevera em atuação, a outorga dos lugares se efetiva, portanto, em neutralidade, em objetividade completa com referência aos protagonistas e aos assistentes da exibição; subentendendo-se que existem, à margem dos sucessos que se acatam em termos de veracidade reconhecível, outros sucessos que bem se ajustam ao teor fisionômico de meu repertório. Trata-se do verso de uma realidade de que em geral só se apreende o anverso, isto é, a dimensão de sei em índice de admissão tácita, e que se estatui simultaneamente com a tradução natural que se confirma em presente nominação. Concluo que as faces a mim oferecem apenas uma das versões de seu conspecto, que outros desempenhos se estão a externar, no mesmo ator, sem que a mim seja dado o privilégio de retê-los, expostos inutilmente, pois que nenhum espectador, na falta de meios para tanto, pôde cuidar de trazer ao vero da existência, em si, a interpretação ou interpretações que escapam à rotina comum do conhecimento. Assim acontece com os seres que representam recintos, que vêm de uma seqüência de lugares onde foram parcelas integrantes deles, inerentes aos recantos em que se demoraram ou simplesmente passaram; decerto, a mobilidade que propina aos vultos a separação do logradouro, e com esta a incumbência da outorga desse mesmo logradouro, se sobressaem, em minha ordem fisionômica, na tarefa de possibilitar ausências em facialização; salientando-se, no indivíduo que se contempla — que contempla o seu repertório — a desenvoltura de buscar, no atual campo de sua óptica, os semblantes e nominalidades que todavia se configuram ou configuraram fora dele, e ainda os lugares onde eles ocorrem ou ocorreram.

Aceitando o pensamento de que os vultos estão em si e na condição de representantes de lugares, repartindo-se, a um só tempo, no intérprete de duas acepções, registro que os lugares, no momento em que processam a representação perante mim, se encontram em um lugar — o trecho de rua, de praça — em uma rampa que se evidencia, em mim, como

94   O LUGAR DE TODOS OS LUGARES

o instante em que as ausências, alheadas de meu miradouro, no entanto convergem para ele, parecendo que assinalam o vago e o perdido em meu repositório. Salienta-se nele esse capítulo da vaguidade e do perdimento, que me fecunda a imaginação, tornando mais vizinhas de minha receptividade, mais consoantes com o existencial estojo, as figurações que se passam na ausência, em mim; e o que não vejo e o que não testemunho têm a sua vez — no entanto incomensurável — à maneira do longínquo horizonte que coisas sei que possui, mas não desvendo com meus olhos; o horizonte além do horizonte, assim postos em continuados desaparecimentos, revelam ter, à sua disposição, os entes que de hábito se inscrevem em minha vista, pois que, por meio deles, se escalam em mim os sítios de tais horizontes; outorgando-se nos vultos de meu diário convívio, as ausências consubstanciadoras de presenças, procedem, em mim, de forma que uma diferente acepção é rotulada no prospecto dos atuais protagonistas, que, afora o desempenho comum em face de todos os testemunhantes, encerram o de serem remanescentes de redutos que de outro modo não se deixam abordar. Sentir que as aparições e desaparições convergem para o meu repositório, importa em ratificação de minha faculdade de existenciamento, algo de apetecido, sem dúvida, mas que, a rigor, com ninguém me é dado repartir o autocontentamento, por ser matéria de uma consciência em derradeira instância. Com o sentimento de achar-me o seio das aparições e desaparições, conduzo-me à semelhança do arquiteto que, programando a própria residência, se permite estabelecer lugares que se destinam menos a ele que aos visitantes do albergue; e observando-os nos momentos de visita, apraz-me no exame das coincidências entre o que idealizara e o que agora se confirma à sua frente. Analogamente, ao deparar-me com efígies em plena representação de ausentes localidades, anoto a legitimidade de atitudes que são arrancadas de outros territórios, lugares, enfim, que se moveram para que os hospedasse a minha lupa.

Sou o espaço interno de elástica e sortílega arquitetura. Sem a precisão com que o arquiteto amolda, à sua intenção, os comportamentos dos vultos no interior do prédio, contudo, todos os que se expõem ao meu olhar, na hora em que lhes estendo a acepção, recolhem-na com persuasiva desenvoltura, qual seja a de me advirem como delegados de recintos que parcialmente compuseram. Não sei, com exatidão, os territórios que dessa maneira me surgem, mas,

A METÁFORA DA ARQUITETURA 95

ao aplicar-lhes a acepção, eles perdem, em mim, qualquer interesse de outra ordem, então valendo por essa exclusividade de se aterem a ausências ora virtualizadas neles, os passeantes intérpretes. Certamente que se mostrariam favoráveis, através de minúcias, se, alcançando fotografá-los, eu pudesse deter o exame sobre as concordantes aparências, que as há e não se demoram a aderir à unidade em pretensão. Lembro-me do início de *A Visão Existenciadora*, quando me reportei a um painel que a luz e a umidade lentamente assentiam, a ponto de reproduzir um quadro de Gustave Courbet, e que, por último, já se convertia em outro de Rembrandt. A realidade é menos objetiva do que em geral se pretende, despontando, com assiduidade, de sua superfície, as homologações por mim desejadas; e às vezes me surpreendo com efígies que, sem o meu apelo, acedem de imediato ao sentido, ao nome que almejo auferir, mas que eu explicitamente ainda não formulara. Sutis mas ponderáveis relacionamentos se ajustam entre os meus olhos e as faces em exibição, com associações que se assemelham às promovidas pelo pensamento, ou melhor, acontecem associações na imaginária exterior que se assemelham às consentidas pela imaginária do ideamento.

Ao considerar o ambiente que porta, com os atuais comparecentes na plenitude da delegação — a delegação de lugares — a significação de ser o tablado onde ocasionalmente se reúnem os que se desentranharam de outros solos, ao considerar a sede das representações, sinto-me em direto contacto com uma simbólica situação, perfazendo-se diante de mim a ilustração de meu próprio ser. As coisas à minha vista anuem à disponibilidade que me reservam, disponibilidade que ausculto a fim de prover-me, quanto ao meu significado de vão imenso, quer dos rostos em autopositivação quer dos rostos ungidos de clara outorga. A bem dizer, os elementos da intenção e os da fortuidade, que me preenchem o cotodiano, são textos reveladores de minha personalidade como criadora e manutenedora de existências, todos se investem na conjuntura de indicarem a mim o fato de minha existência, a modo da informação, contida em cada objeto, de que é plastificável o estojo que lhe corresponde: denota-se, implícita em cada coisa, a noção do invólucro que lhe cabe; assim, paira sobretudo e todos um nexo absoluto, concernentemente a mim: o de serem e estarem em virtude de mim que os contenho, por conseguinte, existenciando-os e lhes preservando, em graus distintos e em planos diversos,

96 O LUGAR DE TODOS OS LUGARES

as nominalidades com que se catalogam em mim, na agenda de meu repertório. No meu lugar habitam todos os lugares, fisionomicamente adstritos ao prazo de minha existência, e como signos desse aspecto aflora neles a instabilidade por dispersão e a efemeridade de desempenho que, também em mim, hão de desaparecer quando lhes faltarem os meus olhos.

Em reciprocidade de contemplação, emprego-me a considerar o recinto como algo que, neste momento, se encontra disperso por motivo da dispersão dos vultos que nele estiveram por longa ou breve duração; em conseqüência, o que enxergo diante de mim, se retrai a um plano de quase ausência, nivelado àquele que se oferece quando a efígie se inclui no campo do absorto olhar, mal vista por este, mas ali presente em índice de esquivança. Suscetível de disseminar-se, o ambiente me inspira a vê-lo em freqüente inconstância, a evasão de si próprio a me sugerir um tratamento visual diferente do que de costume os imóveis espaços me ensejam: espaços percebidos à distância e, em virtude desta, alheios à participação de meu corpo. A inconstância de ser fomenta, por força dos circunstantes que entram no recinto e saem dele, desse modo a ele incorporando-se, uma elasticidade de conduta que, abrindo-se em vias divergentes, por último terá convergido as suas complementações ao seio de minha posse. Criam-se em mim e as recebo, as formas de atuarem os protagonistas e encenações de meu repertório, dentre eles os lugares na condição de vestígios móveis, lugares que obviamente vêm mais a mim, em vez de eu ir ao seu original recesso, alhures. Por isso que, estável em meu posto, desvio o centro de interesse, quanto a fisionomias que testemunho, da atualidade da presença para, em grau de presumidos, serem os redutos de lá fora os ocupantes de minha intencionalidade. Estando agora a contemplar o recinto enquanto espaço que se desguarnece de si mesmo à medida que dele se afastam os volúveis componentes, assinalo, em mim, a qualidade de ser uma parcela do lugar de então: dessa maneira, dada a contingência de minha mobilidade — mais uma inconstância a acrescer às demais — experimento a conjuntura de assistir, como que, a entrega da outorga ao meu vulto prestes a desertar do outorgante logradouro. Devo cumprir a unção de aspirar-lhe a natureza de ponto de partida, de onde se vai iniciar, sem tardança e mercê de meus passos, a remoção de algo que consideram intransferível: aquele ponto que, por intrínsecas relações

A METÁFORA DA ARQUITETURA 97

com a minha sensibilidade, parece-me digno de ir comigo, em mim, em fusão sucessiva com outros lugares. Ele, por meu intermédio, se integrará em quantos acolherem a minha figura, dessarte operando-se unicidades, entrosamentos, contactos preferidos, tudo de conformidade com os ditames de minha escolha; assim firmando-se uma ordem superior àquela que se alcançaria sem o existenciamento por mim impresso aos rostos e aos painéis de minha ordem fisionômica. A meus pés, ao redor de mim, uma estrutura mágica, de aparecimentos e desaparecimentos em representação, se combina graças ao movimento de meu corpo: trata-se de articulações do espaço empreendidas por meu vulto, e em face do impossível controle, dedico-me a fixar, diante da corrente dos recintos que fluem, aquelas envolvências que melhor afinam com o meu gosto; em outras palavras, acedo em repousar a unção nas entrepassagens que tenho por mais significativas.

A litúrgica mental é deferida, geralmente, às conjunturas que se convertem em símbolos ou alegorias de minha pessoal intuição, às situações que, em linguagem figurativa, externam de logo a minha posição de existenciador, a exemplo dessas paragens em que, registrando-me em ambiente, todavia o faço como sendo eu o elemento ainda sob a acepção de haver pertencido a outro ambiente, que ainda continua sem embargo do acontecido despedimento. A fim de que os meus passos se revistam de feição litúrgica, se transformem em signos de auto-revelação, procuro selecionar, em mim, no terreno da interior imaginária, o recinto que, independente daquele que fisicamente me cerca, propicia o cenário que, não obtendo com a visão direta, neste momento o recolho por ele indicar-se o mais consentâneo para o exercício do determinado assunto. De maneira implícita se estatuem, nessa prática do devaneio, as corrigendas a que sou obrigado, sempre que a imaginária exterior tenta incumbir-se, ela só, dos cometimentos mais favoráveis aos reclamos de homologação assídua, atinentemente ao convívio entre o meu vulto e os sucessos que em mim residem. As emendas que adoto ao vislumbrar painéis em algum desacordo com a minha agenda, consistem, em grande número, na conversão das personagens ao nome que a mim importa, e mais se valoriza a conversão se ela recai em efígies e ambientes de minha familiaridade, isto porque a ordenação da rotina leva a constâncias que tocam, sem dúvida, aos encarecimentos do afeto, a zelos particulares; de sorte que tais fisionomias e lugares se revigoram mais do que os outros

98 O LUGAR DE TODOS OS LUGARES

congêneres, no pleno conteúdo de meu repertório, mostrando-se aqueles que se fertilizam em virtude de terem acrescentado à cotidiana presença a meus olhos, a situação de mais se mentalizarem em mim, de passarem a ser, com especial relevo, em minha interna imaginária.

Com a mobilidade de meu corpo, vale dizer, com a mobilidade de minha óptica, me reconheço o existenciador de uma realidade sortílega, porquanto magicamente me sinto o ponto absoluto por meio do qual a extensão dos recintos, à medida que ando, se traslada ao plano de minha mente, para o só prestígio visual do logradouro em que venho de surgir. Todos os lugares se recolhem em mim a fim de que se projete, única na perspectiva de meus olhos, esta que no momento me faculta os passos. Com os recheios de todas as idades, os ambientes alhures se escalonam ao módulo de minha pessoa, mais parecendo que, ocultando-se à minha vista, melhor se dispõem a confirmar o existenciamento que lhes faculto, como se coubesse, a todos os locais, a contingência de acorrer a duas situações, ambas em mim: a de ser em eventual objetividade — entendendo-se por objetividade o confronto físico com os meus olhos — e a de me nutrir a lembrança e a imaginação. Com o movimento de minha lupa, crio e recrio lugares, sobressaindo-me, portanto, nessa conjuntura de ser o alimentador de meu próprio espírito que, assim contemplando e fabulando, se inculca o exclusivo positivador de presenças, em mim, e conseqüentemente o monitor fisionômico do universo enquanto inalcançado por meu miradouro. Todo o agora, toda a ocasião de estar, significa o ato de criação que em si contém a marca do criador, tal o fato da conversão ao meu pensamento, que há de efetuar-se logo que me estendo um pouco de minha atual posição. Tão absorvente se mostra a minha personalização dos lugares que, mesmo nos casos — o número é obviamente infindo — de não ter o belvedere comparecido ao ambiente, à simples sonância de seu designativo, o meu devaneio o transporta à configurada existência, em mim.

As viagens que empreendi, a título qualquer, consistiram na prática de meu acontecer panorâmico, pois que, ao mover-me, desfalco de minha presença a situação em que estive, enquanto me recompenso, em meu paisagístico papel, ao compor, com a minha efígie, a paisagem subseqüente. A rigor, a deambulação de meu vulto é a perene e contínua criação a que submeto, com o meu prospecto complementativo, tudo quanto me espera e de imediato se reestrutura

A METÁFORA DA ARQUITETURA 99

com o advento de meu corpo que então se exibe à condição de alterar o expectante recinto. Na relação das efemérides que sucederam em determinado logradouro, se porventura fosse viável tão sutil e especiosa crônica, ver-se-ia que o meu aspecto se fez parte da ambiência reinante, do retábulo que talvez alguém, por motivo ponderável ou imponderável, haja, em seguida ao testemunho do flagrante, registrado em sua memória, e com ele o meu vulto anônimo ou sobressaído. Na relação de seus conteúdos, se gravou a feição de minha corporeidade, ela contribuindo para a atmosfera, o ser geral que se firma a despeito da instabilidade de alguns ou muitos de seus elementos: sobre a crosta da terra operando-se uma fenomenalidade que mais parece fantasiosa elaboração, partida de um autor de mágicas e sortilégios, tal a impressão de perceber-me o existenciador de lugares, imprimindo-se neles, com o sinal de seu criador, o conspecto de meu vulto sob a acepção de ser em espacialidade. O meu corpo participa da ambientação em si mesma, acontecendo inclusive que, imaginando o local, ermo ainda de minha presença, e resolvido a privar-me de sua objetiva composição, ele me é preferível assim entregue em ausência de meus olhos, cumprindo-se, no tocante a ele, a simples imaginária de minhas ideações. Ocorre-me deixar de comparecer a fim de o logradouro se perpetuar sem nunca ter contado, dentro de si, com a minha pessoal figura; dessarte, processa-se, quanto a mim, e por mim intencionalmente auferida, a indiferença a que de modo inelutável se encaminha o meu vulto: indiferença total, como se eu não houvera existido, sendo eu, no entanto, o existenciador de todos os lugares.

O nome indiferença abriga-se de forma desenvolta entre os desconhecedores de minha existência, esta adquirindo, portanto, uma dose ínfima de publicidade ali onde não atinge o movimento de minha lupa; com tal comportamento, aquela nominalidade — a indiferença — se capacita a me apresentar uma conjuntura que, com a minha morte, se ampliará infinitamente: a de não mais vir o meu corpo a colaborar na instituição de recintos, por haver cessado a fonte de seus aparecimentos, em mim. Por isso que às vezes me ocupo com a liturgia que a véspera me consente, à qual costumo atrair os recantos que não me receberam os passos, nem a clarificação de minha óptica. Nesse particular, encontro maior solicitude na imaginária do devaneio, quando os episódios desertos de meu rosto melhor se harmonizam com a exclusão de minha cênica investidura, eu mentalmente indo sem ver-me, ao longo de salas, de ruas, de florestas.

100 O LUGAR DE TODOS OS LUGARES

Sou o lugar maior que, contendo os menores, desce a eles, a fim de confrontar-se com os objetos de sua posse. O ato de minha presença não é mais do que, considerando-se a imanência do contacto, um instante de auto-reconhecimento, de afirmação e confirmação peculiares e concernentes à minha posição de existenciador. A estada de meu belvedere em algum logradouro significa uma clarificação que se entorna desse próprio logradouro, chegando a se estremar em efusão mística, no fundo da qual o que em verdade acontece, resulta ser o meu sentimento de existir em primeiro plano, de positivar-me na conjuntura de existenciador de tudo quanto o meu olhar recolhe. Todavia, a presença corresponde a uma parcialidade mínima no tocante ao mundo acessível ao trânsito e à detença de meu corpo. O fenômeno da presença se formaliza à custa da ocultação, da ausência de todos os demais logradouros, a sensação mística de ser e estar vindo a ocorrer ante o perdimento de todos os lugares do universo, com exceção deste em que me situo, às vezes um cubículo fechado. Quanto mais a presença se minimiza, tanto mais a meus olhos se esconde a natureza; para que eu individualize, com a lente, uma peça entre outras, perco essas outras e o mais que se estende de modo infinito. Ao acolher um vulto a meu miradouro, com o fito de contemplá-lo ou de apenas tê-lo em vislumbre, concedo-lhe a existencial evidência, enquanto, por motivo mesmo dessa dádiva, o imenso resto se abstém de surgir no campo de minha lupa. Sendo impossível o existenciamento pela ubiqüidade, contudo a óptica se empenha em descobrir, no painel que se mostra presente, as indicações, variáveis em clareza, de fisionomias e lugares na ocasião invisíveis a meus olhos, o que representa uma forma de esmaecer a inubiqüidade do belvedere. Nota-se, por conseguinte, que a presença, longe de assemelhar-se a estanque e analítico prospecto, se afigura o norteador de meu conhecimento quanto ao haver sido e ao estar a haver das coisas e recintos postos em afastamento alhures. A presença é algo que transcende de si mesma quando a observo sob a acepção de conter valores referenciais, como os de similitude, de subentendimento, de conexão por inúmeros pretextos, os quais, na escassez de suas feições, costumam conferir à minha interna imaginária os conspectos que infalivelmente, à distância, se afirmam, e me afirmam em mim.

O nascimento de cada ser humano importa em vulnerar o obscurecimento absoluto, em contradizer o nada, de tão difícil aceitação; o surgimento de um miradouro encerra um

A METÁFORA DA ARQUITETURA 101

milagre, em exceção sortílega no tocante ao escuro e silencioso nada que o envolve nos extremos de sua vida, antes do nascimento e depois da morte; e ainda, no transcurso da vida mesma, são comuns os momentos em que ele, o não-visto — o ponto intestemunhável desse miradouro em consideração — se insinua para que seja lembrada a sua existência. Com efeito, a cada passo, a cada encontro, em tudo quanto se consubstancia em presença, há margem para que se infiltrem, em hiatos de toda sorte, preambulares intercessões do coleante e fatal perecimento. *A Ordem Fisionômica* é um livro de presenças que se entreabrem para o franco aparecimento de inabordáveis bastidores, os da absoluta escuridade que nunca se dispensa de reconquistar os seus domínios. Enquanto presenças, os sucessos registrados naquela obra se salientam perante mim como os instantes da magia dos existenciamentos, em face do mediato e imediato da desaparição. Todas as cenas e vultos se ressentem do não-ser, e o estar é apenas o pórtico, o transparente anúncio do não-estar. Se não bastasse a condição do efêmero, despontam na curta estabilidade do prospecto as marcas do não-prospecto, da ausência que de mim aguarda, em mim, a ocasião de a si retomar a completa vigência.

8. A Iconografia

Em sua docilidade perante o meu belvedere, a realidade se deixa apreender em painéis ora estáticos, ora em sucessão; ela se essencializa em quadros de presença, os quais são instantes que, em si, como todos os instantes de presença, se equivalem a transgressões de uma lei: a lei da ausência absoluta. Com precedência à minha pessoa, esta lei vigorava imune de desobediências, em perenidade negativa do ser, de modo que o aparecimento de meu vulto e de seu correspondente miradouro, se constituiu em fugaz e súbita infração a tudo quanto dormia. É portanto de sua natural conjuntura que essa lei aguarde, nos eternos bastidores, a retomada completa de seu viger, em ínfimo momento vulnerado por meu existir. Mas toda a negatividade absoluta, o não-ser em toda a sua integridade, tudo quanto foi e é reconhecidamente abstraído de meu vulto, se faz especulável, apreciável e existente em virtude de minha pessoal existência. Por conseguinte, acresce, em metafísica importância, a curta emergência de minha individualidade; o quase nada de minha vida passando, em mim, o valer como e existenciador do infinito resto que circunda o prazo de meu ser, da pequena lâmpada, todavia intensa, com a claridade a estender-se a devassáveis e indevassáveis territórios. A lanterna acesa mostra os setores de visibilidade e indica os recantos de invisibilidade, tal e qual a minha presença que, em posição de magia, contém todas as modalidades do absoluto, sem embargo de ser tão breve, humílima. Não sendo

104   O LUGAR DE TODOS OS LUGARES

a escuridade de antes e de depois de mim uma entidade de que se possam extrair entrechos, nem tampouco servir-me da imaginária para lhe promover ópticas enunciações, ela forma, entretanto, um dos mais assíduos elementos de quantos se sublinham em meu repertório, incorporando-se nele sob a feição de vazia nominalidade, de semi-idéia que se infiltra nas porosidades do cotidiano.

Representa a factível preocupação a minha curiosidade de, observando os mínimos e os máximos acontecimentos, recolher as insinuações de conspecto, as sutilezas da vigília com que a obscuridade, ciosa de plenitude, vem, sem negligenciar, oferecer a sua participação na cena em que se me anima o belvedere, crente de que ela se consolida em perpetuidade:˙ tais os episódios do perecimento, no qual me incluo, e tenho a sensação de eles se gravarem em mim, para sempre, com a mesma tonalidade. A minha presença nos recintos em que me situo, acende-se de tal maneira, a sua ênfase é tão afirmadora que me entendo e subentendo como positivador de tudo que me ladeia, em tão forte consangüinidade com as efígies adjacentes que nada me pergunto acerca dos bastidores que, na eterna obscuridade, envolvem o ambiente a que me associo. Há, com efeito, a rampa maior, a da lutuosa infinitude em que irei dissolver-me, a qual circunda, como em torno de ilhas efêmeras, a participação de meu corpo e os poderes de minha receptividade. O curso inteiro de minha existência e mais o existenciamento que aos demais confiro sobrenadam numa superfície que apenas devasso especulativamente, que não acolho com nenhum dos sentidos: a superfície da morte que se viu um pouco esgarçada com o meu existenciador surgimento. A metáfora da lâmpada se aperfeiçoaria com a singularidade de ser a do relâmpago na noite, se eu pretendo indicar a circunstância de minha vida em relação ao cenário prevalecente e absoluto, que no entanto não haveria, em mim, se não fora o rápido clarão de meu belvedere.

Embora me pertença o meu repertório — o acervo de tudo que existe — conduzo-me, com respeito à sua totalidade, com a miopia que tanto me força a imaginar, a conjecturar sobre o não visto: assim, os bastidores da negatividade, os terrenos da morte me vêm com a abstrata espessura de uma nominalidade, lembrando-me o nome que escuto sem me acudir, simultaneamente, o objeto que o recheia. Irremediável a contingência de não transpor o ponto intestemunhável, quer no final de minha vida, quer na

A ICONOGRAFIA

anterioridade ao advento de meu vulto. No entanto, firma-se-me a certeza de que o inabordável reduto é uma entidade em expectativa, à espera da minha extinção e com ela o restabelecimento de sua negatividade, interrompida com o nascimento de meu ser. A minha existência me parece um milagre inaudito, ela consegue se estabilizar sem contudo perder, em nenhum instante, o seu caráter de véspera, véspera de imergir, sem que eu o anote como um sucesso a mais para o meu repositório, naquela escuridão que nunca se isentou de me seguir os passos, e na qual há de sucumbir todo o meu repertório, inclusive, e sob a modalidade de noção, a idéia da própria e aliciante negatividade. Ela, a despeito de mim, da conjuntura de eu ser a exceção dentro do infinito seio, de me constituir algo de estanque, de demarcado com referência ao pano de fundo absolutamente negro, ela excita a vigência de seu império ao insinuar-se nos interstícios que encontra em minha imaginária; os quais se facultam sempre, não obstante o meu esforço por evitálos, mas eles continuam a abrir-se, com o meu vulto a alertar-se de que, por meio desses interstícios, me acena o ponto intestemunhável, o não-ser, que não apreenderei com a minha consciência, quando eu vier, por fim, a nele integrar-me.

Em verdade, examinando e reexaminando as passagens de meu repositório, das quais muitas compõem os tomos de *A Ordem Fisionômica,* descubro ausências por mais incisivos que se estadeiem os prospectos; deparo em mim a propensão a buscar essas mesmas ausências que significam, em qualquer de seus graus de plenitude, os intrometimentos com que o não-ser se insinua e desponta na claridade do episódio à minha vista, no interior do retábulo em índice de presença. Esta, portanto, se afigura também na qualidade de uma sutil representação: a do não-ser que me aguarda e ainda, como que, a de me não fazer esquecido de sua estada, parecendo sugerir que devo, sob feições litúrgicas, lembrar-me a toda hora daquela infatigável espreita. A presença que, em mim, se contagia da não-presença, leva-me à consideração de apresentar-se a minha lupa no papel de extintora daquilo que nesta é a inerente finalidade, a de ver, e por conseguinte criar existências num território desestimulante por natureza. Sou o existenciador de presenças e de ausências, do anverso e do verso dos curtos momentos de minha vida. A ausência que para mim é a insinuação da morte, me desperta para a si atender, ainda nas ocasiões

106 O LUGAR DE TODOS OS LUGARES

em que o objeto presente mais se me patenteia, bastando que o meu pensamento dele se desvie, para que se formule o infalível comparecimento. Se a mobilidade de meu corpo, se o deslocamento de meu olhar ocasiona a imediata formação de ausências, a imobilidade com que ele vê, com que ele contempla, não impede que se dissipe, diante dele, e em virtude dele, a própria coisa contemplada, sendo suficiente que, em ato de absorção do pensamento, eu substitua a imagem que tenho à minha frente pela imagem que me ocupa o devaneio. Sem retirar-me da posição, sem afastar-se o encarecido objeto, ocorre assinalar-se a escura e prevalecente dimensão, que, à medida que se acumulam as experiências de contacto com ela, mais se evidencia, em unitário insulamento, o ser único de meu belvedere que tanto se prodigaliza em presenças como se submerge nas ausências, nos perecimentos que se dão com ele. A vida e a morte, em última análise, não se exibem apenas em sucessão, mas sobretudo elas, ante os meus olhos, se justapõem em simultaneidade, se ostentam nos painéis de minha observação, e estes, reunidos, estruturam uma iconografia que, examinada de perto ou de longe, denota que surgiu da criatividade de um só autor.

Tentei em *A Ordem Fisionômica* oferecer a impressão de unidade formal, mesmo à custa de parecer tedioso, certo de que, em primeiro lugar, atendia às necessidades internas da obra, e dentre as urgências, sobressaía-se a de acentuar o indivisível da fonte, no caso a minha existenciadora individualidade. Todas as manifestações de ausência, que são matizes da morte cuja extensão não se faz inteiramente ubíqua porque há as presenças positivadas por meu miradouro, se aparentam entre si por atestarem, sob aspectos múltiplos, a circunstância de estarem isentas de meu belvedere; todavia, possuo, enquanto ocasional exceção da lei que também me abrangerá, tão forte perseverança em meu sentido de presença, que, sem embargo de eu ver perdida a face que se me defronta, nem por isso me entrego à total sensação de perecimento. Acontece, em favor de minha sortílega existência, de meu poder de ainda existenciar, que, em vez dos olhos, venho a contar — para efeito do existenciamento e da afirmação, em mim, de mim próprio — com a imaginária de meus pensamentos, o olhar interior a assumir então um transcendental mister. Dá-se que o meu devaneio exprime, no momento, uma espécie de refúgio em face da morte circundante e penetrante, adquire a acepção

A ICONOGRAFIA

de, ainda que o ideamento vagueie em torno da morte mesma, ativar, de mim para comigo, a convicção de eu permanecer o existenciador de quanto existe. A vigília de minha pessoa, a claridade que ela emana, incide em vultos e cenas inclusos em nomes quer advindos com eles, quer estatuídos por meu engenho; no decurso dessa incidência, fecunda-se em mim a necessidade de mover-me ao encontro de meu repositório, o que, em outras palavras, representa o processo mais relevante de autocontemplar-me; comparando-se ele, o meu repertório, à oficina onde o proprietário, sendo um artista cioso, em excesso, dos produtos de sua lavra, não os aliena a admirador nenhum, preferindo tê-los para os contactos que, todos os dias ou umas vezes ao menos, urgem que ele promova para bem acercar-se de si mesmo, ver a si no espelho de suas obras.

Com a indistinção alusiva à imaginária interior e à imaginária exterior, facilita-se a minha tarefa de dedicar-me a uma absorvente iconografia, designação com que intitulo o acervo de episódios que surdiram à minha lupa. Então me empreendo no trabalho de, segundo os ditames das nominalidades, imprimir, como inapreciado fundo de cena mas para mim o catalisador de profunda e metafísica unidade, a conjuntura de eu ser o existenciador de todos os existenciadores. Cada personagem contém o seu particular repertório, porém assim se declara em virtude de eu o existenciar com o meu registro de suas existências. Enquanto os protagonistas se debruçam no depósito de seus pertences, em gesto englobador eu me debruço nessas efígies que recolho, a um tempo avocando a mim os continentes alheios e os respectivos conteúdos. Se não obtenho a imaginária que adeja ou pousa nos pensamentos das minhas personagens, salvo daquelas que me confiam algum de seus devaneios, assim repetindo a impossibilidade de meu belvedere em enxergar os pormenores do horizonte, todavia, tal como sucede neste caso, alcanço pôr em existenciamento, em grau de evidenciável suposição, as correspondentes efígies adequadamente imaginadas. Com a experiência de meu pensar, sei das espécies de fabulação que se ordenam na meditação de cada um; além disso, todas as eventualidades de ser, em analogia com as realidades de ser — ambas as entidades se aparentam em virtude de se subordinarem ao meu existir — participam, comigo, da conjuntura de estarem à véspera de uma plena e deserta nominalidade: a da morte que havia antes de mim e haverá depois de mim. De fato, resultando-me

108 O LUGAR DE TODOS OS LUGARES

difícil uma verbal expressão que faça translúcida a idéia do não-ser, à falta de facializações, de figuras metafóricas e suscetíveis de informar, a mim e a outrem, quanto ao ser daquele não-ser, aplico-lhe a de denominação erma de objeto: algo menos que pura sonância, que os dizeres gravados em lousa posta longe do túmulo a que servira. Sem ouvir, sem tatear, completamente obtuso ante a realidade do não-ser, nenhuma coisa dele me surge que possa permitir, a mim, o contra-regra de todas as posições cênicas, a ocasião de existenciá-lo mais profundamente, à similitude de como se me deixam processar as coisas no campo da imaginária. Desafeito à escuridão, meu belvedere se retrai de ir além da superfície da morte, limitando-se a atender às exteriorizações que ela pratica no transcurso de minha pessoal existência, cuja claridade talvez só importa por motivo de positivar o imenso, o negro, o infinito cenário em torno de minha pequena vida.

No convívio com as exteriorizações da morte, uma singularmente se registra em *A Ordem Fisionômica*: a de eu me ausentar, como se morto fora, dos painéis por mim mesmo programados, de modo a, não sendo visto nem pressentido por ninguém dos participantes, observar a cena em todos os pormenores, conferindo aos atores a espontaneidade de agirem com neutralidade em relação ao meu vulto, neutralidade equivalente à que se operou, em análogos entrechos, antes de meu nascimento. Em diversas oportunidades, de acordo com aquela obra, me tenho posto em atalaia quanto ao meu próprio não-ser, desenhando-se, dessa forma, à guisa de mágica redoma, a campânula de minha correspondente negatividade; então parecendo que me acompanha o ensejo de minhas exéquias, sob a única insinuação que talvez me pode advir do ponto intestemunhável. Não assistirei o velório de mim mesmo, no entanto a ordem fisionômica, o meu disponível repertório, me oferece, desde já, alguns exemplos do ponto intestemunhável, adjudicando-me retábulos de minha ausência, com o meu olhar a ver que não me vêem. Trata-se de experimentos em desproporção com o absoluto da negatividade, porém sensibiliza-me a estranheza do não-ver-me-estar; inclusive, toca-me a sensação de que, espreitando-me como se eu morto fora, os urdumes cênicos se mostram em estado de desaparecerem, vazios de meu corpo, e lembrando efeitos em via de apagamento porque se esvaiu a fonte geradora deles. Na reunião a que eu devera comparecer, e não o fiz exatamente para inteirar-

A ICONOGRAFIA 109

me de mim em facial extinção, a cadeira desocupada nenhum gesto acolheu que a ela se dirigisse, neste caso subrogando-me no móvel deserto de meu vulto; o desinteresse à minha pessoa se patenteava, portanto, sob o aspecto de a morte a mim deferir-se há ponderável tempo. Entretanto, à maneira de sessão teatral em que a exibição de uma peça é prosseguida por outra, eis que, passados os instantes da indiferença, vários dos circunstantes, animados por assunto em que eu decerto me envolvera, indigitavam com os olhos e as mãos a cadeira que me substituía, dessarte inculcando na cena o sentido de que eu falecera há bem pouco; e, no tocante à minha habitual presença, não se eliminara de todo o fastígio de minha existencialidade, como se os componentes da assembléia inadmitissem a perda do consócio.

Impossibilitado de conseguir a representação facial do não-ser, contudo, graças à empírica realidade, isenta da intromissão forçosa de minha efígie, conseguia a representação do não-estar de meu corpo; o manto da negatividade, como que, consentindo em se entremostrar em pequenas dobras, tal a visão do não-estar a me assentir, em máxima consecução, o leve sinal do que haveria com a integral vigência do não-ser. A iconografia do não-estar, sucedânea da iconografia do não-ser, esta por mim desejada mas de impossível confecção, consiste em painéis que, em maioria, se alongam na fluência temporal: painéis cujos atores, inscientemente fiéis aos meus desígnios, configuram, em face de minha absoluta abrangência, o coro monologal a que se reduzem, em verdade, os acertos dos protagonistas, por mim existenciados, e em relação ao meu destino de existenciador único; único, no sentido de não ter concorrentes nesse papel de eu ser o espectador situado na última cadeira.

O convívio com o não-estar de meu vulto, exerce-se em curiosas gradações, desde as reconstituições do pretérito, do qual obviamente não participei, até às situações de agora, quando me esquivo do mister de ator a fim de melhor observar de meu corpo o vazio por ele deixado. O mais significativo desses entrechos, desprovidos de meu rosto mas existenciados por meus olhos, reside na contingência de também não me verem os demais protagonistas; de sorte que, a cena, a seqüência projetada ou em objetividade comum, se processe quanto a mim, ou como o estojo desligado de sua peça correspondente, ou em completa inconformação com a presença de minha individualidade, ressalvando-se o meu belvedere, sem o qual não se verificaria o acontecer

110   O LUGAR DE TODOS OS LUGARES

da tessitura. Com o favorecimento de condições de outra natureza, entre elas a timidez com que me abstenho de ser visto, o cotidiano se torna fecundo em me proporcionar as despresenças de mim nos olhos de muitos que, portanto, me transferem à meia ausência ou à inteira ausência da teia que urdem perante o meu olhar. Assim, no seio da própria cena que se desenrola, sucede que as personagens, exercitando a função de contra-regras, excluem a minha efígie da entrosagem ocorrente, estabelecendo, portanto, ali mesmo, uma platéia na qual me distingo como o inapercebido espectador. Acresce ainda que, por iniciativa pessoal, modero ou anulo a posição de ator, às vezes influindo no tema em exibição, em virtude de omitir-me dele e, ficando eu no miradouro, pode fazer-se natural a lacuna a que me aplico, tudo por efeito de minha retirada do desempenho. Enfim, de múltiplos aspectos se evidencia a busca de mim mesmo enquanto ausente dos episódios que me ocupam a visão; uma procura que tem o seu interesse justamente no fato de eu saber, com antecipação, que não alcançará a meta derradeira, mas possui o mérito de consubstanciar-se em liturgia de profundo encarecimento: o de reportar-se aos vestíbulos do não-ser.

Todo o alheamento de minhas personagens em relação ao meu atento belvedere, a despeito do existenciamento que lhes confiro, a contar das mais próximas àquelas que nunca me ouvirão o nome nem me avistarão a face, todos os protagonistas desse gênero se recobrem com a nominalidade por isso mesmo ubíqua: a indiferença que, no íntimo de sua apreciação, irônica se revela, porquanto foram e são por mim existenciados os entes que todavia me sonegam a captação de meu rosto neles, através de suas lupas. No entanto, a liturgia do não-ser, substabelecendo-se na liturgia do não-estar, se prodigaliza tanto, por motivo das férteis oportunidades, que me pergunto se não fora melhor dizer que o meu total cotidiano se perfaz em antecâmara do absoluto perdimento. A minha vivencial atitude se compara a alguém que, demorando-se na sala de espera, ao aguardar o infalível chamamento, já se considera mais do encontro prestes a advir, que de toda a seriação de painéis por que passou antes de atingir o atual ambiente. A cada instante me deparo com o anúncio do não-ser, uma iconografia a gerar-se enquanto me mobilizo ou estaciono em qualquer parte, notando que, não somente à minha figura, porém a todas que se me inscrevem, a todos os vultos de meu repertório, o não-ser irrepresentável se deixa pressentir sob o nome da indiferença;

A ICONOGRAFIA 111

tal e qual a pessoa que se demora na sala de espera, tão
cheia do iminente chamado, contudo a exteriorizar em aumento, a cada minuto que transcorre, a significação de não
haver merecido de logo o fim colimado, a recepção no fechado recinto. Se o miradouro, focalizado nesse alguém,
prosseguir nos apanhados que seguem, o tema do desaparecer aflorará como a sombra do corpo, que, iluminado,
deambula, torna e retorna, levando-a consigo. Ao modular
a lente na medida do assunto em causa — o perecimento —
verificadas as nuanças com que este se anuncia, tem-se que
as injunções coordenadoras da presença contribuem, em
maior ou menor escala, para a indicação de ocultamentos
que, por sua vez, me habilitam a conceber o perecimento
em grau superior aos de todos os seus avisos, o grau da
morte fisionômica, a morte absoluta.

Resulta, conseqüentemente, que os painéis gravados em
minha lembrança, muitos dos quais aproveitei na factura de
A Ordem Fisionômica, exibem, além do relevo com que
legitimamente procuro ressaltar o poder existenciador de
meu belvedere, uma outra dimensão, um outro território
ainda propiciado por meu cosmogônico miradouro: o território da ausência, desde o simples desfocar da lente à mais
acabada separação entre ela e o objeto visualizável. A iconografia representadora de tal conjuntura, há de firmar-se
num elemento de si mesmo expressivo quanto à figuração
do desaparecimento; quero referir-me à temporalidade, a
desgastadora de mais freqüente citação, que, vindo a combi-
nar-se com o movimento e a fadiga de minha lupa, realça-
damente me favorece nas inscrições dos retábulos do perecimento. Existencio acontecimentos e faces e, igualmente, a
fatalidade de se perderem; portanto existencio, em mim, o
o estar e o não-estar, o ser e o não-ser de tudo quanto se
situa em meu repositório. Ao utilizar, para a figuração da
absoluta dependência do universo ao meu pessoal existir —
dependência, condicionalidade fisionômica — a iconografia
que flui no tempo, nesse particular assemelhando-se a minha obra à que produziria a lente cinematográfica, ao utilizar os episódios em temporal decurso, tomo e retomo, em
ato único, o aparecer em vivo surgimento e o aparecer em
prévia de extinção. Inclusive, rearticulo cenas que, pelo
sentido, deviam estar ligadas, obtendo com a minha ordem
fisionômica, uma inconsutilidade mais própria com a plenitude do nome; e ainda com o intento de promover incon-
sutilidades, desuno painéis que a realidade me propina, a li-

112 O LUGAR DE TODOS OS LUGARES

berdade de alteração a expressar um direito de minha existenciadora iniciativa, dado que tanto crio a objetividade
como a recrio em mim, de conformidade comigo. O meu
álbum de efígies e entrechos, o meu repertório onde tudo
se contém e a mim subordinando-se, representa do mundo
a versão natural, em mim, aquela que estiliza em ilustrações que comprovam o sortilégio de minha existência. Trata-se, em análise última, de um ideamento em duas edições:
uma que necessita de harmoniosa estruturação, e outra, a de
minha confecção, que obviamente mais discerne o sentido
e posição de minha pessoa, mais explícita apresenta o recheio de minha existencialidade. Assim sendo, ponho a
obra artística e o universo do qual ela promana no mesmo
nível de existenciamento no tocante ao meu belvedere.

Com efeito, ambas as edições de meu repertório estão
e são em mim, se mostram valores na prática de minha auto-
contemplação, valores imanentes à minha receptividade, que
se acomodam a ela como se nunca a houvessem abandonado,
apenas diferindo quanto à natureza de sua divulgação: a
realidade empírica se detém em mim de forma inalienável,
enquanto a obra de minha artística produção, o acervo tal
se lê em *A Ordem Fisionômica,* de mim transcenderá, indo
a leitores que, fisionomicamente, estão abrigados em meu
repositório. Dessarte, com a propagação da obra, me defiro
em coparticipação com os leitores, todos nós a repetirmos,
mediante o pensamento, a imaginária que, no curso do livro,
confirma a existência de meu belvedere. Não posso transmitir a outrem o cabedal de meu conteúdo senão por meio
da imaginária interna que, bem ou mal, homologa a minha
própria presença, presença que se franqueia em campânula
que ilumina os vultos e episódios abrangidos por ela; vale
dizer, somente a arte da literatura se capacita a conceder
a outrem a idéia da imanência desse outrem e dos demais
em relação a mim, a idéia de minha exclusividade de ser
em última instância. Por conseguinte, a imaginária que reproduzo, sob a modalidade de uma iconografia no tempo,
significa a acentuação de minha presença com todas as implicações que dela se deduzem: acentuação de minha presença com a sua claridade existenciadora, da qual se preva-
lecem, para o existir em meu repositório, quer no interior
de meu conhecimento, quer pressupostos, esses mesmos leitores que se comparam a assistentes sentados em poltronas
mais próximas do palco que a minha, de onde vejo, em
simultaneidade, a eles e as cenas que na rampa se desenvolvem.

A ICONOGRAFIA 113

Com referência a mim, *A Ordem Fisionômica* encerra uma peculiaridade não menos cosmogônica: assume o aspecto de restituição, a mim, de faces e sucessos que me pertencem, a elaboração da obra a reacender a luzerna que havia no momento de aparecerem os fatos em narração; assim acontecendo um fenômeno que não vem a repetir-se rotineiramente, sendo algo privativo da mera factura: o de avivar-se em mim uma chama de interesse que a só devolução de uma coisa extremamente amada pode consentir, suscitando-me o júbilo, a aura do fazer, o que não me tocou por ocasião dos reais surgimentos. Portanto, o iconografar se transformou em tarefa de auto-assentimento, as recomposições de havidos painéis, se elas perdiam no tocante à originalidade, que esta já ocorrera, se compensavam com a excitação de agora se enriquecerem de sentido, a contingência de não serem inéditas a esvanecer-se por força de nova investidura: a de me disseminar em alheios repertórios, entretanto por mim existenciados. No terreno da ficção, da imaginária de meus pensamentos, aura semelhante me anima a liberdade de compor, mesmo porque, no interno das respectivas urdiduras, firmando coerências às vezes insuspeitadas, se abrigam nominações que, a modo de signos, expressam, com as figurações que encarnam, a minha posição existenciadora. Com que delicado reconhecimento me comprovo a mim quanto à exclusividade englobadora de meu ser, ao permitir que fluam, ante meus olhos e independentes de minha intervenção, as seqüências movidas pelo acaso e entretanto a corresponderem às mais caras ideações; explicitando que, pelo fato de existirem em virtude de minha existência, se tornam admissíveis as coincidências com a feição de deliberadas, tão claras se manifestam em algumas ocasiões. Haja vista a explicitude que emana das cenas de enterro, com os figurantes animados e inanimados a exprimirem a morte fisionômica na morte do vulto que vem de falecer.

Conjecturando acerca da iconografia que serve de base a toda a minha obra, concluo que, a rigor e em instância derradeira, é simplesmente convencional a diferença entre realidade e ficção; a qual, nos ensejos em que a emprego, bem se substituiria pela diferença entre realidade e possibilidade, pois que, em momento algum da imaginária, se apresentou absurda qualquer efígie ou cena; decerto, com o real e o possível, em seu entendimento vocabular, encaminho, vantajosamente, os flagrantes e protagonistas à meta que os aguarda: a indistinção entre as duas conjunturas, o

114 O LUGAR DE TODOS OS LUGARES

que se efetivará quando na vigência da morte; e desde já a se fazer insinuante, através do enfraquecimento de minha memória e da das testemunhas a quem me resolvo consultar: formando-se inexoravelmente uma atmosfera de confusões e escuridades em torno de sucessos que, a outras pessoas, talvez pareceram esquecíveis nonadas, mas ao meu mira-douro se ungiram de oportuna e esclarecedora significação. Por conseguinte, as anotações que preenchem os volumes de *A Ordem Fisionômica,* por serem escritas, prestam-se a deter, em mim, a prevalência da desmemória, pelo menos enquanto não se completa o obscurecimento em mim. Fe-nômeno curioso e operado no transcurso de minha icono-grafia, da estruturação cênica de meu trabalho, consistiu na sensação, que me sobrevinha, de me sentir mais demiúrgico, mais criador, quando lidava com ocorrências concedidas pela realidade; e menos, quando me demorava no encanta-mento da inventiva, suprindo as exigências de alguma nomi-nalidade com o urdimento de episódios no plano da pura imaginação, no plano do possível. Como que, o mister de testemunhar, ultrapassando o mister do puro fazer, exterio-rizava, mais a contento meu, e já em grau de homologação, o sentido de minha existência, que se traduz no autocon-templar-me. Como um passo acrescido para a significação de meu ser, para o convencimento de mim próprio no que concerne à minha exclusividade existenciadora, as coinci-dências da realidade me fortaleciam na só apreensão das figuras, bastando estas, em conúbio com as nominações de meu acervo, para me sentir em amplexo com os desvenda-mentos partidos de minha lupa.

Em nenhum ponto da iconografia, se fez indispensável a distinção entre o real e o possível. A imaginária cênica, isentando-me de dificuldades que provocaria a mencionada distinção, abastecia, com os naturais entrosamentos, nisso imitando o próprio cursivo mental, as nominações inseridas em minha temática. À semelhança do fotógrafo, que focaliza a lente segundo o grau consentâneo com a atmosfera, com a feição que da paisagem almeja, passando a se desinteres-sar pela nitidez dos objetos componentes, de sorte que o enevoado obtido, que a uns sugere imperícia do autor, re-dunda ser a desejada fotografia, analogamente, descurando-me de cingir-me ou só ao possível, ou só ao real, mas promovendo aglutinações entre um e outro, alcanço, nos trechos urgidos pela obra, as tessituras mais persuasivas à nominal intenção. A realidade me fornecera alguma coisa

A ICONOGRAFIA 115

e me negara propícios seguimentos que o devaneio cuidou de apresentar, com a conseqüência de agora, tantos anos decorridos, eu não mais assegurar onde se iniciou a ficção, onde teve o seu término a realidade. A circunstância de falhar a memória nesses casos de faciais articulações se reveste de caráter positivo concernentemente à fatalidade do desaparecer que, de hábito, pouco a pouco se inculca nas presenças, que são porosas por natureza. Convindo não esquecer que a desmemória figurativa se inscreve como um dos exemplos mais comuns e acertados dessa conjuntura de virem a perder-se, de estarem a perder-se os dados que preferencialmente atestam o exercício de minha fisionômica e existencial criatividade. A coleção de painéis e seqüências de painéis, que constitui o fundamental em *A Ordem Fisionômica,* expressa uma concentração de aconteceres tal como me induz a minha existencialidade; isto é, encontro, no manuseável repertório, o fluxo e o refluxo de imanente doutrina, a que melhor me situa a mim e as coisas comigo.

Com o meu nascimento o nada se retraiu, deixando-se ficar essa transgressão à lei do obscurecimento, o meu belvedere, tendo por essência o testemunhar o existir de quanto ele pôs em existência. Certo de que perecerá, com o meu vulto, a iconografia que me cabe existenciar, para isso não diferençando a imaginária do possível da imaginária do real, confiro ao meu repositório a acepção de algo que, sem esperar o advento de minha lupa, entretanto a ela deve o engastar-se fisionomicamente no seio de minha claridade; estende-se à universal simbologia o fato de o existenciamento de desconhecido objeto, colocado na escuridão, se ter processado em virtude da lâmpada que o tornou visível. O prazo de minha vida consciente é também o prazo do universo, contando somente para esse efeito a contingência de eu existir, sem a qual nada haveria de mim para comigo. Dimana, dessa veracidade, que a luz procedente de minha lanterna já encontra, a meio dos espetáculos reais, os protagonistas que no entanto assumem, em tal hora, o seu existir em mim, na última instância em que me consubstancio. Comparo-me ao espectador que chega tardiamente à exibição da peça, mas que, por ilações de fácil encadeamento, consegue ajustar ao visto o que não vira; apenas, tratando-se de meu belvedere, não se legitima a preocupação de saber se cedo ou tarde se produziu a transgressão ao absoluto obscurecimento, representada no surgimento de meu miradouro. Instalando-se comigo uma contemporaneidade má-

116 O LUGAR DE TODOS OS LUGARES

gica, transformando em termos de perspectiva espacial a perspectiva do tempo, a ordem fisionômica me tem como o ponto nuclear de seu viger, sendo a esfera a ilustração volumétrica a melhor convir aos distanciamentos entre a minha visão e os painéis de ontem e de hoje, de aqui e de alhures: todo o lugar que ocupo é sempre, em mim, o lugar que se centraliza em face de todos os lugares, enquanto de outro ângulo ele se estabiliza como o lugar de todos os lugares, por ele me conter a mim com o meu belvedere.

Por inadmissível, a idéia de pósteros não se coonesta na ordem fisionômica. A negatividade de minha morte impossibilita que, depois dela, em mim, alguém se outorgue de minha existencialidade, auferindo as mesmas conjunturas que me preenchiam o repertório. Não me inteirarei, postumamente, dos leitores que avocariam a si a iconografia com que se me deparou o mundo. O meu perecimento — o ponto intestemunhável — ao envolver tudo quanto se ofereceu ao meu conhecimento, significa a negatividade que retoma a integral vigência, escapando-se de mim como se escapou antes de acender-se o meu excepcional clarão. O cabedal de painéis e de nominalidades, todo ele existenciado por mim, sem que as personagens atentem sobre a interpretação que cumprem, é o resultado de uma lente que se comporta à similitude de uma câmera de cinema que, escondida dos semblantes que deambulam, a eles apanha com nitidez identificadora, contudo estes permanecem na ignorância de que as suas efígies se acham na posse de um estranho; e ainda este, com o intuito de aproveitar os flagrantes obtidos na composição de uma obra cinematográfica, licitamente imporá aos gratuitos atores o significado que obriga o assunto da produção, um papel novo e diferente a ajustar-se a cada um dos fotografados passeantes, uma acepção outra a impregná-los e a única a importar para o cinematografista e para os espectadores que, nos recintos da projeção, venham a conhecer o desenrolar das cenas.

Todo ser humano, igual a mim, é o existenciador de seu universo particular, mas esse reconhecimento, partido de mim, de minha autoria, desaparecerá comigo, em minha morte. Enquanto continuo na posição de existenciador em derradeira instância, desfrutando com eles da mesma comunidade de objetivações, valho-me do ensejo para auspiciar à minha iconografia a circunstância dessa comunidade: proporciono aos episódios, quer em movimento, quer em imobilidade, uma ambiência, uma atmosfera suscetível de

A ICONOGRAFIA 117

cenicamente bem encerrar tanto o meu vulto como os demais participantes da imensa contemporaneidade. De forma que inumeráveis coisas se produzem, se reproduzem, sem perda da identidade, tanto à minha vista como à dos existenciados por ela. Todos comungam, em meu repertório, trechos breves ou longos desse mesmo repertório, como que, alimentando-se de mim em mim, os entes de minha criatividade. Nos contactos com os vultos que existencio — toda presença de alguma coisa registrada por mim significa a atualidade existencial que lhe é conferida por minha pessoa — ora me alço à contemplação equivalente à do espectador sentado na última fila, ora desço aos relacionamentos mais rotineiros, lembrando a divindade antiga que não se melindrava ao mover-se por preocupações nascidas para as suas criaturas. Comunidades de vários tipos me nivelam aos seres de minha existencial factura, formulando-se conectivos de natureza facial, como demonstra a iconografia da citada obra, toda repleta de acontecimentos diante dos quais, ou dentro dos quais me encontro. Revelando conspectos, presenças dos muitos semblantes que se confrontaram comigo, surjo-me, em cada passo de minha função existenciadora, no papel do infalível atendimento à missão de meu próprio belvedere: o meu corpo sempre acompanha a minha visibilidade, de sorte que, ao luzir o clarão existenciador, ele de imediato me existencia a minha figura, em autoclarificação que antecede, muitas vezes imponderavelmente, o resto que à perspectiva se conjuga. Vejo-me, por conseqüência, a testemunha ou o ator em todos os retábulos que apareceram ao prospecto de meu rosto, emergindo-se da negatividade, uns de maneira súbita e outros por meio de gradações; vejo-me o despegado de minha criação, e, debruçando-me profundamente em mim, concluo que, à medida que assim vou procedendo, me reduzo a tornar-me o clarão independente do meu corpo, me desbasto a ponto de saber-me na pura essência de mim próprio.

Então, na investidura de minha essência, o que de raro acontece, em virtude de minha pessoa compartilhar, inumerável e intensamente, das nominações que atingem os elencos de meu repertório, ao perceber-me a lâmpada do universal existenciamento, sinto acrescer-se, sob o índice de afecção estésica, a importância de meu ser, sem que eu possua, no vocabulário, os termos compatíveis com o inefável desse reconhecimento. Insatisfeito com as expressões conceituais, busquei na iconografia os recursos para as faciais confis-

118 O LUGAR DE TODOS OS LUGARES

sões; o ato de eu, com os olhos, existenciar o mundo fisionômico, a bem se deferir, a bem positivar-se mediante a narrativa dos ocorrentes painéis, eu revendo nas demais efígies a presença de meu ser enquanto claridade. A iconografia é, portanto, a minha presença. Em cada um de seus quadros, incidiu a minha visão que, em seu papel existenciador, se serviu de ambas as imaginárias, podendo dizer-se, de todo episódio, que ele encerra, além de seus valores figurativos e nominais, a conjuntura de haver pairado, em sua exposta superfície, o acolhimento de meus olhos. A exemplo do lugar que se almeja conhecer pela circunstância de ter sido por determinada lente devassado, resultando prestigioso visitar o seu âmago, com o pensamento voltado para esse vulto que primeiro o penetrou, a série de retábulos cuja divulgação competiu ao meu engenho informa de si mesma que o meu olhar nela se contém. Duas coisas, por conseguinte, a dimanarem de um só prospecto: o painel em si e a estada de minha presença. Um dos corolários dessa assertiva, e que se insere em *A Ordem Fisionômica* e em *O Espaço da Arquitetura,* compreende a identidade de que se investem os indivíduos que vêem o mesmo objeto: identidade comum pelo fato de a visão de cada qual se preencher mediante a unicidade de conteúdo, formando-se dessarte um gênero de comunhão que se alteia com emocionantes atributos; em mim ele soe moderar, com o seu intencional exercício, o peso de ocorrente solidão. Com efeito, experimentados os afetuosos momentos, este de se identificarem as visualizações em face da mesma superfície ou paisagem me parece o mais consentâneo com os encarecimentos do idioma, da linguagem que tomei para exteriorização de meu próprio ser, em mim: a das modalidades com que se existencia, figurativamente, diante de meu olhar, a temática de meu exclusivo repertório.

Ao percorrer caminhos, ruas que sei foram também percorridas por outrem de minha veneração, dois predicados emanam desses caminhos e ruas: o de serem em sua estabilidade de vias para o trânsito e o de terem pousado e repousado no belvedere desse outrem, agora sub-rogado em mim, o repetente deambulante. A atuação de meu vulto consiste, em relação a tais ambientes, em colaborar, de maneira afetiva, na continuação de estarem no enleio dos passeantes os aspectos atinentes à só visualidade. Estes se revelam os propiciadores de uma comunidade de contemplação que mais enaltece as coisas visíveis e existenciadas

A ICONOGRAFIA 119

em minha criação; ao se fazerem os unificadores de diferentes receptividades, as peças, dirigidas aos miradouros, praticam, em mim, uma assinalação de minha radical unidade, como que me restituindo, em imanente devolução, a minha identidade que espargi quando existenciei as faciais criaturas. Efetivamente, o fato de saber-me em identidade visual com outro vulto, estabelece-me a aproximação com a minha claridade em si mesma, oportunidade em que me sinto em comunhão niveladora com tudo quanto me cerca e com tudo quanto imagino. Qualquer forma de unificação, operada em mim, ressoa como um trecho da básica e original unificação que, em místicos apanhados, às vezes me comove o espírito, ávido sempre de claras homologações. Refiro-me à unificação verificada em virtude do existenciamento partido de mim, aquela que legitima a permanência do *nós*.

A minha iconologia se reporta a uniões de todos os seres no tocante ao meu ser, das quais a primeira que acentuo se prende à circunstância de eles, sem exceção, existirem, em mim, em virtude de minha pessoal existência. Em verdade, é esta a união que mais e profundamente abriga os participantes de meu repertório, fazendo-se oportuna a metáfora do continente arquitetônico, em cujo vazio se modelam, sob um único padrão de estar, as pessoas que se detêm ou se movem nos vãos para elas disponíveis. Sucedendo que todas as coisas se franqueiam à receptividade de meu conhecimento, este, na qualidade de fonte existenciadora, a si vê harmonizarem-se, enquanto objetos assimiláveis por ele, os painéis da sucessão e os da simultaneidade, com os nomes que através deles se veiculam. À sensibilidade pode acontecer que certos fatos conhecidos provoquem dano, mas ao puro conhecer a objetividade se apresenta em adequação, tanto mais satisfatória quanto nenhuma possibilidade existe de ela acrescentar-se, em mim, à revelia de minha faculdade de a tudo converter em peças de meu repositório. Por motivo de as nominações significarem, por seu turno, envolvências unificadoras, segue-se que, sob a cobertura do mesmo nome, os correspondentes retábulos se assemelham entre si. Cenas parecidas se observam em *A Ordem Fisionômica,* incidência natural sem dúvida, pois o número de nominalidades — entes genéricos e fomentadores de alegorias que assisto se preencherem e se esvaziarem, em torno de mim e comigo, em mim — se revela bem menor que o das figurações. No decorrer da composição da obra, a que dediquei mais de quinze anos, com interregnos de

120 O LUGAR DE TODOS OS LUGARES

pausa, mas a se amadurecer com a minha continuada preocupação, no decorrer da escritura, eu comprovava a desproporção entre a quantidade de nomes e a quantidade de efígies, quer em relação aos dados da imaginária externa, quer em relação aos da imaginária interna. Contribuíam, sobretudo, para a superioridade das facializações, as dissolvências que se verificavam no domínio da nominação, uns nomes a se deixarem diluir em outros de mais flexibilidade, vindo, nessa operação, a propinarem uma porção maior de vultos aderentes.

Estando o meu miradouro presente nos diversos trechos da iconografia, o meu corpo se oferece, às vezes inconscientemente, ao contágio do nome que intitula o episódio; e não o impedindo, testemunha o seu inevitável aglutinamento à situação onde, em muitos casos, lhe era preferível manter-se apenas como neutro espectador. Experimentando, em pleno estrado, o enlaçamento de sentido que geram as nominalidades, a minha efígie rompe a fronteira que demarca o terreno do entrecho e o ponto em que me situo. Nessa transferência consubstancia-se a prática de, preservando o relacionamento de criador à criatura, inteirar-me, com solidariedade completa, dos recantos de que me tenho distanciado ou pretendo distanciar-me. De qualquer modo, a minha isenção do universo que registro e que em tantas ocasiões me surpreende, sem embargo de a mim dever o existenciamento, mostra-se quase nula, tanto, em última análise, me percebo nos painéis que evitara. Mas, se os atores que minha vista alcança, dependem de mim e nunca deles mesmos na representação que lhes determino, se a todos falta a iniciativa de se desobrigarem de meu libreto, por mais duro que este se manifeste, o meu vulto, igualmente na condição de ator, gozará de privilégios quanto ao caráter do desempenho, ao papel que, vantajoso ou não, a minha lupa lhe existencia. De resto, e dentro dessa prerrogativa, em geral concedo que a minha facialidade não se recuse a aderir ao nome que já abrange a outras efígies do mesmo quadro, sobrevindo-me, ordinariamente, o gosto de auferir nominalidades não inéditas, que sejam, portanto, da comum experiência; tal inclinação me leva a unificar-me, a receber, em coro com os demais congêneres, o nome que se efetiva melhor se ele adjudica ao seu amplexo a minha figura, o meu rosto de testemunha participante. Este é, aliás, o título do tomo final de *A Ordem Fisionômica,* e creio que ele indigita a minha situação de belvedere que contempla as

A ICONOGRAFIA 121

mobilidades e imobilidades da respectiva óptica, informando-se de si para consigo sobre as conexões que se travam entre os olhos e as extensões dos olhos.

Distribuo-me na qualidade do mais persistente ícone de quantos se acumulam na série de narradas estampas. Onde está a minha lupa está o meu corpo; de forma que, na imaginária externa, o ato do existenciamento por mim exercitado — a luzerna cosmogônica ao acender-se — vem acompanhado de minha figura que, entrementes, se positiva como o lugar do qual se defere todo o existir fisionômico. Transportando a sua candeia mágica, no mister de instituir presenças, o meu corpo se anuncia o primeiro dentre os intérpretes convocados para a cena ou seqüência de que ele há de participar; contudo, por motivo de localizar-me muito perto da criadora fonte, eu me ofusco o suficiente para não consentir que eu me veja, me enquadre no painel, tal vejo e enquadro os outros protagonistas. De ordinário, me parece que sou a vinheta impressa à margem do episódio, um elemento que se faz comum, sem maiores intervenções, que, de si, ele pouco aumenta a expressão da nominalidade, um diminuto e substituível comparecente; mas, quando me introduzo no interior do nome, o ladeante se transforma em algo suscetível de atenção, e, em certos momentos, é o rosto que a tudo centraliza. Assim me converto em testemunha participante, jamais obtendo, do meu vulto para o meu belvedere, a delimitada nitidez, a neutra objetividade com que discerno, visualmente, os entrechos de cuja nominação a minha efígie se retrai, deixando sozinho o aceso miradouro. A minha atividade ocular, com o infalível acompanhamento de meu semblante, é a produtora de inumeráveis ícones, os da figuração externa e os da figuração interna, os quais, uns e outros, compõem o conjunto de minha iconografia. No que me foi dado colher para a factura de *A Ordem Fisionômica,* boa parte consiste em apresentações de meu corpo, sem que ele se assinale como o nódulo de algum tema, o que me facultou mais versatilidade no ir e vir dentro dos desenvoltos painéis; verdadeiramente, no uso da imaginária externa, auscultei as gradações da presença, os conspectos a me desvelarem os seus segredos, pequenas e grandes oportunidades que, em combinação com o meu engenho, me animaram e animam a bem ajustar ao belvedere a cena em que me envolvo; e como variam os retábulos, vario também de conduta figurativa, a ponto de esta, em aglomeração de muitos atores, se inspirar no semblante de alguém

122 O LUGAR DE TODOS OS LUGARES

que, inclusive, pode ser de plano secundário, modesto no fundo do salão, mas, que me obriga a comportar-me, facialmente, segundo os seus invisíveis e silenciosos ditames, decretados por seus olhos.

Na qualidade de ator em minha iconografia, regulo-me, de hábito, conforme as injunções que na hora se estabelecem. Com agilidade imediata se acomoda, de acordo com o meu súbito intento, o meu vulto em articulação com os demais: como se conservasse comigo discreta ampulheta, fixo para cada episódio ou seqüência de episódios o prazo de duração respectivo, o meu engenho atuando à maneira do autor cinematográfico a exercer o temporal controle sobre o filme em preliminar esquematização. A iconografia de *A Ordem Fisionômica* é o reflexo da iconografia existente em índice de realidade, mas ao transpô-la ao plano artístico, ela vem a refinar-se, a burilar-se consoante os meus desígnios; de modo que, além de outros requisitos de personalização que incuto no objeto em causa, aponta este de corresponderem à minha individualidade, às exigências de meu afeto, ou simplesmente ao meu gosto, as feições com que os ícones passam do original território para os tomos em que os escriturei. Portanto, a obra que efetivei como escritor está, sob certo ângulo de consideração, mais próxima da contemplação minha que a obra existenciada por mim, em sua generalidade. A exemplo do míope que soergue a centímetros dos olhos o fragmento representativo de uma larga extensão, o qual lhe aparece com surpreendente nitidez, assim, em confronto com a elaborada obra, em releitura ou oferta da memória, observo, animados de acordo com o mais íntimo de meu ânimo, muitos dos flagrantes que me obsequiou o curso de minha vida.

Os quadros no livro expostos foram extraídos da iconografia geral que, por sua vez, constitui a ocupação de minha vigília, a vigília que ao meu olhar compete, por sinal sendo a óptica o sentido que mais patenteia os consentimentos da objetividade quanto ao existir com que a clareio sob a exclusividade de minha pessoa. Com os olhos abertos, a personalidade se me amplia, soma-se, ou melhor, aglutina-se a mim a circundante atmosfera, com os seus variados pertences. Na prática dessa imanente união, em que me elevo aos cimos de criador do mundo fisionômico, um trabalho paciente me assoberbou: o de controlar as nominações sobrevindas, dissipando os excessos e suprindo as omissões, a fim de proporcionar a elas a estruturação cênica de mais

A ICONOGRAFIA 123

adequado aspecto, segundo a preferência de minha sensibilidade. Eu verificava que o meu condão existenciador, fartamente adotado no domínio das figurações, trazendo-as à luz e às vezes lhes dirigindo o comportamento, estendia o sortilégio ao território dos nomes, cabendo-me, da mesma forma, interferir neles, como se fossem de ordem facial, a despeito de reconhecidas abstrações. Ao lidar com eles, punha-os na dependência das disponíveis imagens, com o propósito de a minha inventiva não transcender os limites do natural, recurso que, de resto, seria vulgarmente fácil; vantajosamente me contentava e me contento com utilizar os vultos em normalidade física e cênica, e a essa normalidade eu submetia a nomenclatura do viver humano, talvez invertendo os termos de composição sabidamente usuais em muitos artistas. Com efeito, desde que se mostram indiscriminadamente plastificáveis as nominações, propaga-se o convencimento de que a elas cabe o emprego das efígies que lhes aprouver, tal o exercício da nominalidade morte, quando a escolha do recaimento não se governa por nenhuma insinuação da face. Na elaboração da obra, e ainda em certos instantes fora dela, apliquei-me e tenho-me aplicado na tarefa de profundar-me nos nomes conquanto o permitam as figuras do acessível elenco. Nem por isso os nomes se ressentem de obstáculos, nem sacrificam a essência de sua natureza; ao contrário, eles se conservam incólumes durante o viger com que pairam nas fisionomias por mim selecionadas, e os painéis surgidos apresentam, de costume, o atendimento que os nomes deferem, em sua magnitude, a expressividade da efígie, em alguns casos extremamente singelas. E tão fluidas se revelam as nominações que, em determinadas contingências, em retábulos de todo despretensiosos, elas se franqueiam à plenitude mais opulenta, mais legítima e penetrante que é possível descortinar.

Em virtude de saber das potencialidades do nome e das possibilidades da face, não precisei de locomover-me a muitos recintos para abastecer-me de nomes preciosos, nem tampouco dos de assíduo investimento; para inúmeras nominações não necessitei de retirar-me do aposento, sem referir-me, é claro, àquelas que se prodigalizam em meu devaneio, as da imaginária interna; aludo às que se apossam dos entes de meu cotidiano, os entes concretos que se dão à minha óptica e habilitados a cederem o visível prospecto à atração do nome que, expansivo, recobre espontâneas solidariedades. Reparti a imaginária externa em prevaleci-

124   O LUGAR DE TODOS OS LUGARES

mentos de nomes, fiz de coisas da objetividade signos obedientes, ora mantendo-as nos que me pareceram perpétuos,
ora alinhando-as em outros de caráter efêmero; neste caso,
existe a enorme série de figuras que passaram por diversos
nomes, sofreram-lhes a investidura, mas tiveram nas diversificações o prestígio de se multiplicarem sem saírem de si
mesmas, com o privilégio dos partícipes das situações em
ato, quando, em completa insciência, vêm a interpretar o
que os meus olhos procuram. Verifica-se que o nome é,
por natureza, inevitavelmente alongável, o seu fluir nada
encontra que lhe perturbe a correnteza, tal o nome da morte
que está presente ainda quando ninguém falece: eis então
que, na confecção do retábulo em que esse nome predo-
mina, como lhe cristalizo um momento do curso, imobili-
zando de sua universal extensibilidade um pequeno trecho,
o do painel composto em escritura, e, em conseqüência, resultante de minha autoria seccionadora.

Sem dúvida, na elaboração da iconografia, sou o mu-
tilador de cometimentos, sobretudo dos temporais e nominais. Na convivência com os vultos que existenciei, apresto-me a fixar o que a rigor deveria permanecer em movimento, mas o meu belvedere, não possuindo igual mobilidade, obriga-se a subentender, através de sugestivas estampas, o que diretamente não pode acompanhar. No entanto,
ao dispor da escritura, um meio em verdade sucessivo, presumo que alcanço, mais que o pintor e o escultor, e menos
que o cineasta, oferecer sob feição artística — o inegável
propósito que me levou a escrever a *A Ordem Fisionômica*
— o acontecer de minhas receptividades quando me debruço para ungir-me de seus preenchimentos. A sucessividade com que o escrever e o ler se processam, avizinha-se
um tanto da sucessividade com que os temas se discernam
nos episódios em seqüência, nos quais se movem muitas
incidências nominais; e pulsam nos correspondentes e mentalizados painéis aś remanescências dessa original conjuntura, da realidade, ou melhor, da imaginária externa. Ao
transferirem-se tais nominações configuradas para o seio da
imaginária interna — o qual representa o campo imediato
onde se estrutura a ideação artística — e desta imaginária
interna para a superfície do papel em branco, resta, com a
manutenção da sucessividade, um ponto de articulamento,
dentre outros, que mais ainda acentua a comunidade de
sermos todos em mim. De fato, qualquer indício de comunhão no interior de meu repertório, significa um alento

A ICONOGRAFIA 125

em meu auto-existir, algo posto fora de mim, porém radicado em minha pessoa. Neste caso, como em inúmeros, encontro-me em mim mesmo quando me retiro de mim, capitulando-se em cunho de imanência o ver-me a mim próprio, embora eu estando além de mim: a luz existenciadora sempre se move e remove com a respectiva lâmpada. Deparo-me em todas as cenas de minha iconografia, nenhuma delas se isenta da circunstância de haver nascido em mim, de forma direta ou indireta, quer depois de estagiar em minha imaginação, quer em face de ter sido objeto de meu conhecimento. Esses requisitos são esteios da comunidade que me unificam ao meu repertório, vigorando, por conseguinte, na série dos entrechos, a minha presença virtualizada, porque, em mim, nada se neutraliza, nada se vê incólume da conjuntura de haver passado por meu belvedere. O repositório cênico, nos termos por mim explorados artisticamente, se torna sensível à condição de produto de minha criatividade; tanto assim que os possíveis leitores nunca assimilarão os episódios sem ligar a estes a autoria autêntica: o meu vulto existenciador.

Diferentemente dos entrechos da imaginária externa, em cuja apreciação me é difícil obter de outrem a imediata convicção de que a minha autoria subscreve os acontecimentos, enquanto providos por minha existencialidade, os ícones que implantei em *A Ordem Fisionômica,* ao primeiro vislumbre denotam o original possuidor, denotam a minha personalidade que, dessa maneira, se esparge em outros indivíduos, ao conceder-lhes o conhecimento dos citados painéis. A obra de arte, feita com o intuito de divulgar entre os possuídos o predicamento da posse, atestará decerto a inseparável presença do possuidor; isto à medida que resulta evidente ser a obra artística o escorço da obra infinitamente mais acrescida, aquela que se tem confeccionado com o clarão de meu unigênito miradouro. A iconografia da obra de arte, se bem que menor que a iconografia dos somados cotidianos, se prestigia com o favorecimento que eu desejara se estendesse a esta última, na qual se verificaria um sortilégio mais homologador: todo surgimento diria do criador de sua existência em mim, propalaria com o só aspecto o promotor de sua fisionômica existencialidade. Por isso que me apego à iconografia da miniatura, em vez da iconografia do imenso modelo e ao mesmo tempo o fornecedor daquele curto repositório: assim afeiçoando-me às passagens que escolhi preferencialmente, sob critérios nem sem-

126 O LUGAR DE TODOS OS LUGARES

pre definidos, porém com legitimidade no concernente às relações entre o meu ser e os seres de meu conteúdo, da obra então em índice de virtualidade. Sendo *A Ordem Fisionômica* o escorço do universo, o resumo de meu repertório, subentendo nas coisas descritas — à similitude do horizonte marinho que não se deixa detalhar, mas é como se o fizesse — a variedade de aparências que no mundo habita; contemplo e volto a contemplar os registrados episódios como encerrando em suas teias o mistério em mim desvendado, e cuja clarificação, sem urgir a ubiqüidade de meu testemunho, alongo a todas as extensões e dimensões, sem eu sair das páginas da obra. Arquivados ainda quentes da respectiva aparição, ou esgarçados pela distância do surgimento, os sucessos da objetividade — emprego esta expressão à falta de outra melhor — tal como os selecionei e descrevi, propagar-se-iam à aberta aceitação; ao passo que os outros, os que persistem apenas em minha memória ou na de alguns esparsos conhecedores, se diluiriam por inação de qualquer sistema publicitário. Muitas das coisas mais preciosas, quais sejam as homologações de minha existencialidade, ficam, sem dúvida, à mercê de antecipado perecimento, enquanto somente uma parte do enorme acervo, aquelas cenas que se instalaram em *A Ordem Fisionômica,* se divulgadas forem, apresentam condições de se nutrirem, existencialmente, na lembrança e na imaginação dos prováveis leitores.

Durante a vigília, inteiro-me das oscilações e esmaecimentos que me vulneram os acontecidos retábulos, todos a se anuírem ao nome do esquecimento, a par de intercessões da fortuidade que, na hipótese de positivas, às vezes mais descoram do que aviventam a autenticidade dos havidos painéis. Com os olhos aprestados sobre o destino de minhas figurações, via de regra as surpreendo a caminho de se perderem; a grande parcela da rotineira iconografia, a que não chega a incluir-se no meu álbum, servindo à negatividade que pouco a pouco ou de súbito a atrai, cessando de se nutrir a sua constância facial ante a não estada de minha percuciência óptica. Muitos entrechos, de valor cênico incomparável, acerca de determinado nome, que poderiam prestigiar esse mesmo nome, num levantamento que se procedesse quanto às formas com que ele se tem exteriorizado, muitos entrechos se dissolvem para desapontamento de meus zelos, que os estimariam alegoricamente postos a todos os olhares. Refletindo a propósito da imaginária que se contém em *A Ordem Fisionômica,* me persuado de que os epi-

A ICONOGRAFIA 127

sódios ali descritos não são em verdade os que melhor traduziriam as intenções de minha criatividade; que outros houvera de mais satisfatória adequação, até ocorrendo recordar-me de situações que, afora o entendimento com a nominalidade, possuíam o encarecimento de condizer, em elos consangüíneos, com a natureza de minha sensibilidade. Tais conjecturas me levam a conceber os nomes — entidades que presidem o viver e o conviver em meu repertório, entidades que suscitam e acendem os amplexos de minha criatividade — em papel um tanto em desproporção com o império assumido por eles, os nomes: efetivamente os vejo a necessitarem de correspondentes e concretas figuras, a fim de que eles se enquadrem no existir que o meu belvedere proporciona. As nominalidades se mostram com o pendor de se aplicarem infinita e enfaticamente mas, por obsequiosa concessão, se deixam pousar em pequenas efígies, em conjuntos de pequena cenaridade, o que significa, em análise última, a porosidade com que todas as coisas se franqueiam ante o nome, em oportunidade a ele deferida. Contudo, agrada-me apreender das nominações a flexibilidade e sutileza com que se inculcam, e essa apreensão se exercita no mero exame que eu fizer das fisionomias em costumeiro comportamento, sem nada de especial a minha lupa lhes exigir por antecipação.

Nesses momentos, sobretudo quando me reservava para a aferição, uma certa nominalidade — assim muito pratiquei com os nomes do orgulho, da impiedade, da cupidez e outros, não esquecendo os respectivos antônimos — divertia-me ante as gratuitas encarnações; impressionava-me com flagrantes que me pareciam conscientes da perfeição que eu desejava, tão solícitos expunham o esmerado cometimento, isto é, a aliança entre a cena e a nominalidade. Da janela, em horas promissoras, eu observava no desfile de corpos o desfile de nomes, que, despontando de seus confins abstratos, vinham entender-se com a receptividade de meus olhos neutros, imparciais, porquanto, em relação àqueles temas, não me afastava da posição de simples testemunha. Em tais ocasiões, arrependia-me, perante os retábulos de nomes comoventes, de isentar-me destes que tão infiltradores se afiguram a ponto de, ultrapassando a fronteira entre mim e o espetáculo, imergir no recesso de meu âmago. No curso de outras oportunidades, quando eu não podia vencer, retendo-a em seus marcos, a energia do nome, convertia-me na testemunha da testemunha, visto que, ao

128 O LUGAR DE TODOS OS LUGARES

assimilar o episódio, assimilava também o meu vulto a emocionar-se com a ocorrente nominação; dessarte, recuando a mira existenciadora e, ampliando a perspectiva em causa, era a cena comigo envolto a que se armava, por fim, em meu repositório. O desempenho de testemunha participante, apesar de mais freqüente, por conseguinte a representar um contínuo aperfeiçoamento, deveras me alçou à crença de que eu interpretava a minha cota na plenitude do nome, de forma a ter em mim e comigo a translucidez da nominação; sempre, em seguida ao painel de que participei, me sobreveio o pensamento suspeitoso de que eu mal coadjuvara na facialização do tema, que este bem melhor se houvera se a minha efígie, recolhendo-se à ocultação, apenas fosse a insensibilizada testemunha.

Convenço-me de que a minha imperfeita interpretação, segundo a crítica de mim sobre mim mesmo, indica a superior prevalência de claridade sobre os seres que ela desnuda do obscurecimento, da negatividade que se lhe fez prévia e aguarda para repor-se na ocasião de minha morte. Na ordem fisionômica, por mais insuficientes e defeituosos que se me ostentem os painéis, sobeja algo de positivo quanto à imanência de minha existencialidade. Como que, a imperfeição registrada se transforma, olhada de diferente ângulo, em atitude de perene legitimidade, a exemplo desta, em que a imperícia de minha atuação, como protagonista de mim mesmo, redunda em afirmação de que o supremo valor de meu conspecto está em ele emitir sobre a rampa dos acontecimentos a luz que os torna existentes ao meu miradouro. De inumeráveis sucessos posso afirmar que o mais importante consistiu no fato de se terem inscrito em meu conhecimento, uma espécie de existência pela existência, tanto eles me vedaram os pormenores ou não souberam, à guisa de triagem, impedir a indeterminação de nomes nas efígies em desempenho. Em ocasiões de contacto óptico, diante de rostos da imaginária externa, vários temas costumam disputar, em mim, a adoção das presentes figuras, gerando-se em conseqüência um instante de dubiedade que a minha decisão resolve a meu contento. De quanto nasce para o preenchimento do nome alegria ou do nome tristeza, nenhum elemento, nem facial, nem nominal, se nivela, em valor cosmogônico, à conjuntura de ser o meu belvedere o existenciador de tudo que ele nomeia e de tudo que se nomeia; nada concorre com a claridade que emana de mim, e em mim vem a confinar-se desde que me ponho na instân-

A ICONOGRAFIA 129

cia derradeira. Por mais que me abstraia da renovação de eventos e nominalidades, por mais que me sonegue a acrescer os visíveis conteúdos, não se modera a significação de minha visualidade: ela a se realçar mesmo no tocante às entidades que se mostram exímias na encarnação de oculto desempenho, as quais, recolhidas ao albergue da possibilidade e até nele permanecendo por todo o prazo de minha vida, ainda assim, em grau de virtualização, representam potencialidades de ser em mim, potencialidades que, naquela hipótese, perecerão também com a minha claridade quando esta se extinguir.

Se se trata de imanência, não há o que indeferir: tanto as coisas do prazer como as do desprazer gozam da prerrogativa de existir em virtude de minha existência, não se medindo pela repercussão em minha sensibilidade o interesse que despertam em minha ordem fisionômica; e sim pela franca legitimidade com que os vultos se integram nas ocorrentes nominações, a mais ampla e aliciadora das quais é o existenciamento conferido por minha pessoal existência. Enquanto eu viver conscientemente, este é o nome que nunca se afasta de minha vigília nem tampouco dos seres que, em índices diversos, são tocados pelo clarão maior de meu existir, cada um deles a interpretar, antes de qualquer nominação, a nominação de estar em minha existência. Intitulei de fisionômica a imanência que parte de mim para mim. O olhar é o veículo mais prestante, que encontrei, para atingir a universalidade de meu repertório, assim promovendo uma simples parcela da receptação — a parcela óptica — ao sortilégio de evidenciar o completo acervo do existir. A minha iconografia expressa, tomada em seu conjunto, os círculos concêntricos de minha existencialidade — feições da geometria e próprias a bem ilustrar a conjuntura — dos quais o mais abrangedor comparecente é o meu ser enquanto miradouro em mais recuada posição, enfim, a conter o panorama em sua totalidade em mim. Com menor diâmetro, deparam-se os ícones que, conservando em si a minha claridade, entretanto se dedicam, à semelhança de linguagem exclusiva para os olhos, a exposições de nominalidades de que analogamente me incluo o possuidor que avoca os protagonistas à comunidade única de serem, de estarem sob a minha luz. À vista da seriação de painéis, como que circulo no vão de mim mesmo, parando e movendo-me de mim para mim, tal o auto-reconhecimento, que se opera, de meu olhar em relação às efígies

130 O LUGAR DE TODOS OS LUGARES

e cenas em amostra. A minha existencialidade é infalivelmente ubíqua, dentro dessa ubiqüidade latejam as nominações às vezes com ênfase sensibilizadora que, segundo a minha lente, remove da focalização o retábulo em apreço, conduzindo-o a uma aparência que me desnorteia a alma, pois que o nome em vigor se sobrepõe a mim, em virtude do dominante sentimento; vejo então que o tema se vale da situação para vir ao meu olhar, dela se aporta como indispensável transmissor; no entanto, ao valer-se e ao aproveitar-se, o painel se me dificulta, se debilita na unidade, com um novo aspecto a sugerir que o nome, por força da indômita vigência, atingiu em cheio a portadora figuração, no caso, o meu ser afetivo.

Os componentes da externa iconografia, a que diariamente se manifestou e se manifesta à minha visão, quando desprovidos de emocionante nominalidade, até por me não ter sido dado descobri-la, se revelam obviamente mais aprestados a receber o nome que lhes inoculo, a exemplo das situações em ato, título que apliquei às formações cujo espontâneo e inconsciente desempenho, por parte dos protagonistas, homologa a teia de assunto, ordinariamente breve, que lhes recubro com o pensamento e o olhar; decerto que se perderam muitos episódios que mereceriam estar na iconografia de *A Ordem Fisionômica,* e acredito que nesta obra não se inserem os melhores trechos, as mais apuradas composições de meu repertório; possivelmente, as nominações que ainda agora insistem em preencher-se, se preencheram, com vantagem, em momentos de outrora; e o fato de se haverem desaparecido de minha lembrança e de não se terem, por culpa minha, registrado em meu caderno de nótulas, acrescenta um ponto de mística superioridade no tocante aos recheios obtidos hoje: o da antecipação no íntimo da negatividade, do obscurecimento que efetivar-se-á com a minha morte, a morte fisionômica e absoluta. Voltando das cenas do passado, o perecimento insinua-se nos rostos em prospecto, à guisa de admoestação em face do que a presença possui de vivificador, de antiperecimento. Com efeito, a iconografia externa e a interna, compreendendo-se nesta última a série de entrechos contida em *A Ordem Fisionômica* — iconografia interna porque os episódios e seqüências reproduzidos do real, da iconografia externa, também passaram pela condição de pensamentos, ao se estamparem em forma de escritura — denotam os graus da indigitação à clara naturalidade com que os painéis e efígies

A ICONOGRAFIA 131

por mim existenciados, experimentam, diante de mim, a extinção que, desse modo, parece anteceder-se sob a feição de ensaios.

Trata-se, por conseguinte, de um acervo que, para o plano artístico, apenas me coube resguardar os elementos que, de si mesmos, se exibiam em linguagem pronta ao entendimento por meio dos olhos; a qual, consubstanciando a arte da cinematografia, sempre de muito interesse para a minha vocação, me facilitava a propositura daquilo que eu chamava de fisionômico; isto é, o caminho mais caroável à exposição de meu existir, em minha qualidade de aprazador de todas as existências. A despeito de admitir que melhores cenas se deram além das integradas nos cinco tomos da obra, não forcejo a lembrança à procura daquelas esquecidas ou semi-esquecidas; valho-me das que se encontram em registro, o que importa em confessar que a iconografia nele desenrolada, por ser o atestado de participação de meus olhos, mais se adentra em minha curiosidade, em meu autoconhecimento, que no de qualquer dos prováveis leitores. Ao demiurgo e não aos entes de sua criatividade, primeiramente compete o ver-se na privilegiada posição de existenciador de cometimentos agora ao alcance de outros belvederes: esses mesmos entes que em minoria — tendo em conta o número dos que me lerem ou souberem, por outras vias, da acepção de existencialidade, acepção que preside toda *A Ordem Fisionômica* — poderão a si adjudicar o predicamento de ser, igualmente, cada um o total abrangedor, que, sentado na derradeira poltrona, me observa a mim e aos meus pertences, hoje revelados na escrita narração. Mas, antes de tudo, tal circunstância, com a sua inerente possibilidade, existe porque sou eu quem lhes faculta a existência, e logo ao sentar-se o pretenso englobador do palco e respectivos assistentes, eis que se promove, às costas do meu concorrente, uma nova localidade de onde o contemplo no ato de ele supor que por último me contempla.

Uma das características da imaginária externa, nas conexões com a minha óptica, é, conforme se conclui do fenômeno das situações em ato, a disponibilidade das figuras em aceder aos reclamos da nominalidade com que as interpreto, quer na confecção de alegorias, quer na factura de ocasionais enredos. Favorecendo-me com essa disponibilidade, testemunhei o aparecimento de cenas que reunidas, apesar de efetuadas em tempos diversos, formaram trechos de um conto de Hoffmann, por sinal a mais interessante de

132 O LUGAR DE TODOS OS LUGARES

suas ficções, no meu entender; esta apreciação se torna significativa, porquanto o fato de a sua leitura ter continuado a repercutir em meu pensamento, explica o meu contacto visual com tais painéis e não outros daquele escritor romântico. Li na adolescência o trabalho *O Homem de Areia,* o qual, faz-se importante que o diga, se mostra, em vários pontos tipicamente figurativo, com discernimentos oculares que notabilizam o autor como exímio em combinações de cunho nitidamente cinematográfico. Acresce ainda que, pouco antes da surpreendente e facial edição — a que consta de *A Ordem Fisionômica* — eu procedera à releitura, de sorte que a lembrança do enredo se mantinha muito bem gravada; de qualquer modo, a imaginária externa se exibiu com solicitude, e as personagens do conto vieram desta vez mais incisivas que nos instantes em que participavam e participam da imaginária interna, a imaginária que acompanha e sucede a toda leitura de obras figurativas. Meditando a propósito da disponibilidade facial e das reaparições que ela propicia, acode-me a conjectura de que, se eu dedicasse a atenção sobre as diárias e objetivas ocorrências, descobriria em inúmeras a reprodução aparencial de flagrantes colhidos em leitura: ingratamente inaproveito, em geral, as versões novas de entrechos que em livro me impressionaram, como também me esqueço das cenas, de ordinário comuns, que a rotina oferece e a literatura depois utiliza. Esclarecem-se as discórdias quanto aos graus de retentiva e o desapego de um fenômeno em relação ao outro, se se acentuar que o cometimento artístico e o cometimento real são externações de mundos distintos, e em conseqüência não se enlaçam, em mim, com equilíbrios iguais, os aspectos com que se formulam as suas naturezas. O nome indiferença, na plenitude de seu vigor, ora sacrifica o real em favor do artístico, ora o artístico em favor do real — um desaparecendo ao surdir o outro — instituindo em meu repertório um andamento de ser cujo controle me escapa, não obstante os haver criado fisionomicamente a todos, às faces e aos nomes.

Na reconstituição visual de painéis do conto de Hoffmann, um requisito ascendeu à imprescindível posição: a que urge nos casos de retorno a composições pretéritas, nos episódios que se restauram diante de minha vista. Alcanço-os mercê de uma entidade que estruturalmente me põe em contacto flexível com os vultos à distância, trazendo-os à minha lupa, a desempenhos que não se efetuariam se eles,

A ICONOGRAFIA 133

os atores, se apresentassem com a translucidez de seus menores traços: esse requisito são os contornos genéricos, e me propinam uniões de ser e de estar, que, no domínio da imaginária externa, me facilitam reencontros que só o devaneio os cria superiores. Dentre os reencontros, avulta o de cenas passadas que se reexibem aos meus olhos, à semelhança dos painéis de *O Homem de Areia;* graças às linhas de contorno, àquelas que me persuadem acerca de definida identificação, embora as minúcias nelas contidas não corroborem de todo a individualização em causa, caminho para generalizações que, adidas à disponibilidade a elas inerente, capacitam as faces a se distribuírem em assuntos, em temas, em significação alegórica diferentes dos presumidos por elas mesmas. A qualidade de intérpretes, de atores, se lhes desponta de maneira óbvia desde que se moderam ou se desfazem as mostras da individualização, abrindo-se-lhes então as oportunidades de cumprirem os ditames de minha agenda, sempre repleta de nominações a aplicar nos surgidos entrechos. A curteza da visão torna-se favorecente nos casos em que entram em contemplação os contornos genéricos, proporcionando-me ensejos de, afora a comum versatilidade de inserirem-se em muitos papéis, trazer-me concomitantemente com esses papéis a evidente indicação de que a negatividade, o fisionômico perecimento, se antecipa sob o aspecto dos prevalecentes contornos; quantos episódios se têm registrado em mim, no seio dos quais se centraliza ou ladeia alguém de meu conhecimento, e no entanto nele discerno a personalidade de outro alguém, fato que traduz a extinção, na própria cena, da efígie primeira, daquela que, em mim, se desnudou de si para converter-se em outra. Os contornos genéricos se constituem na medida em que o objeto visual me concede permissão para que, dentro de suas linhas demarcadoras, se estabeleçam unificações de ser, em virtude da admissibilidade no meio dessas linhas continentes, comparando-se ao lugar que também unifica os penetrantes vultos, somente pela circunstância de se localizarem nele.

A iconografia inserta em *A Ordem Fisionômica* — uma coleção de cenas e seqüências, extraídas imediata ou remotamente da empírica realidade — salvo um ou outro momento, insinua ou concretiza as precedências, em mim, da morte fisionômica, da morte absoluta que há de envolver a tudo, em mim, até os quadros dessa iconografia, os admoestadores do universal falecimento, ora em expectativa. Morrerão comigo os anunciadores dessa infalibilidade; ape-

134 O LUGAR DE TODOS OS LUGARES

nas acontece que tal perecimento já se ensaiara através de menores perecimentos, quais sejam os suscitados pelos contornos genéricos, pela ausência de minha lupa, desde o simples desvio do olhar, e, principalmente, pelas mortes operadas em mortes de testemunhas da iconografia. Não sei se obtive o almejado: a facialização, por meio de cenas havidas ou imaginadas, as configurações que encerram, em graus distintos, mas permanentemente, o sentido de ser o mundo a véspera de minha morte; elas se animam, e intentei o possível para que perseverassem — quando da imaginária externa — no viver de suas originalidades; contudo, o que prevalece em última instância, é a dose de perdimento que as vulnera, tanto no cunho de reais modelos, tanto no de tratadas artisticamente. Registra-se que a imaginária externa, em ambos os territórios, como realidade direta e realidade indireta, sendo esta última a convertida em arte, se pronuncia em transcurso, em temporalidade, de acordo com o meu testemunho que igualmente se processa em cursiva duração. A fim de bem corresponder ao exercício de meu repertório, tomei por veículo de minha acepção do existente a formulação literária; que é sucessiva por natureza, em lugar de valer-me, por exemplo, da pintura que serviria apenas para algumas situações, de preferência as alegóricas, mas se revelaria extremamente acidental quanto àquelas que são por essência temporais. A iconografia de *A Ordem Fisionômica* se perfaz em estilo de seqüências como as histórias contadas na literatura, ocorrendo todavia que, fugindo de uma trama única em que o meu belvedere fosse o protagonista central, procurei, utilizando acontecimentos dispersos em minha contemporaneidade, os havidos e os do devaneio, oferecer um escorço da universalidade em mim, expressão esta que implica aglutinar o tempo do mundo ao tempo de minha vida.

Na passagem da imaginária externa para o plano artístico da escritura, todos os imóveis ou correntes painéis sofreram a triagem de meu engenho, refundindo-se à dosagem de minhas iniciativas e escolhas, aliciados a uma linha de ser totalmente devida a mim, o criador de suas participações na arte. Assim, ao escrever *A Ordem Fisionômica,* experimentava, também em índice de escorço, o atributo de constituir-me o demiurgo em exclusividade, o criativo trabalho de compor a obra confundindo-se com o criativo poder de proporcionar existenciamento a todas as imaginárias e nominações; pois que, nada se exclui de meu

A ICONOGRAFIA 135

repertório, nem mesmo os ocultos repertórios dos demais humanos, os quais, sob a feição de possíveis, se destinam a perecer em meu perecimento. Portanto, presidia, ao ato de escrever, a semi-sensação de repetir uma ancestral atitude: a de produzir, em especial exibição, o existenciamento que pratico na minha investidura de ser e de estar. Volto aos círculos concêntricos para ilustrar a conjuntura de ver-me a existenciar o que já fora por mim existenciado, movendo-me em contemplações sem todavia retirar-me de mim mesmo, eu que sou o lugar de todos os lugares. Juntando as peças da iconografia, atendendo à temporalidade de cada uma e à nominalidade que a abrange, deparava-me com espontâneas ofertas, e se recusas encontrava, elas provinham de reclamos da própria factura, que determinava um regime de colocação na obra, não havido quando do real aparecimento. Só a liberdade de fazer me animava aos cênicos arranjos, liberdade que possuía, na unificação das duas imaginárias — a da objetividade e a do pensamento — o campo mais fecundo para imitar a liberdade com que, pelo abrir dos olhos, crio a existência de tudo quanto eles atingem.

Dos gêneros artísticos, a literatura, ao lado da música, não se materializa por meio da imaginária externa, particularizando-se por subsistir da mentalização do autor à mentalização de cada leitor individual, vindo a consubstanciar-se na imaginária interna; por isso que o teatro, procedendo da literatura, da escrita gerada pela imaginação, representaria a reação ao introspectivo próprio da literatura, tornando visuais, com a encarnação dos papéis, os vultos que na rampa se incumbem de interpretá-los. Em *A Ordem Fisionômica,* os modelos tangíveis se incorporaram à imaginária interna logo do momento em que os deixei de observar, ou por afastamento meu ou por afastamento dos painéis ou efígies em observação. Agora, feitas para leitores de desiguais imaginações, as seqüências dos flagrantes reais, transformados em aspectos fisionômicos, se avizinham da espessura das nominalidades, promovidas, que são, a entes abstratos, a configurações adstritas ao meu pensamento e ao dos leitores ou sabedores orais. Tudo quanto reside fora de meu atual miradouro, fisionomicamente sobrevive ao se fazer trasladar à minha imaginária interna, ao território de minhas ideações. Se os acontecimentos, à maneira de lugares fixos, expunham a estabilidade de sua aparição, atualmente eles se dispersam na memória dos que os viram, com os nomes intituladores a também se disseminarem no devaneio

136   O LUGAR DE TODOS OS LUGARES

das testemunhas ou das testemunhas das testemunhas. Cada leitor será um agente dessa dispersão, ao mesmo tempo que atesta a prevalência de um nome dos mais assíduos em meu repertório: o nome da dispersão. Recolhida ao efêmero de sua exibição, cada coisa se livra dessa efemeridade ao transferir-se para o campo mental de quem a recolheu, e reunidas as conjunturas idênticas, tem-se que o repositório existenciado por mim encerra a pulsação de apareceres e desapareceres em nível de abstração, a imaginária interna de cada um a somar, a estatuir um plano de sortilégios: esse de a realidade, no decurso do tempo, se converter em atos da imaginativa e da memória, dessarte aproximando-se, mais ainda, do perecimento no perecimento dos seus portadores, como a véspera que se apronta à vista de maior e prometido acontecer: o de meu pessoal falecimento.

A acidentalidade da arte, problema de que tratei no livro *O Espaço da Arquitetura,* impediu-me de externar a plenitude dessa magia, porquanto a imensidade do teor excede, inclusive em termos de sinopse, a tentativa de transpô-la em arte, embora a da literatura seja, de todas as temporais, a que se mostra mais fértil, mais caroável à pretendida mas dificultosa consecução: a de recriar artisticamente a contemporaneidade do universo existido e existente, ao prazo de minha vida receptante. Não dispondo, conseqüentemente, do necessário a uma completa e perfeita iconografia, segundo a minha impraticável aspiração, louvei-me em recursos supletivos de facialidade, e semelhantes àquele usado pelos escultores de alegoria quando fazem depender o reconhecimento da obra, da presença do nome que lhe serve de designativo nos catálogos; sem o nome, talvez que nenhuma conclusão acerca do significado da peça coincidiria com a do autor, e assim o nome ascende à importância de algo indispensável ao valor de signo, inserto na integral configuração. O recurso de que me aproveitei para a iconografia de *A Ordem Fisionômica,* e acredito que demasiadamente, consistiu em digressões à margem dos respectivos painéis e seqüências, aplicando um processo bastante usual entre ficcionistas, notadamente de romances. A compatibilidade desses recursos que, a bem dizer, tinham por meta as nominalidades que deviam viger em cada existenciamento óptico, a oportunidade dos especulativos complementos, creio que não prejudicou a unidade da obra, visto que a escrita dos painéis e a escrita dos comentos manifestam um só ritmo literário, e com ele a feição uníssona.

A ICONOGRAFIA 137

Com a adoção da literatura, ainda mais aproximei do esvaecimento os produtos de minha criatividade: isto no sentido de a matéria se instituir de pensamento a pensamento, da imaginária interna do escritor para a imaginária interna dos que o lêem. Trata-se de uma arte cuja substância — a imaginária — é inaparente, assim diferençando-se dos gêneros artísticos de direta visualização, a exemplo da pintura e da escultura, quando o autor, esteando-se em formas de concretização empírica, portanto nutrindo-se da imaginária externa, executa obras que são também da imaginária externa, visíveis ao olhar do espectador sempre que este se encontra em presença delas. Utilizando a literatura, acomodei mais intimamente em mim os painéis e seqüências de minha existencialidade, pois os imbuía à perduração em eventuais pessoas, por mim criadas em termos fisionômicos, e contidas em mim, as quais, por seu turno, as deteriam na reclusão de suas imaginativas. No mundo do pensamento se verificam os ensaios para a morte em mim, comigo: se toda imaginária externa se transforma em pensamento, em imaginária interna, resulta que, enquanto postas em minha mentalização, as cenas e as suas personagens como que se acercam ao primeiro plano de minha vida, a fim de, em imponderável precipitação, morrerem comigo em mais estreito amplexo. Mas, a simultaneidade da extinção não admite que a morte se dê em graus de aliciamento, ela não se desfecha como um processo, porém sim como o ato do não-ser, do apagamento absoluto, universal, do miradouro de quem morre. O ato de eu perecer — o ponto intestemunhável — implicará o perecimento de todas as exposições que o belvedere me avocou no curso de minha existência, o imediato e o subentendido a se fazerem concomitantes em face do término de minha luz, de minha vida. Tal simultaneidade se essencializaria, conforme aquela conjuntura, mais perto de meu leito, fisicamente situada em minha cerebração, a quintessência de todas as claridades e de todos os recintos. Dentre as experiências da morte, que se exercitam a cada passo e minuto do cotidiano, sobressai-se a do adormecer que em si promove o adormecimento do universo inteiro, correta miniatura do outro sono, aquele que não se acaba.

Deixando de recorrer a artes que produzem imaginárias externas, por sua vez inspiradas em imaginárias externas, por conseguinte a se aterem numa só densidade de matéria, deixando de recorrer a tais gêneros artísticos, de resto por

138 O LUGAR DE TODOS OS LUGARES

incapacidade pessoal de execução, conferi, ao acervo iconográfico de *A Ordem Fisionômica*, o reflexo de uma consangüinidade maior que porventura a obtida com a pintura, a
escultura ou a própria cinematografia. Adquire investidura
simbólica a circunstância de me haver valido do gênero literário, o mais introspectivo de todos os gêneros: aquele
que, reservando para terceiros — os leitores — a ocasião
de imaginarem as minhas imaginárias, assegura o predicamento de eles se conservarem no domínio da ideação, o domínio de minha existenciadora positividade. Unicamente
com as palavras e frases atingiria o cerne da ordem fisionômica, seguindo, em vários pontos da obra, a referida prática de, circunscrevendo-me a contornos genéricos, abster-me
de focalizar minúcias, características individuais, de modo
a assim alcançar uniões e harmonias de ser, de impossível
aquisição se eu me empregasse na discriminação dos pormenores. O desenho e as cores proporcionariam a essa tarefa uma feição diretamente lúcida, e, capitulando-se como
imaginária externa, transformariam o quadro em objeto de
referência para a solução de dúvidas acaso surgidas em ausentes estudiosos ou simples contempladores, ao possuírem
estes, longe do original e em índice de imaginária interna,
a obra em que as minudências então não figuram, e sim
os contornos genéricos. Entretanto, as palavras e frases denotam os seus momentos de descolorido e de silêncio, elas
estão habilitadas a estender ocultações, a abrir esgarçamen-
tos, bem como a concretizar todos os opostos desses misteres, as afirmações de ser, os gritos de presença, tudo efeti-
vando sem sair a literatura de sua condição de mediadora
entre imaginações. Enquanto as artes de imaginária externa
se conduzem como algo empírico, referenciador direto e imediato, a literatura se patenteia em sua qualidade transmissora, veiculadora; situando-se em cada cerebração, na mente
de cada leitor ou sabedor através da escuta, o terreno onde,
por fim, descendo da viatura das palavras e frases, as imaginárias, que nelas se contêm, encontram o repouso propício
à interna contemplação, a única permissível ao gênero literário. São recebimentos para o devaneio, nada impedindo
que o portador da lida ou ouvida imaginária introduza nela
suplementações que o escritor não previra, dessarte evidenciando ser a literatura o gênero mais pródigo em alterações
de mais além do texto, da imaginária do escritor, a que se
endereça de pensamento a pensamento. Favorecedora ou
desfavorecedora, a introduzida e mental alteração escapa ao
controle de quem a obra escreveu, obra por natureza tran-

A ICONOGRAFIA   139

seunte, invisível dentro da redoma dos vocábulos, mais sensível talvez às injunções do caminho.

A iconografia literária, distribuída em *A Ordem Fisionômica*, representa uma onomástica de recheio ao tema superior, mais amplo: o mais denso e profundo de ser eu o criador e mantenedor, em mim, de todas as nominalidades e figurações. Nenhum painel contradiz a significação de o meu vulto se distinguir na posição de exclusivo existenciador, mesmo nas oportunidades em que me localizo à margem da cena, inapercebido como testemunha ou secundário intérprete; mas o meu eu prevalecendo de maneira substancial, à guisa da luz de que ninguém se dá conta, e todavia sem ela faltariam as conexões entre as personagens, e portanto, faltaria a própria cena. Sob maior ou menor intensidade, a minha presença absorve a si, limitando-os ao período de minha contemporaneidade, ao prazo de minha vida, os cometimentos existidos e em via de existência, enfim, valoriza-se todo o predicamento de fazer-se interna, em minha mentalização, a imaginária que os meus olhos apreendem. Grande parte do escrito repositório abrange entrechos que foram externas imaginárias, e nem por isso, em relação à minha temática, eles superam, em estimação figurativa, em adequados desempenhos, os entrechos que foram da imaginária interna, da elaboração do devaneio: ambas se integram para o mesmo objetivo, são formas estruturadas nas mesmas linhas, o sentido do aparencial a se manter incólume em ambas as apresentações, o sentido de posse a anuir-se tanto em uma como na outra das modalidades, nas duas o análogo destino de morrerem como a minha morte. Daí resultou a minha prática de extinguir quaisquer fronteiras entre a imaginária interna e a imaginária externa, deixando de esclarecer, nos casos de seqüências compostas com a ficção e a veracidade, onde terminava uma e começava a outra, o que certas vezes se tornaria difícil, em virtude da aglutinada combinação dos elementos. Em última análise, o meu repertório se preenche com uniões, unidades de ser e de estar que me ratificam a criatividade existenciadora, clareando-me a mim mesmo, por assim conservar-se intacto, no efêmero de meus dias, o sortilégio de eu ser com os seres de minha claridade. A minha lâmpada acende as horas e os lugares a fim de que me inteire de todas as nominalidades e efígies que os ocupam, como se a luz exigisse, para a comprovação de sua existência, que as coisas lhe viessem ao encalço, e sem as quais ela nada iluminaria, nem mesmo se mostrara o ponto luminoso.

140 O LUGAR DE TODOS OS LUGARES

Todos os ícones, em motivadas junções ou isoladamente, antes de informarem quanto ao assunto que em particular encerram, informam quanto à minha existencialidade que lhes deferiu existência, tal como o objeto indica, antes de sua identidade, a luz que o tornou esclarecível. Para esse mister de primordialmente revelar-se, concorre a natureza da literatura, com os digressivos ladeamentos, sobrepondo-se às outras artes se eu quisera dizer com elas sobre a ubiqüidade de minha lâmpada; com efeito, na literatura cabe o privilégio de, ao se pôr a cena em idealização, adicionarem-se escólios, tecerem-se comentários com o fito de que o painel se instale, segundo o desejo do escritor, na imaginativa dos que o lerem, mas de forma a não haver dúvida quanto ao pretendido significado. Decerto, nada mais dissolvente que verificar, no rosto em consideração, uma nominalidade que não a estatuída pelo autor, às vezes ferindo-lhe o cosmogônico intento; risco este que costuma vulnerar muitas obras, em torno das quais se fixam peremptórias interpretações, juízos inarredáveis, que distam imensamente do que testara o respectivo criador, o mais legítimo de todos os escoliastas. Muitas obras, principalmente de escultura e de pintura, ainda padecem do silêncio de seus autores; isto em virtude da acidentalidade desses gêneros que, sem lidarem com definições e conceitos, se aventuram a desnorteadoras apreciações, tanto as artes da imaginária externa se validam com a só aparição de seu óptico aspecto. Com a literatura, me foi dado, inclusive, compensar as deficiências de narração, mediante o auxílio de momentosos comentos, arrimando os concertos cênicos, as facializações menos nítidas, com o apresto de especulações naturalmente conceptuais. Na tarefa de complementar o episódio ou a seqüência de episódios com discursivas marginálias, por ocasião de tais incidências bem como no uso de outros meios literários, evitei as prevenções do gosto, deixando que a urgência da proposição presidisse a escolha das palavras, não me abstendo de trazer várias em desuso; apliquei assim a uma questão de menor interesse, o princípio, ilimitadamente englobador, de que todos os fatos, ocorridos e em ocorrência, aderem à contemporaneidade de meu vulto.

Para mim, ressentem-se de sentido as classificações temporais, se me situo no ângulo de existenciador e mantenedor de tudo que a minha receptividade atinge; vendo-me, então, o coevo de todos os acontecimentos, e, por conseguinte, insuscetível de seccionar a iconografia do mundo em fases

A ICONOGRAFIA 141

artificialmente postas em relevo. Ao mentalizá-la, amoldo-a ao estojo de meu ser, congregando, numa única imaginária, os painéis de meus olhos e os painéis de meu pensamento; e na satisfação de alguma nominalidade, muitas vezes recuso a tradicional cronologia, orientando-me segundo a necessidade íntima do nome e não segundo as idades em que sucederam os ilustradores episódios. Sem o ladeante comentário, que apenas a literatura permite, o leitor ignorara que a seqüência que lhe passa à imaginação se compõe de retábulos havidos em distintas épocas, relacionando-se entre si por força de conexões faciais; conclui-se que o nome, tal como procede no todo da interna imaginária, também em trechos de *A Ordem Fisionômica* se abastece sem levar em conta as junturas da temporalidade, fazendo-se contemporâneo de todos os seus recheios. A coordenação de painéis, por sua natureza acronológica, se efetua com tanta perfeição que, se não fora o comentário explicativo, julgara o leitor que a seqüência correra em fluente cursividade, com o tempo da artística urdidura a coincidir com o tempo da duração real. A importância do comentário, obtido no campo da literatura, redunda preciosa, visto que a exposição da factura em si mesma, o tosco exercício da estruturação, em geral o autor oculta à curiosidade do espectador, na certeza de que, para a estética assimilação, só interessa a obra devidamente ultimada; mas, no transcurso de *A Ordem Fisionômica,* o papel dos bastidores, o trabalho da oficina, as intenções materiais do executor, possuem a qualidade de robustecer a acepção das coisas conquanto dependentes de minha pessoal existencialidade. Os andaimes do edifício agregam-se a ele, mesmo depois de acabada a construção, à maneira de apresentação didática a exibir, com análogo empenho, a feição artística e o processo de alcançá-la. A modulação das frases permanece incólume, quer se prendam à narração de entrechos, quer se prendam aos comentários elucidadores, da iconografia acercam-se conceitos, digressões que se submetem ao tratamento formal conferido à imaginária da interna focalização.

Intentei representar, com o painel do Julgamento Último, a contemporaneidade minha, na qual se reúnem todos os havidos acontecimentos, em virtude de uma convocação que a ninguém é dado eximir-se; comparecendo, portanto, os protagonistas de meu elenco, as efígies da imaginária externa e da imaginária interna, enfim, todo o meu repositório de figurações, cada vulto consigo trazendo o cortejo de

142 O LUGAR DE TODOS OS LUGARES

quanto facialmente se verificou em sua vida: a vida que lhes proporcionei, em mim, com a claridade de minha existência. Em vários capítulos da obra, surge esse incomensurável painel, que tornou explícita a contemporaneidade do universo em mim, o universo cuja infinitude se condensa na efemeridade do meu existir. No interior do retábulo, se localiza a minha pessoa, tal e qual as outras que me circundam; então, me vejo como a testemunha participante, mercê de nivelar-me a todos, sem perda de minha faculdade de manter em existência o que se iluminou com a minha luz. Trata-se, certamente, do ícone que, observado a só, se sobressai por estampar e virtualizar em si as dimensões mais graves de meu repertório, inclusive correspondendo à minha predileção pelos conteúdos figurativos, sem esquecer o ato de o meu vulto dividir com os demais todas as implicações que se discernam do Juízo Derradeiro. A sua disponibilidade especulativa, que é imensa, traduz a fertilidade do painel, pois que em seu íntimo se agrupam os cometimentos e as nominalidades da ordem fisionômica, nenhum deles se abstendo de expor-se diante do abrangedor olhar que, por sua vez, recai no envolvimento de meu belvedere, o existenciador desse universal epílogo. Deter-se na especulação em torno desse retábulo significaria dizer tudo que tem de ser dito, o seu estudo acumularia todos os estudos, ordenando-se, à base do enorme entrecho, toda a abstrata urdidura do conhecimento. Cada um dos participantes — na participação atuam todos os nascidos — confessará, através da literal reedição das cenas em que estivera, as nominações que lhe recobriram as atitudes, a série dos desempenhos. As confissões se externam, em linguagem facial, pronta a lupa sentenciadora, o olhar que reside em mim, por eu o haver existenciado, ele também a provir em virtude de minha existenciadora claridade. Bem quisera que esse olhar, colocando-se em cadeira atrás daquela em que me coloco, pudesse ver-me como o assistente em concomitância com o episódio em exibição no palco; no entanto, o desejo se desobjetiva, porquanto o impede o ponto intestemunhável, a conjuntura de eu ser o contemplador da última instância, e este lugar somente comporta um belvedere único.

Voltando a particularizar as duas dimensões em que a minha claridade se detém, a imaginária interna e a imaginária externa, ressalto que à primeira coube a valiosa prerrogativa de fazer-se a matéria daquele retábulo; com efeito, foi impossível colher da imaginária externa equivalente

A ICONOGRAFIA

143

amostra do entrecho da universal acareação, a dos protagonistas a presenciarem as agendas de suas vidas, para espanto de si próprios; e a sentença amarga, a sentença terrível, consiste na contingência de cada um se pôr a descoberto, consiste na situação de cada um dos comparecentes sentir-se testemunhado por todos os da intérmina vizinhança. O desnudamento, sem exceção, das nominalidades e gestos que antes os portadores ocultaram, se constitui em final provação: o deixar-se ver, a pesar em cada um com força de supremo castigo, o meu repertório devolvendo-se, por fim, àqueles que o compunham. Todos foram convocados para esta hora, o painel inteiro a assentir a contemporaneidade do existido em relação à minha existência, em representação aos meus olhos deferida, e por meio da arte que se consubstancia em pura introspecção: a arte da literatura. Nenhum gênero artístico, se não este, me proporcionaria o panorama em causa, o panorama das temporalidades excluídas, como se os aparecimentos anteriores apenas tivessem ensaiado e agora surgissem na programada fixidez, sendo, portanto, o alvo derradeiro a simultaneidade com que se evidenciam nesse painel do Julgamento Último. Em verdade, assememelha-se às manifestações estatuídas para determinado alguém, para o estabelecido espectador que, de quantos indivíduos formam com ele a população do lugar, seriam o único a desconhecer os precedentes da projetada peça, do auto com que lhe quiseram propinar o oportuno contentamento. Ninguém lhe comunicou os preparativos, ninguém lhe despertou a menor suspeita de que lhe promovia a surpresa do regalo, atendendo-se, por conseguinte, à unânime consciência de que a ele, o favorecido contemplador, se reserva, sem concorrências, o privilégio de receber a plenitude da obra, tal ela deve estar para o seu estésico miradouro. Parece, ainda, que as insciências, as ocultações, os desapegos, os distanciamentos, as ausências minhas ou de vultos supostos ou reais, tudo que aconteceu independentemente de meu controle, e submetido ao tempo, não passou de uma caminhada de romeiros em busca do cenário onde, sob o olhar contemplador, se efetuaria a extensiva e simultânea restituição.

Sem dúvida que, na ocasião de formular-se o painel, a presença de cada personagem compreende a devolução de si ao criador de suas existências, do ser fisionômico de cada uma, em apoteose de estarem todas iluminadas em ato, na pura espacialidade de se unirem sem os hiatos das horas,

144 O LUGAR DE TODOS OS LUGARES

dos anos, dos séculos. A minha iconografia se prende a fatos que antecederam ao que, no regime de *A Ordem Fisionômica,* se intitularia de vindouro perecimento, assumindo o mundo inteiro a feição de véspera do ponto intestemunhável. Para melhor auferir essa tonalidade de presença, a iconografia que deixei escriturada, representa a minha lupa entre as efígies a que ela auspiciou o fisionômico surgimento, indo e revindo aos seus endereços comungando a claridade que de mim se universalizou, desfrutando comigo as nominalidades e as facializações a que propiciei existência e a estabilidade de serem em mim, vale dizer, a estabilidade de serem em si próprias. O inter-relacionamento dos participantes de meu repertório não se processou fora de meu criador testemunho que, em perspectivas reais ou virtuais, conserva instante o ato de meu conspecto; isto é, nada alieno dessa posição de, em mim, se darem e não se darem os painéis, e com eles as nominações. Devoto-me aos entes de minha existencialidade, alicio-me aos nomes que eles preenchem, e sobretudo vejo-me nos repertórios dos que me avistaram o corpo, e, quem sabe, nos de outros que me conhecem como existente, sem que me tenham anotado com os seus olhos. No convívio operado entre mim e muitos da imaginária externa, está implícito o ensejo do retorno de mim a mim mesmo, apenas essa auto-restituição se prodigaliza com a virtualizada presença dos demais; de sorte que, ao considerar os protagonistas de meu repertório, sob o ângulo do retorno à fonte da existência, ao olhar que a promoveu, me impus a utilização do *nós* em substituição ao *eu.* Sendo a iconografia de *A Ordem Fisionômica* uma galeria, cuja contemplação, por meu miradouro, importa em regresso à minha existenciadora claridade, os componentes em amostra se fazem imprescindíveis ao meu próprio ser, a devolução a mim a se proceder comigo: dessarte, a releitura da iconografia se reveste da acepção de me proporcionar o recolhimento de faces e nomes já contidos em meu acervo. A imaginária externa de *A Ordem Fisionômica* se expõe à minha óptica em ato de positivação de meu ser, à similitude das coisas concretas que, antes de qualquer validez, se alçam à do atributo de comprovarem, em sua superfície, o conspecto da luz, sem a qual não se patenteariam evidentes. A metáfora da lâmpada incidiria bem em cada página do livro, repetindo-se pela necessidade de eu manter em contínua informação a idéia de minha vigília absoluta.

9. Morrer na Morte de Outrem

Atribuindo o caráter de restituição aos contactos de meu belvedere com os vultos à disposição dele, registro-me em intimidade com os figurantes do meu elenco, demonstrando que a minha individualidade se irmana à individualidade de cada um dos presentes ao mesmo estrado, parecendo que a mim não se adiciona a prerrogativa de, no momento, promover ou conservar a existência de todos eles. Com que desenvoltura se esconde dos outros intérpretes essa prerrogativa de eu ser o existenciador da nominalidade em curso e também dos protagonistas que a encarnam. Na minha convivência, portanto, em cada qual de seus painéis, oculta-se a cosmogônica missão de minha óptica: o mister de, estando com eles, pô-los em existencialidade. A atenção dos comparecentes se dedica às mais pequenas coisas, a inúteis bagatelas, enquanto olvida que, no centro ou à margem do episódio, estaciona o autor de suas fisionômicas existências. Mas, acontece que a minha efígie se contempla na acepção de, por sua parte, inserir-se na existencialidade partida de outro que não o meu belvedere, de modo que se constitui, na trama de cenas de mais de uma personagem, a teia das existencialidades recíprocas. Estabelece-se, por conseguinte, um gênero de sucessos invisível a olhos testemunhantes, deixa-se pairar a conjectura de que todos existenciam enquanto são existenciados; dessa forma, a cena humana intensifica-se em face de haver nela uma razão de interesse que, metafisicamente, se mostra superior a qualquer

146   O LUGAR DE TODOS OS LUGARES

outra que provenha da composta urdidura: a mutualidade simultânea de serem em ato de fisionômico preenchimento, ou, em outras palavras, cada um a iluminar e a ser iluminado no painel do interexistenciamento. Entretanto, a posição em que me coloco no decorrer dessa conjectura, a posição, em mim, reserva-se como de derradeira instância, vem a estacar-se em mim a faculdade de fazer-me o envolvedor de meus comparsas, por não haver, em mim, ninguém com esse condão de envolver a mim, em mim, eu cedendo-lhe dessarte o meu posto na última fila dos assistentes. A observação de que se efetuaram, no entrecho, as reciprocidades de existenciamento opera-se no sentido de informar que todo vulto contém o seu pessoal repositório enquanto ser de minha criatividade, à qual se alia esse mesmo repositório que, por sua vez, não encerra a minha lupa existenciadora, esta em grau mais continente que o da óptica do mero protagonista, resultado fisionômico de minha exclusiva criatividade. Sou o único, em mim, a se pôr atrás de todo acontecimento, e por abrangido que me encontre no seio de meus contactos, resta-me sempre o ensejo de sobressair-me, no tocante a mim próprio, pela circunstância de ser eu o depoente que mais sabe de quanto eu vira e ouvira, dado que o meu conhecer é o mais completo e sem concorrentes em mim.

Franqueado o clarão de meu belvedere, descubro os seres que se endereçam a mim para ratificar a plenitude desse mesmo clarão, toda a imaginária a restituir-me o ser em criatividade fisionômica, inovando-se ou repetindo-se os aspectos da figurativa homologação. A cada passo, recebo a luz que me pertence, todo objeto a anunciar-me, antes de me dizer de sua índole, a presença de minha recolhedora óptica, assim positivando-me em meu respectivo ser. A imaginária externa e a imaginária interna — distinção adotada no capítulo precedente, com intuito didático — vindo a computar-se em imaginária única, se deferem, preliminarmente, com a significação de exibirem o ato de sua existência em mim, capitulando-se, para depois, quaisquer predicados que possam advir de sua observação. É principalmente sob esse ângulo, que não diferencio uma imaginária da outra, uma só entidade a me fornecer, segundo a ordem de meu estar, os comprovantes de que ela existe, em mim, em virtude de minha criadora existência. As objetividades e as imaginações, compreendidas nestas os produtos da memória, antes de se desvendarem

MORRER NA MORTE DE OUTREM 147

a si mesmas, representam o papel de confirmadores de minha existencialidade, do sortilégio de em mim eu gerar essas objetividades e imaginações, as quais não se verificariam, em mim, se porventura eu não existisse com a minha englobadora claridade. Vista de tal ângulo, a natureza insere, em todos os seus caminhos, as oportunidades de fazer-se fisionômica, isto é, de mostrar-se ungida por minha presença, à qual ela deve o único existir que lhe compete: o existir em mim, investindo-se em si própria graças a mim. A comunhão absoluta arraiga ao meu ser os seres saídos de minha existencialidade, anuindo-se a conjuntura de eu ver em todo corpo a luz emitida por meus olhos, e com ela a vigília da lâmpada.

No transcurso de minha vida — um instante de infringência à lei da negatividade — defiro-me como a luzerna móvel que está sempre a estender e a encontrar o seu próprio clarão. Com o painel do Julgamento Último, o olhar que então a tudo clareia se imobiliza ante a simultaneidade dos painéis, mesmo porque é ubíqua a visão sentenciadora que na hora os obriga em devolução. Desnudada do tempo, a claridade reinante nivela a todos enquanto aparecimentos diante do iniludível miradouro. Conseqüentemente, à imaginária da literatura transfiro a alçada do ter, em mim, o quadro que as temporais e espaciais contingências me impedem de possuir, de intacta maneira, em externa imaginária, se bem que os abastecimentos da imaginativa se perfazem mediante a imaginária exterior; contudo, contemplando o retábulo em pensamento, noto que a ideação não satisfaz ao que eu aspiraria: no caso, substabelecer-me no posto do olhar divino e alcançar, por inteiro, o panorama de todas as ausências reeditadas em presenças, em conspectos isentos de ocultações, com a estada, inclusive, de meus pessoais e havidos entrechos. Na perspectiva que mentalmente configuro, longe me vejo de atingir as individuações, os elementos insertos no interior das linhas que contornam a extensíssima cena, a imaginária a esvair-se nas distâncias que se me incutem. Nenhum gênero artístico me produzirá, na íntegra, o painel do Julgamento Último, tal como se denuncia em *A Ordem Fisionômica,* uma vez mais se concluindo que a acidentalidade da arte facilmente se atesta, entendendo-se por acidentalidade a conjuntura de a intenção do artista se externar sob a feição insatisfatória para ele, que almejaria uma completação não comportada pelas contingências da factura. Em virtude das insupríveis deficiências, e com os

148 O LUGAR DE TODOS OS LUGARES

recursos da imaginária interna, aproveitando assim o que me é dado compor, insisto na ideação dessse episódio, trazendo-o por várias ocasiões ao palco, à similitude de repetições que ocorrem no meu livro, repetições obrigadas por urgências da estrutura.

No encontro de meu belvedere com as personagens do Julgamento Último, antes de este se efetuar, a distância e o tempo se constituem em condições a mim permitidas para efeito de abordá-las no papel de comprovantes de minha existência, vendo-as sob esta acepção de serem elas as homologadoras de mim mesmo. Sinto, nas autoprocuras, que o meu procedimento se confunde com o do artista que, ante os óbices da materialidade, se resigna a contar apenas com os meios que esta lhe proporciona. Em verdade, são do espaço e do tempo, devassados acidentalmente por mim, as faces que detêm em si a claridade de minha lupa. Ao buscar as ratificações de mim próprio, conduzo-me à guisa do empresário que se empenha à cata dos imprescindíveis intérpretes: de fato, à medida que alargo o meu conhecer, nada mais exercito que a tarefa de convocar figuras para a infalível participação no painel do Julgamento Final. Invisto-me no trabalho de recolher, em mim, ingressando-me nas horas e nos lugares, os vultos que viriam estacionar contiguamente a mim, no coro da imensa acareação. Portanto, o espaço e o tempo se discernam como fatores que me ladeiam no momento da convocação à simultaneidade última; por isso que descubro, na acidentalidade que eles promovem, trechos na modalidade de dispersos, os quais, por mim reunidos no caderno de apontamentos, me transmitem, com aceitável solicitude, a amostra do que se verificaria depois, no imaginado painel. Em nenhum passo me esqueço de que o Julgamento Último é a assembléia dos perecidos, eu nele observando-me no papel de participante somado ao de testemunha; e na junção do intérprete com o espectador, a parte do espectador prevalece, em instância derradeira, sobre a parte do intérprete, razão por que esse mesmo episódio da simultaneidade, o mais importante de todos de que tratei em *A Ordem Fisionômica,* me insatisfaz no ponto impossível de solucionar em mim, comigo: trata-se de, veridicamente, eu não poder dissociar-me em dois, o que significa não ser para meus olhos o observar que estou a observar, e sim para os de outrem que o ponto intestemunhável me não consente perceber. Na reunião dos falecidos, as reciprocidades de

MORRER NA MORTE DE OUTREM 149

ver não compreendem o olhar que os apanha de maneira ubíqua, este se apresenta como o belvedere de última instância, editando agora, no entrecho da imensa concomitaneidade, o exercício que me compete na função de único, de exclusivo existenciador de todas as existências. Insatisfazme, por conseguinte, não me perseverar o mesmo, o uno, o da unidade, no ensejo do enorme painel, sendo impossível substabelecer-me no divino olhar, exonerar-me da condição de morto a fim de enxergar que morto fui, o que não admite o ponto intestemunhável, o meu absoluto e pessoal falecimento.

Tudo que consegui elaborar, em relação ao episódio do Julgamento, em nótulas disseminadas, confirma neste o aspecto de entidade de pura imaginativa, aparecendo, na obra, em índice de insinuação, e assentindo à contingência de haver sido ele o mais acidentalizado de todos os painéis, embora se evidencie o mais importante e suscitador dos mais profundos escólios. De acidentalidade a acidentalidade, tanto as artísticas, tanto as da convivência real, deparei-me e deparo-me comigo nas grandes e nas pequenas coisas, cada novo conhecimento a exprimir um ato inédito de ver-me em existenciadora plenitude. As relações humanas de qualquer natureza sobrelevam o encarecimento de serem, em primeiro lugar, a demonstração de minha claridade antecedora; e se tal reconhecimento não conduz a afetos especiais, no molde dos que estreitam a amizade das pessoas, no entanto dirige-me ao estésico pensamento, que me acompanha, sempre que fujo do corriqueiro da cena para o valorizá-la com a imanente e cosmogônica acepção: o de me dizer que a minha existencialidade existe. Sob esse ângulo, as figuras de minha visibilidade se ostentam com igual disponibilidade de servir-me; nominadas ou inominadas, elas se introduzem em meu repertório e ocupam nele a secção destinada à homologação daquilo que de mais transcendente possuo: a faculdade de criar e de manter em conservação, pelo prazo de minha vida, o universo fisionômico. As variações da imaginária externa e os atrativos peculiares aos seus diversificados elementos, retiram freqüentemente de minha absorção a idéia mística de assim considerar-me, eles movem-se a entretenimentos de várias espécies; contudo, nenhum deles contradiz a unção, temporariamente afastada, de compreender-me o demiurgo existenciador.

O meu convívio com os seres da externa imaginária, a todas as horas se versatiliza, suscitando-me, em conse-

150 O LUGAR DE TODOS OS LUGARES

qüência, a instabilidade de minha conduta, consoante a qualidade do painel de que participo e a natureza de cada intérprete individual, todos nós inseridos na prevalecente nominação. Certifico-me, nessas oportunidades, de que os painéis geralmente se exibem, nas entrosagens cotidianas, sem que as personagens atentem sobre a possibilidade de alguém que, em contemplativa espreita, pode observar e gravar na memória o arranjo cênico então formado. De ordinário, a ninguém acode a acepção de que está a investir-se dentro do retábulo em apreço, segundo a receptividade de algum miradouro a uns metros da ocorrência. Entregue, tão-só, ao desempenho em que se supõe, o protagonista não sabe que, nesse instante preciso, pode se oferecer, em outro espetáculo, em outra nominação, ao distanciado espectador que, inclusive, propalaria a terceiros e alhures, a versão que o cometimento lhe incutiu. *A Ordem Fisionômica* encerra muitos episódios desse tipo, e em certos casos, a significação que atribuo ao sucesso vem a me parecer superior à que, em realidade, porventura entendam os respectivos atores, a exemplo dos lenhadores que, no campo de meus olhos, me proporcionaram o entrecho da preparação das cruzes, no Gólgota. Tem-se, portanto, que diferentes nominalidades concorrem sobre um acontecimento único, afirmando-se uma implícita riqueza na imaginária externa, a de fazer-se múltipla sem de si mesma alterar-se. Aprecio a conjuntura como um sortilégio a mais entre os outros sortilégios com que assimilo nos demais vultos a existencialidade partida de meu ser.

Dentre as relações que se tecem com a minha efígie em contacto com outras efígies humanas, também se sobressai a de minha pessoa, situando-se no repertório de quem a conhece, vir a perecer por motivo do perecimento desse conhecedor, estatuindo-se comigo a reciprocidade ante o que há de acontecer, no tocante aos outros, quando se verificar o meu particular falecimento. Tanto mais me distribuo em alheios belvederes, tanto mais avoco a mim a contingência de morrer a mais; de sorte que a sociabilidade que, com os anos, aumenta o número dos miradouros que me abrigam, representa o veio de minha morte na morte dos demais, representa a mágica dimensão em que o ser e o não-ser de meu vulto se cadenciam em continuada evidência: a minha existencialidade, em mim, a positivar-se e a despositivar-se, à medida que me dou a conhecer e me oculto em outrem, quando do perecimento desse outrem. Dessarte, um

MORRER NA MORTE DE OUTREM 151

novo ângulo me surge, do qual me contemplo não só como o existido na receptividade de lupas contemporâneas, mas, principalmente, como o inexistido em virtude de suas lanternas que se apagam. A efemeridade de meu ser, que a si abrange o inteiro universo, é submetida à efemeridade de se haver contido no repertório que se extinguiu com o seu respectivo continente. O panorama das existências, compondo-se com o ser e o não-ser do meu vulto, em mim e nos outros vultos, perfaz-se em cosmogonia de dificultosa alegorização, algo somente construível com a imaginária dos pensamentos, a imaginária interna, apesar de o ideamento se prender ao que está além de meus olhos, no domínio onde se estende a externa imaginária. Na impossibilidade de encontrar nos caminhos da terra a ilustração cênica do mundo comigo, em aparecimentos e desaparecimentos, consagro-me a traçar, em miniaturas de devaneio, o que pareceria a pulsação do ser e do não-ser de meu vulto em ritmo infigurável; de todo me frustrara se eu quisera, ainda que em miniatura, reconstituir, com elementos da imaginária exterior, a ideação que desse modo se reserva ao puro e insinuável pensamento.

Descobrindo em cada corpo a minha existencialidade, valendo-me das horas e dos ambientes, ofereço a minha efígie à existencialidade de quem quer que me perceba; se o registrador de minha presença se aprofunda em anotar-me, ele me batiza em relevos de permanência, aglutinando ao meu rosto o momento cronológico e o cenário preciso em que se lhe surdiu a novidade de meu conspecto. O conhecimento em densidade figurativa importa em agregar a mim o tempo e o espaço, nesse ato de me transferir da imaginária externa para a imaginária interna, exercitando o conhecedor a tarefa de proceder, quanto a mim, da mesma forma que procede o cultivador da planta ao extraí-la com as porções da terra que a alimentava. A frase, já escrita por mim, de que a imagem deambula e com ela o seu nicho, aplica-se ao deslocamento de meu recanto, deslocamento traduzido como ensejo de eu saber-me em continuado existenciamento, desta vez de modo passivo, ingressando nos belvederes que me acolhem. Sucede que tal conjuntura, diariamente praticada, envolve, dentro da imanência em que me limito, um processo de mutualidade que depois se reduz a um só dos dois termos da circunstância; com efeito, enquanto me interiorizo no repertório de outrem, passando a existir, nele, em face do existenciamento que me concede, segundo a ex-

152 O LUGAR DE TODOS OS LUGARES

clusividade de sua lente, considerada por ele a última instância da claridade, enquanto o fato assim decorre, eis que a esse reconhecimento me anteponho, visto que a contingência de eu estar no repositório de outrem, é de minha autoria fisionômica, reapropriando-me da faculdade de ser, a despeito dos inúmeros concorrentes, a instância última de quanto existe. No universo da ordem fisionômica, se mostram assíduas as competições e rivalidades entre mim e os entes de minha contemporaneidade, no entanto, ao se trasladarem estes, da acepção real à acepção fisionômica, as competições e rivalidades se destituem de seu teor porque, ultrapassando-o, as engloba o meu ser onde elas se situam, por mim existenciadas. A empírica realidade se catalisará nessa transferência de acepção, desde que a sua estada em mim igualmente se extinguirá com a minha extinção. Voltando ao seio daquela reciprocidade, acontece que, para a magia do sortilégio, também a realidade empírica se submete, em cada um dos miradouros que nela vivem e morrem, ao sacramento de nascer, conservar-se e perecer com eles.

Indo a internar-me em estranhos belvederes, nada mais faço que internar-me em mim próprio, porquanto aqueles belvederes já estão ou virão a estar em meu repertório; de maneira que me exponho a tantos perecimentos quantos são os miradouros que definitivamente se apagam antes de meu pessoal e irreversível obscurecimento. Certo desta verdade, dedico-me, sob novo ângulo, a aspirar a manutenção de mim mesmo, desejando que se demorem em vida, com as luzes acesas, os vultos que me têm em seus álbuns, e assim prolongados no tempo, evitam que a minha figura venha a falecer em demasiado. A sentença espinosiana de que toda coisa persevera em seu próprio ser, revigora-se ante o espírito de minha ordem fisionômica, segundo a qual, além da autoconservação de cada um, em naturalidade egoística, se inculca a preservação das lentes em contemporaneidade, como atitude para impedir que o nome da tristeza recaia mais fundamente sobre tantos objetos. Na qualidade de belvedere da última instância, testemunho as mortes em que pereço, este sendo o mais penoso dos sucessos que me afligem na temporalidade, dimensão em que penetro com o fito de, nas faces expostas, ver a claridade de meu criador existir. Cientifico-me de que, no cotidiano de meu repertório, o comum reside, ou tem residido, na inobservância da nominalidade tristeza referentemente aos

MORRER NA MORTE DE OUTREM

153

meus rogos para que se fecunde menos, se abasteça menos; no entanto, ela se esquiva a atendê-los, evidenciando, nesses momentos, o máximo grau de seu vigor, então mais rigorosa que qualquer outra das absorventes nominações. Surda aos meus freqüentes apelos, a melancolia de saber-me no perecimento de outrem, domicilia-se, à medida que os anos passam, em torno de meu vulto, à guisa de redoma a se mover comigo, a deter-se comigo, empregando toda a sua solicitude em perder-me na morte dos que morrem. Em *A Ordem Fisionômica* — livro em que se contém a expositiva contemporaneidade em véspera de extinção — nenhum velório dos vários que descrevo se encena liberto da conjuntura de que ele, o velório, se estende ao meu corpo e às minhas ideações; enfim, se refere também a tudo que compõe a minha personalidade: eu e o meu repositório desaparecidos no desaparecimento da efígie posta em funeral como se fora a única em falecimento, quando, em verdade, se verificam as exéquias de todos ali à margem do féretro.

Alongando-se a perspectiva do meu perecimento no perecimento de outrem, dá-se que, em índice de virtualidade, de possibilidade expectante, de subentendido acontecer, de forma análoga me compreendo extinto na extinção de quem morre sem me haver conhecido, nem pelos olhos, nem pelo ouvir dizer; em conclusão, ainda nas ocasiões de mais despercebido teor, nas horas em que a minha vigília se contenta com a imaginária em foco, despreocupando-me dos nomes e painéis que estejam a desenrolar-se alhures, portanto nas oportunidades do puro viver, a minha pessoa se esvanece ante miradouros que se fecham à eventualidade de eu um dia chegar a eles; nem sequer o meu nome eles ouviram, vedadas se encontram as vias de acesso aos remotos olhares, as suas mortes permanecem anônimas, ninguém lhes iria informar acerca de minha figura, da natureza de minhas cogitações, todavia abranjo-me no íntimo desses faleceres, participando das imponderáveis mortes. Enluto-me de mim mesmo em cada perecimento que se efetiva, dessarte operando-se o modo de ser em mim a contemporaneidade, com a sua sortílega feição, abrindo-se-me ao perecimento dos que perecem e ao existenciamento dos que existem, ambas conjunturas a se capitularem em mim, o criador fisionômico das existências e das inexistências. A paisagem de sombra e luz a surgir da claridade maior e envolvente com que disponho a ratificar-me no curso de meus caminhos, imanentemente apegadas a mim todas as coisas inseridas nos outros

154 O LUGAR DE TODOS OS LUGARES

repertórios, inclusive as ocultadas ao meu acendido conhecimento.

Resulta, por estar eu convicto de que a cada passo me encerro no repertório de outrem, que uma névoa de melancolia me acompanha em simultaneidade com esse conhecimento que se ativa, ela retornando ao meu pensamento logo que uma grande alegria lhe cede a vez, o meu espírito a avocar a companhia persistente, como se esta fora imprescindível: a névoa de melancolia é o meu sentimento em face do semblante que, possuindo o meu vulto, poderá, a qualquer instante, vir a perdê-lo com o seu perecimento, o perecimento de quem o porta dentro de si. Em algumas circunstâncias, quando a enfermidade ou a velhice predispõe o portador a em breve me extinguir consigo, à mágoa de antever a morte desse alguém em si mesmo, acrescenta-se a mágoa de saber-me à véspera de mais um falecimento meu. De sorte que a convivência humana se vulnera de contínuos e recíprocos perecimentos, uma tarja implícita a lembrar que, em todo relacionamento de efígie a efígie, a fatalidade do nojo se distribui em seios que tanto o recebem como causam o recebimento, em desapareceres mútuos. Toda fisionomia aparece em outrem ao preço de desaparecer nesse outrem, consubstanciando-se a encantatória paisagem do ser e do não-ser a pulsar em alternado ritmo, exposta à minha interna contemplação, a mesma que se anima no transcorrer das conjecturas que lhe são inerentes, e também informam que o meu seio abriga todos os seios que entre si permutam o acontecimento da vida e o acontecimento da morte.

Revelando-se impossível a uniformidade de acolhimento no tocante ao meu rosto, entendendo por ele o conjunto de todos os requisitos que me formam a personalidade, apresto-me, pelo menos aos olhos dos mais assíduos à minha convivência, a corresponder à particular interpretação de cada um a meu respeito, multiplicando-se assim, mas permanecendo o próprio nas mais diversas situações. A variedade de meu aspecto se realiza em atitudes que tomo em frente de cada qual dos interlocutores, de modo que são eles quem ditam, nos painéis da sociabilidade, a conduta de meu semblante. Adicionada a isto a curiosidade de meu belvedere, o meu caráter de testemunha participante, no entanto redunda que toda a estruturalidade cênica, a imaginária inteira, aglutinando-se uma a outra a interna e a externa, se subordina ao ensejo de a negatividade, intervalando-se entre os acidentes do ser, retomar a sua absoluta vigência;

MORRER NA MORTE DE OUTREM 155

a morte, a negatividade se conduz a modo de anjo rebelado que, em meu repertório, possui um poderio infinitamente mais alto que o de seu fisionômico demiurgo: no caso o meu belvedere a aguardar a ocasião de ela, a morte, decidir absorver a si, indeferindo-me com o ponto intestemunhável, o privilégio, que a ninguém será sub-rogado, de eu criar e manter na criação, dentro de meu período vivencial, o universo com todos os seus pertences. O mundo cênico se perde com a perda de cada um de seus protagonistas, o elenco integral dentro de mim, esperando, com a minha morte, morrer finalmente e de maneira absoluta; enquanto não advém o ponto intestemunhável, ocupo-me em distinguir, dos intérpretes que me levaram no perecimento, aqueles que, aproximando-se singularmente de mim, consigo me proporcionaram mais profunda morte. Quanto mais exercito o relacionamento, mais se afiguram aprofundadas as mortes a que me submeto, havendo, em torno de mim, os miradouros do primeiro plano, os quais adensam e adensariam a extinção com a absorção total de meu vulto em suas exéquias. No que tange à sensibilidade minha, acredito-me na despropriedade de mim mesmo, quando me enluto com tanta intensidade, tornando-se obviamente maior o respectivo sofrimento. Esta circunstância representa, em escorço, a réplica afetiva da outra circunstância: a de ver que me feneci no desconhecimento, de novo regressando ao nada, através da morte de alguém que muito me conhecia, e finalizando-me numa solidariedade impossível de conter-se. A minha sentimentalidade se aviva na razão direta do grau de presença de meu rosto perante as lupas que o registram, armando-se, para esse feito, uma série gradativa de minha estada em contemporâneos belvederes: maior o grau de presença na morte quando esta se abate em alguém que mais vezes me tem inscrito em seu repertório. Contemplar tal pessoa com a convicção, com o ânimo de perdê-la, implica silenciosa angústia, sendo esta uma nominalidade que em mim nunca se fez esquecer, agravando o significado de ser a vida a antecipação já contagiada por ela, a morte.

Com a disseminação do mundo cênico na extinção de cada protagonista, disseminação de funerais em que me incluo, se estabelece uma cenografia que é a confirmação de meu repositório, com o meu vulto a despedir-se com todos que vão ao perecimento. Vinculada ao tempo, a cenografia em causa, a cenografia dos perdimentos, me atrai de maneira que qualquer contacto com ela, o conectivo que entabulo

156   O LUGAR DE TODOS OS LUGARES

com a mais simples das personagens, traduz a oferenda de meu ser à extinção a que essa personagem se destina. Toda a convivência a que o meu corpo se associa — e toda pessoa fará idêntica afirmação — se consubstanciaria na conjuntura de eu me entregar à multiplicação de minha morte; se porventura aumenta a quantidade de minhas relações, esse acréscimo vem a significar a minha condição de ver-me assíduo no campo do perecimento, de alçada forma, buscando, para a perspectiva da visibilidade, a morte que também me conduz, em grau de evento subentendido, na dos entes mais distantes no pretérito e no espaço. A infalibilidade do meu perecimento naqueles que compõem o círculo da amizade, e que me antecedem no ato de morrer, me inspira a práticas de conduta que, no íntimo, perfazem uma ética de figurações e nominalidades que, por seu turno, não significa menos que a liturgia de estar em outrem, à véspera da morte. À semelhança de indivíduos que de feição especial se vestem para a exigente solenidade, assim, para a cerimônia do falecimento, que poderá sobrevir ante o meu aceso belvedere, me apronto com as devidas regras do desempenho, regras precisamente estatuídas para o rosto ainda em claridade e para a morte que se imporá a ele. Concernentemente à pessoa em via de desaparecer, a minha presença diante de seus olhos se constitui em tocante ritualidade, em liturgia do despedimento, segundo a qual me converto em signo da iminente desexistencialidade, ungindo-me a testemunhar aquilo que o semblante em foco dentro em pouco não conseguirá a universalidade da morte na morte de cada um. Conforme se observa no texto de *A Ordem Fisionômica,* me descuro de estender a todos os protagonistas de meu particular elenco o rito de harmonizar-me aos seus respectivos perecimentos, reservando-me para aqueles que explicitamente o anunciam para desalento meu; enquanto os demais, cumprindo consigo a lei da indiferença, se desviam, na variedade do cotidiano, da idéia de que essa mesma variedade me estimularia a conjectura de eu perderme sem tardança, talvez no momento seguinte ao do promissor contacto. A imaginária externa se prodigaliza perante o menor ensejo de figurar-se a morte: bem analisados, todos os seus trechos se prestam a simbolizar, metaforizar ou alegorizar a morte, sendo esta, em verdade, a nominação a que face alguma sonega a atitude de representá-la.

De certo ângulo de apreciação, vários dos protagonistas da imaginária externa e mencionados naquela obra —

MORRER NA MORTE DE OUTREM 157

em *A Ordem Fisionômica* eles aparecem referidos apenas pelas letras iniciais do nome, assim mais perto da inidentidade a que se fatalizam — assumem o aspecto de elementos de um catálogo, que, passada a exposição, informará por toda a vida a natureza da amostra, mas de cunho simplesmente indicativo, faltando nele a reprodução das peças do máximo valor, de resto as mais preciosas da coleção. Apesar de, na época da factura do livro, pôr-me atento às visualidades, persuadido de que não seria em vão o cansativo trabalho, sucedeu que, menos por elas do que por inoperância de minha óptica, deixei que escapassem de minha vigilância algumas ou inúmeras cenas ainda mais homologadoras de minha intuição ou concepção acerca do perecimento. De determinados painéis, sob o pleno domínio da nominação da morte, não consegui até hoje, a despeito de muitos anos, firmar entre mim e eles uma distância suficiente, em minha sensibilidade, a fim de, neutro quanto a mim próprio, descrever, com a necessária clarividência, os liames de ritualidade entre a minha pessoa e as que de meu lar, de si para consigo, me levaram em sua morte. O plano da arte não se aglutinou ao plano da vida, quero dizer, o que em realidade houve nos entrechos dos meus mais profundos perecimentos em vultos de minha intimidade ficou sagradamente recolhido ao solilóquio de minha imaginária interna, dispensado de ir à teia de *A Ordem Fisionômica*. Se porventura eu inserisse nesta obra as cenas que então se deram, arriscar-me-ia a aumentar-lhes as vezes do falecimento, quando, segundo a minha liturgia particular, foram suficientes as que aconteceram diante de meus olhos e de alguns da consangüinidade doméstica. A publicidade de qualquer coisa tem isso de melancólico: acrescenta a dimensão de sua morte, o seu emprego significando a abertura a novos desaparecimentos, eventualidades que se moderam ao reter-se em mim a série de retábulos que mais significou para o adensamento da minha morte em outrem. Em lugar do ostensivo perecimento, reservo determinados episódios para o tipo de extinção que o anonimato faculta, aquele que se verifica na puridade do respectivo portador e assim, a modo de pessoal segredo, impeço que se aloguem em extensiva mortalidade, não se agravando, em mim, o pesar por saber abundantemente falecível a nitidez de propagadas cenas.

Por tudo isso, a concretização da obra — no caso, *A Ordem Fisionômica* — representa a maneira mais direta de expor, à maior extensão de perecimentos, os nomes e pai-

158   O LUGAR DE TODOS OS LUGARES

néis que escolhi para o seu teor iconográfico, atribuindo aos
possíveis leitores o predicamento de conduzirem consigo, na
morte, os entrechos a que conferi existencialidade: dentro
desta se adicionou a contingência de virem a se perder nos
perdimentos dos respectivos leitores. Tal pensamento poderá
elevar-se ao plano de toda a criatividade artística, ao dizer-
se que a obra efetivada, mais do que a personalidade do
autor, está sempre a suscitar novos ensejos à sublinhada desaparição. Vários dos protagonistas de *A Ordem Fisionômica* pereceram no desconhecimento de que suas efígies
se apresentavam no correr dos volumes; os quais protagonistas, havendo sido da imaginária externa, entre si efetuaram
a conjuntura de não se verem falecidos no falecimento dos
vindouros que, ou conheciam ou viriam a conhecer os desempenhos que ali se fixaram. Contudo eu lhes proporcionei a todos, mortos e vivos, a vestibular ocasião de se aterem, de logo, à prática do falecimento, sob o aspecto de
quase anonimato: indiquei-os pelas letras iniciais do nome,
estabelecendo, outrossim, a probabilidade de não serem re-
conhecidos, e conseqüentemente a de se tornarem simbólicos
em relação ao não-ser que se anuncia em todos os recantos.
Pereço em cada perecimento que se me antecede, dentro e
fora de meu trabalho artístico; no entanto para muitos —
os da arte — propiciei aquelas obituárias antecipações que
não atingiam a mim, que inscrevi o meu nome na elaborada
obra; isto para frisar que a autoria me pertence, medida obviamente desculpável desde que me confirmo no papel de
senhor único e absoluto de toda a existencialidade de ordem
fisionômica.

Confesso-me o criador que assiste o seu perecimento
no perecimento de suas criaturas, bastando-me, para tal,
tanto o ver como o atribuir, pois que a realidade e a virtualidade — a segunda mais que a primeira — disputam
em mim a ocasião de encontrar-me ou não encontrar-me em
outrem. Mas, de envolta com a ubiqüidade da morte, reves-
tida de diversas e graduadas aparências, cabe-me também
assistir às infinitas feições com que o ser se exibe em meu
repertório, escasso, talvez, em comparação com os de outros
belvederes que se mobilizaram mais; entretanto, no meu repositório, a infinitude do ser nunca se ressentiu em razão da
estreiteza do continente, mesmo porque, diminuindo-se a
imaginária externa, por motivo de ocorrente solidão, a interna imaginária toma a si a incumbência de ratificar-me e
de me convencer, quanto à minha posição, de que sou o

MORRER NA MORTE DE OUTREM 159

centro de uma incomensurável magia, de que a realidade empírica e a virtualizada são encantamentos, sortílegas visões a prazo curto, o prazo de minha iluminada e iluminadora consciência. No espetáculo que propino a mim mesmo, impressiona-me, com anterioridade especulativa, a minha existência pessoal, o miradouro que, de minha efígie, vem a ela integrar, no auto-envolvimento de posse, os lugares e objetos espargidos em seu campo. Vejo-me sob a densidade do sonho, parecendo-me a vigília um sonho do gênero daquele que fora dormido, o universo inteiro, em mim, a depender de tão pouco: a minha vida. Denominei de fisionômico o universo enquanto a mim subordinado, e insistindo na claridade desse ângulo, não descobri outro que concorresse com o meu belvedere, que, em virtude de seu ponto intestemunhável — o meu eu a não presenciar que sou finalmente o corpo em velório — em ninguém vê transferido o conteúdo de seu álbum. Compreendo-me, por conseguinte, a entidade absoluta nesse predicamento de a tudo abranger, fisionomicamente senhor das peças representadas e em representação, e de todos os respectivos contempladores. Sinto-me estanque, dentro das divisórias de minha existência, e comigo o mundo fisionômico, isto é, impossibilitado me encontro de ligar a outrem a infinidade de meus pertences, visto que o meu belvedere não se reabre para se vislumbrar destituído de seu posto cosmogônico.

O meu comparecimento aos painéis de *A Ordem Fisionômica* em geral não se deram com o intuito de me inscrever nos repertórios dos circunstantes protagonistas, acreditando eu que mais me esquivei do que me exibi, e sabe-se que o fato de bem colher uma cena importa no espectador se neutralizar quanto a ela. A diária experiência me predispunha à moderação do comportamento, no estilo com que se acha na galeria dos episódios, a timidez habitual fazendo-se positiva nesse mister de habilitar-me às desenvolturas transpostas em imaginária artística. Inegavelmente, os entrechos do livro desvendam muito de minha personalidade real, sobretudo naqueles pontos que, submetidos à triagem de minhas próprias reflexões, eu entendia que se prestavam à estruturação da obra, à unidade de ser e de parecer que tanto me preocupou no curso do trabalho. Creio que, nesse particular, acompanhei o método de todo artista, e em parte justifico as digressões, os trechos especulativos que medeiam os surgimentos de retábulos, como efeitos de minha vocação, estritamente pessoal; ainda aqui me absolvo dos estendidos

160   O LUGAR DE TODOS OS LUGARES

e tediosos pensamentos, ao dizer que, no domínio da arte, não se esconde a natureza do autor, inclusive com os defeitos e insuficiências que, na trasladação para a obra, se disfarçam com artificiosos mas inéditos recursos. Se a arte libera e não omite a individualidade do criador, conclui-se que a subentendida seleção, a que ele se obrigou durante a factura, deve ser respeitada pelos leitores ou visualizadores, a menos que a receptividade diletante exija o que o autor não pode proporcionar. Não querendo contar com essa espécie de leitor, a exclusão dele à medida que a obra avançava — há sempre um leitor invisível que o escritor, ao executar a sua tarefa, desejaria contentar — vinha em ajuda de meu propósito: o de o livro ser dedicado a poucos, aos que se enfastiariam raramente em face da ordem fisionômica, de si mesma digressível e especulável.

No exame de meu repertório, observo que as criaturas quase sempre fazem da exibição aos olhos de outrem a meta principal de suas atitudes, dessarte facilitando-se, em mim, o empenho de extrair da objetividade os cometimentos consentâneos, as ilustrações que solicitamente correspondem ao requerido pela expectação de meu belvedere. Como a visão maior a que se dirigem todos os desempenhos, ainda esses que as minhas personagens — que são todos os habitantes da terra — entre si permutam, na suposição de que só existem os estrados que se dão à sua mira, me apliquei também à apreensão dos intérpretes que se moviam ao repertório de outros intérpretes, cada um preparando-se para a óptica de outro alguém, às vezes com tão febril intuito que deixava transparecer, com o horror à solidão, a urgência de albergar-se em ópticas alheias. O espetáculo das efígies a verem os que necessitam de suas visualidades, prestigia a providência, que tomei, de adotar o sentido da visão como o mais adequado, se não mesmo o imprescindível para a demonstrativa elaboração, a que se cinge a reeditar, no plano artístico, a conjuntura de nada haver fora de mim, das fronteiras de minha existencialidade. Os nomes têm, para mim, uma consistência filosófica no nível da que propiciam as faces, todos na mesma posição de véspera do perdimento comigo, todos a se tarjarem de igual modo, à medida que o tempo me conduz ao ponto intestemunhável. Graças à literatura — gênero composto de imaginárias internas e que se destina a imaginárias internas — obtive a suprema simbologia, o signo miniaturado que em seu bojo virtualmente possui a mim enquanto adicionados ao meu eu os eles que

MORRER NA MORTE DE OUTREM   161

me habitam o repertório. Por isso que o tratamento por mim utilizado em *A Ordem Fisionômica,* é o do *nós,* no seio do qual se ajustam, em mim, as efígies e os sucessos que se contêm em meu repositório, por motivo de minha existenciadora e pessoal natureza.

Procurei evidenciar nas figuras a condição de pertencerem ao meu repertório, de estarem a existir em virtude de minha receptividade existenciadora, tal a minha criatividade inerente à contemplação com que me homologo e me reconheço. Não me escusei de contactos cujas nominações me ladeavam o espírito, comprovando-se, nessa atitude de os não recusar, a prevalência de seu aspecto meramente figurativo, aspecto bastante para me revelar a incidência de meu ser também nos objetos feridos de escura nominalidade. No meu repertório, como afirmação, nada há que indeferir, a licitude sendo análoga para toda espécie de temática; inclusive ocorre que certos entrechos do desabono me alertam mais sobre a luz de minha presença que outra passagem de melhor sentido, novamente reproduzindo-se a comparação com a luz da candeia que não estabelece preferência quanto à peça a dever iluminar-se. A dimensão óptica se estende à proporção que busco em seu setor — o da temporalidade — a confirmação de meu conhecimento a angariar, em aliciadora pesquisa, os vultos, os lugares e os nomes que, de maneira direta, vêm acomodar-se ao bojo de meu repositório, na imanente afirmativa de neles me patentear. Se no painel do Julgamento Último localizo em contemporaneidade todos os integrantes de meu repertório, no esforço costumeiro de, analiticamente, encontrar-me em episódios sucessivos, descubro que a cota de empenho, se bem que inferior em quantidade à daquela cena, lhe seria igual em teor íntimo, por efeito de o meu belvedere, insatisfeito, em muitos casos, com o flagrante do momento, vir a complementá-lo mercê da imaginária interna, a dos supridores pensamentos. Eu quisera ver-me nas efígies deparadas, na forma com que elas se adjudicam a mim, desejoso, portanto, de ser nelas existenciado, sabendo a natureza, a qualidade desse existenciamento, ainda nas pessoas mais indiferentes à assinalação de minha individualidade.

Assim como a ninguém é dado conhecer o comportamento com que atua em minha interna imaginária, a mim sonega-se a faculdade de conhecer a minha conduta na imaginária interna de outrem: esta assertiva se entende com o caráter recluso de cada personalidade, a tal ponto que, em-

162 O LUGAR DE TODOS OS LUGARES

bora sincera a confissão de um introspectivo episódio, sobra
uma réstia de dúvida acerca da integridade da composição.
Com essa ressalva, tem-se que o vero das situações não se
inculca em fator indispensável para a positivação da imaginativa em seu papel de abastecedora de meu acervo. Igno-
rando como me processo na ideação de outrem, todavia não
me detenho no trabalho de ao menos entrever, nos rostos
da imaginária externa, algo do meu desempenho no alheio
e imaginoso belvedere. Por mais que a argúcia se exercite,
não alcanço o meu ser na modalidade com que se me oculta;
de sorte que a interpertação a que me submeto em outrem,
nem por mostrar-se privativa dele, se isenta de figurar em
meu repertório que, em totalizador amplexo, encerra os
conteúdos por encerrar os respectivos continentes. À similitude da lâmpada que não necessita de aproximar-se de vultos que, distantes, já se manifestam clareados, posto que se
ensombrem em alguns trechos, dessarte correspondendo a
um módulo de clarificação a contento do almejado recinto,
à guisa dessa lâmpada, o meu olhar se entorna de mim sem
precisar de, para o cumprimento de meu homologar-me, ir
o meu corpo aos recessos que se bastam, em mim, em sua
natureza de invioláveis. As dimensões ocultas existem porque eu existo ao existenciá-las, e a própria noção do não-
ser, da negatividade, se estatui porque há o meu pensamento
para registrar, em derradeira instância, em mim, que existe
o lado inapreensível à minha lupa, mas situando-se em meu
repertório. No meu interesse intelectual, o inapercebido, o
olvidado, o ausente, o secreto, se compensa, de sua natural
destituição, com a simbologia que me oferece, simbologia
voltada para o cosmogônico de minha perspectiva. Com
efeito, o que a minha claridade não atinge nas procuras
permitidas pelo espaço e pelo tempo toma a feição de signo
daquela impossibilidade de aparição que se equivale à morte
absoluta, enfim, ao ponto intestemunhável que, rompido com
o meu nascimento, se pôs em véspera de retornar um dia.
Por conseguinte, deambulo e estaciono sobre um território
que, a cada passo, a cada relance, de mim comigo, se franqueia à representação da completa obscuridade, que se vul-
nerou com o advento de minha luz.

Quando morre alguém, à sua morte sou levado em con-
junção com essa obscuridade nele, fisionomicamente diluído
nela, negando-me a mim no seio desse perecimento, extinto
comigo todo o meu repertório, o ponto intestemunhável desse alguém a abater-me, nele, com todos os meus possuídos,

MORRER NA MORTE DE OUTREM 163

tudo de maneira a formular-se mais um sortilégio dentro de minha existencialidade: o que se chama de realidade empírica é algo suscetível de, simultaneamente, estar em aparição e em desaparição, no concernente ao mesmo contemplador. Em outras palavras, o meu repertório enquanto se me apega, some-se no falecimento de outrem, e tanto mais densamente quanto esse outrem o conhecia em grande parte. Cada ser humano se consagra à sua vida como se esta fosse a redoma inseparável que ele conduz sob a sua exclusiva direção, quando, em verdade fisionômica, ele se dispersa nos repertórios alheios; e, na vigência da dispersão, acontece que, sobrevindo a morte no campo das testemunhas, dos sabedores do repertório, este, sem que o perceba o dono, se faz perecer em toda integridade, tantas vezes quantas são as mortes. Neste sentido, a pessoa se afigura o centro num jogo de apareceres e desapareceres de si própria: consubstancia-se conquanto vivencialmente intacta nos circunstantes repertórios, e fenece quando um ou mais de um destes, em datas diferentes ou não, a avocam aos seus respectivos perdimentos. A acumulação de mortes no curso de testemunhada existência, significa, paradoxalmente, a destinação com que todos se afetam no esforço de prolongar a dita existência, a perseverança no ser vindo a efetivar-se em concomitância com a desperseverança nos seres, a realidade consolidando-se na vista do portador em foco, enquanto ela mesma no nada se dilui em face de morrerem os que também a continham, com eles.

Nem sempre, na prática fisionômica, os atores se comportaram em correspondência com o meu desejo, tendo eu me deparado, em muitas ocasiões, com efígies que, por desconhecimento em relação ao meu propósito, se desajustavam da lente em mira, como que preferindo, em vez da exibição de minha claridade neles, o enraizado liame à nominalidade que lhe ia na mente. Quantas oportunidades se perderam ante o atrativo de outra ordem, que me impedia de encontrar na presença a acepção de que a efígie, o retábulo, irradiariam o reflexo de minha luz pousada sobre eles; principalmente, no tocante aos rostos que me pareciam privilegiados para esse efeito, descumpria-se-me o prazer de premiar-me com a coincidência de compor-se, graças a tão oportunos elementos, a liturgia de misticamente contemplar-me. Em outros ensejos, surpreendia-me na estésica verificação de que a claridade minha se evidenciava translúcida na superfície que, tudo indicava, não se predispunha à preciosa

164 O LUGAR DE TODOS OS LUGARES

representação. A possibilidade de surpresas, no curso do cotidiano, ameniza os influxos do tédio, do desânimo de não se concluir em êxtase a ritualidade de saber-me o inefável existenciador de quanto aflora à minha percepção. Estou certo de que ninguém exercitou em minha face a litúrgica de se ver a existenciar-me, e se nada contribuo para que se anuncie a prodigiosa acepção, é que ao objeto em passividade de ser não compete a função de colaborar no recaimento da luz, como se outro mundo ele habitasse e ao existenciador belvedere ele surdisse depois de cruzada a sua rigorosa fronteira. Em verdade, ele já se abriga no interior do existenciado repertório, cabendo ao possuidor deste a iniciativa de, por acerto do acaso ou em virtude de análogas vivências, mover-se à jubilosa espiritualidade. Na qualidade de detentor do belvedere em última instância, situado em cadeira atrás da última fila, tendo na frente todos os espetáculos e todos os espectadores, não há maneira de o meu vulto dividir com outrem os poderes de minha visualidade, sendo portanto natural a descrença na eventualidade de eu alertar, à compreensão da pessoa que me apreende, sobre a claridade com que me torno existente nela, ungido o meu rosto que assim se acomoda à sua ocorrente criatividade. Novamente se compara à luz da lâmpada a luz que de mim se entorna para a existencialidade das coisas em mim: de fato, no habitual uso da visão apenas interessa a receptividade das figuras que se exibem e nunca o amplexo da claridade que as promoveu à visualização, à existência no senhor da luminosa, da existenciadora fonte. Homologuei-me em muitas situações trazidas por meus olhos, mas não creio que os intérpretes, salvo alguns raríssimos, se tenham afeiçoado intencionalmente ao meu miradouro, com desempenhos específicos para o teor litúrgico: não havia razão para se admitirem privilegiados com o envolvimento em minha lupa, nem eu lhes insinuara o insólito mister. Vi-os, na grande maioria das vezes, em gratuita espontaneidade quanto a mim, entrementes cooperando eles no meu intuito de não ofuscar-me em suas ações, deixando, por conseguinte, ocasiões suficientes para eu ver a minha claridade nas aparências deles. Proporcionaram-me a ratificação da minha existencialidade, sem que soubessem que, na cerimônia do rito, em hora de espiritual ditame, concorriam para a extremosa dádiva.

Na perspectiva dos apareceres e desapareceres, que é, segundo a ordem fisionômica, a exposição do universo no

MORRER NA MORTE DE OUTREM 165

prazo de minha vida, exposição que o convívio diário tanto exemplifica, nota-se o processo como os vultos se fazem perecer em outrem: as vidas de todos que desaparecem no desaparecer de alguém, são vidas truncadas de forma irreversível nesse alguém que falece, a morte vindo a apanhá-los a meio de suas motivações, de seus enredos, das urdiduras em que ela, a morte fisionômica, os surpreendeu, à maneira de um romance que, embora com a tessitura avançada, é, por decisão do autor, destruído inopinadamente. Deste ângulo de consideração, resulta que o sobrevivente real mas atingido por mortes em sua proximidade — assim se afigura qualquer indivíduo — se lhe fosse possível a recapitulação minuciosa de seu passado, em conexão com os extintos miradouros, os que morreram em sua contemporaneidade, ora se alegraria, ora se entristeceria, ao conhecer os pontos de mutilação a que se submeteu a seqüência de toda a sua vida. O mais certo seria tal pessoa inconformar-se ante os cortes desfechados em sua teia, opinando que vários dos parecimentos sucederam com impropriedade de ocasião, lamentando a pena de determinado aluimento se haver operado antes de ter surgido o painel que, sem dúvida, lhe causaria o agrado; e, em contrapartida, lastimara ele que outro alguém se esvaíra com a ciência do fato que melhor fora se não se inteirara. Com referência a cada morto, a si ele apresentaria o trecho que a morte levara, esquematizando o seu pretérito à base dos perecimentos em outrem, a vida completa se lhe mostrando através de obituários cênicos, distribuída em continuado luto. As correlações da amizade também se estruturariam sob este inapreciado vínculo, podendo-se celebrar, no íntimo da lembrança, uma outra espécie de funeralidade: a de a pessoa demarcar a extensão de sua vida com seccioná-la conforme os havidos e caros perecimentos, o que, bem analisado, importa em afastar-se de si para se ater aos que estão na plenitude da morte.

10. A Simbologia do *Nós*

Atendendo a que eu sou o meu repertório, e como tal se consubstanciam em mim os nomes e cenas que nele se albergam, adotei em *A Ordem Fisionômica* o tratamento em implícita pluralidade, portanto convertendo-se em *nós* o eu de minha pessoa continente, sem que, em nenhum momento, se quebre uma forma de unidade tão assinaladora. No curso de toda minha iconografia não encontrei, em estrita objetivação, painel algum que me configurasse na franca outorga, na delegação do universal acervo, painel que me representasse a mim mesmo em congeminação com a minha claridade existenciadora e com os seres por ela trazidos ao plano do conhecimento: nada consegui que se equiparasse à aliciação contida na palavra *nós*. Eu mesmo, de mim comigo, discerno-me em diluição no âmago desse vocábulo, em seu interior cumprindo a delegação que por natureza me foi conferida e, para o completo êxito da outorga, me aglutino às nominações e retábulos, aderindo-me ao ser e ao estar de cada um dos revelados por minha candeia. Ora no papel de testemunha à distância, ora no de testemunha a participar do entrecho, pairo à mercê dos nomes que o afetam, ungindo-me em minha própria existencialidade, com um a um dos figurantes a se inscreverem na agenda do meu existir, dessarte legitimando-se para o efeito de integrar-se na enquadração do *nós*. Trata-se de uma amplitude generalizadora, cujo mister de abranger se perfaz à mera pronúncia deste monossílabo; trata-se de uma aliança que se

168   O LUGAR DE TODOS OS LUGARES

confessa, de uma implicitude que, partida de mim, e sem a temporal gradatividade, se constitui em ato de ser comigo e com os demais, aqui e alhures. Inerente ao *nós* se evidencia o gênero de simultaneidade que revigora a simbologia do termo, avizinhando-a do sentido de contemporaneidade com que o meu repertório nivela, ao meu prazo pessoal de vida, todos os cometimentos ocorridos no passado. A estaticidade do *nós,* centralizando-se em mim, e acontecendo com a rapidez maior que a da luz, ultrapassadora da temporalidade e da espacialidade, me compreende ubíquo no tocante às figuras e nominalidades a que proporcionei existência, computando aquelas que se verificaram e se verificam em grau de subentendimento, de possibilidade expectante. Querendo expressar-me, vale dizer, querendo noticiar a outrem quanto ao meu ser em aberta existencialidade, melhor expressão não obteria, desde que admoestado o leitor, que a palavra *nós,* signo de minha presença em iluminada ratificação.

Na ordem fisionômica, é vedado às efígies o separarem-se do *nós,* a elasticidade — predicamento imediato do *nós* — a manter sempre, na suma de seu teor, as personagens que, por mim criadas por existenciamento perante o meu vulto, se acordam a mim, sob a feição de se situarem em o *nós* de meu ser; o qual se parece com um vão interminável e que de si mesmo não emprega esforço para acolher os que nele já se acolhem. Sou um tanto à maneira da lanterna que, no centro da cúpula, estende a claridade a todo o âmbito recoberto por essa cúpula, ponto de irradiação que propina, aos agasalhados no extenso bojo, o condão de se sentirem na unidade de se entreverem que ali estão. Também, em *A Ordem Fisionômica,* ao utilizar invariavelmente o *nós,* pressupus que os protagonistas, em conseqüência dessa aplicação, se haviam por abrigados no íntimo de meu belvedere, transluzindo, portanto, de forma óbvia, a solidariedade de ser comigo, de comungar com a minha genérica presença. A significação da vida pessoal, magicamente existenciadora, com a sua universalizante perdurabilidade, com o perecer do mundo em seu perecimento, se interna dentro do *nós,* por motivo de o eu não ser estanque em sua finitude, e sim entornar-se na medida de sua luz conhecedora. Para o belvedere humano, cada ato de conhecimento implica ato de posse, impondo-se, por conseguinte, uma complementação nova a todo ser que assim se preenche, processo que, no caráter de imanência, se traduz por devolução do

A SIMBOLOGIA DO *NÓS*   169

existenciador ao existenciador, proferida em o *nós* a concomitaneidade de todos os seus pertences. O *nós,* ao obedecer à minha nucleadora posição, acende em mim o pensamento de uma proximidade religiosa com os demais seres, o encarecimento da liturgia a se ministrar, em mim, sob o tratamento do *nós* e não do eu; as seqüências dos sucessos operados e a se operarem em minha vida, assemelhando-se a romarias em direção ao altar de minha existência, cada peregrino a se manter, ele que, a rigor, nunca saíra, na existencialidade que se virtualiza em o *nós.*

Decerto que o *nós* se revela a fonte e o ninho de todas as virtualidades, em si oferecendo-se a si próprio, emitindo e captando os seus reflexos, ilimitando-se no interior de sua marca, desenhando continuamente a perspectiva iniciada e a terminada com o conspecto de minha visão: se ele, o *nós,* foi o prevalecente ao nascer o panorama da existência em mim, acompanham-me os passos, nunca se desvencilhando dos endereços que eles procuram atingir; se dessarte o *nós* se me agrega imanentemente, esse atributo de todo se cumprirá no dia de meu perecimento, o perecimento, em mim comigo, de todas as personagens e nominações, o do *nós,* enfim. A conversão do comigo a conosco firma a consangüinidade transcendental que, por seu turno, se perfaz em conformação com o modelo único em mim, o de meu belvedere, o do estojo que é a minha receptividade. Para que se me cristalizasse a ideação de o *nós* como símbolo da inteira universalização em mim, socorrendo-me da arte literária, utilizei recursos lícitos a qualquer autor, quais sejam, entre vários, os que dita a imaginária interna, em sua natureza de cabedal artístico. Em verdade, a incidência do *nós* sobre os retábulos simples ou complexos se efetuou segundo os reclamos da competente iconografia, toda ela a objetivar-se em consonância com o meu miradouro a somar-se ao ente, ao ser de cada efígie. A sensação de amplexo, produzida, creio, pelas frases e períodos, assinala-se ante o exercício do *nós* a inserir os seus recheios, uma ampliação de claridade a descobrir, a positivar aderências nele, em o *nós* da perseverada conjugação. Desprovida de meios para ilustrar, objetivamente, a significação do *nós,* a iconografia externa se deixou substituir pela flexibilidade do pensamento; a qual, em lampejo e em coincidência com a pronúncia mental do *nós,* estesicamente me satisfaz, e transferindo eu para a folha de papel essa curta

170 O LUGAR DE TODOS OS LUGARES

expressão e a respectiva modalidade cênica, em posterior releitura retomo o afeto de assimilar o *nós*. Se não fora a literatura, eu me impossibilitara de transmitir a terceiros a presença inarredável do *nós* que, inclusive, abrangeria esses mesmos terceiros, a arte assim ultrapassando a sua fronteira e a si articulando os seres de outra parte. Fundamentalmente comparável a uma doutrina filosófica, o centro de meu longo trabalho *A Ordem Fisionômica* se desvia de seu demarcado território para englobar na teoria a personalidade do leitor. Difere, a esse respeito, da essência das obras de arte, essência que se fixa em seu próprio campo estético, separando-se do leitor ou espectador em face do absoluto confinamento. Ao transcender de sua raia, a ideação do *nós,* apegada sempre ao esteio peculiar da literatura, o esteio da imaginária interna, faz com que uma nova dimensão se lhe adjudique: a de as figurações contidas nos volumes da obra, veicularem, sobre a externa iconografia, a que comumente abastece a empírica realidade, o sentido, que lhes inculquei, de nenhuma coisa se recusar à subordinação ao meu existir. Com a logicidade íntima, singular, sem dúvida, a requerer uma estruturação e um estilo pertinentes às necessidades dela, senti-me obrigado ao uso do tratamento que melhor evidenciasse aquele transbordo do livro ao leitor, assim elastecendo-se a amplexidade do *nós*.

Em geral, as obras de Filosofia, programadas com o intento de adquirir adeptos, de convencer a todos que a verdade foi, com certeza, então descoberta, se frustram precisamente quanto à aceitação, por outrem, de sua específica essencialidade. Pela História se verifica a inexistência de unanimidade em relação até aos pensamentos de cunho religioso, que são os de mais aliciadora energia; no tocante aos laicamente filosóficos, nenhum sistema, por mais extensiva que se mostre a visão, a intuição do autor acerca do universo, se tem prolongado, com todo o seu conteúdo, além daquele que o idealizou e efetivou com ecumênicas intenções. Acredito que o filósofo, em equiparação com os demais artistas, seja o menos estimulado, a despeito de a obra, não se limitando ao seu balizado terreno, se expandir pelo público afora, o criador convicto de que à sua concepção trará os que souberem do caroável teor. Nota-se, portanto, que a fatalidade de não obter prosélitos se torna comum à natureza da obra, sem embargo de o pensador insistir na universalidade de seu tema. A propósito desse assunto, inseri várias considerações no ensaio *O Espaço da*

A SIMBOLOGIA DO *NÓS* 171

Arquitetura, entre elas a de que o filósofo é um artista como o pintor ou o escultor, apenas ele possui a vantagem de, valendo-se de matéria mais pródiga — a que serve à literatura — ser menos acidental, menos escasso, nas amostras de sua ideação. Contudo, a circunstância de não encontrar os copartícipes de sua intuição, se compensa com o título de arte que passa a merecer a filosofia desassociante; muda-se-lhe a classificação, porém se conserva íntegro o valor do pensamento que se adaptou ao regime de estar entre fronteiras, e de admitir do leitor apenas a contemplatividade estética, à arte reduzindo-se o que fora trabalhado com intuitos mais ambiciosos.

Os propósitos de arte, endereçados ao espectador ou leitor, e atinentes ao nódulo de sua criatividade, às vezes não o convencem, nem tampouco lhe tocam a simpatia da receptividade, arriscando-se a obra a permanecer reclusa no entendimento do autor, que, entretanto, inconformado com o silêncio, se resigna à idéia de, no futuro, talvez depois de sua morte, os intentos se esclarecerem ante a compreensão de muitos. No caso de *A Ordem Fisionômica,* ao utilizar artísticos elementos, os da imaginária da literatura, situei-me no domínio da arte, incorrendo na possibilidade de me expor àquele risco; mas, sobretudo, a feição artística me favoreceu quanto, ao empregá-la, aspirei um reconhecimento e não a solidariedade tão comum entre os que doutrinam, os que estão em busca de partidários. O reconhecimento almejado por mim prende-se à positividade de uma conjuntura de ser: a que consubstancia em o *nós* a suma na qual me absorvo para me afirmar o existenciador de todas as existências. Reconhecer tal conjuntura, importa, ao leitor, em surpreender-se com o desvendamento de despercebida situação, na qual ele nunca presumira localizar-se: a de participante de meu repertório, de dependente de meu existir, fisionomicamente subordinado à duração de meu vulto, enfim, incorporado ao *nós* que me tem por núcleo existencial. Certo de que eu sou a instância última de todas as existencialidades, o imaginado leitor se dispensará de, em resposta, mover-se à reciprocidade de posição, dizendo-se ele o espectador na derradeira poltrona contendo-me, por conseguinte, em seu pessoal repositório. Mas, a eventualidade desse leitor e de seu esperado comportamento se pressagia em virtude de meu ser pressagiador, dado que eu sou intransferível de mim mesmo, o lugar da última fila a ninguém acolhendo senão ao meu vulto; e o concorrente porventura

172   O LUGAR DE TODOS OS LUGARES

surgido, haverá de, na qualidade de assistente igual aos outros, sentar à mercê de meu belvedere. Todo leitor se verá unido ao *nós* de minha existência, em atitude que difere daquela ordinariamente presumida pelo filósofo em doutrinação; a atitude do leitor será equivalente à do cego que, de súbito, recupera a vista, impressionando-se, antes de mais nada, com a luz e, só depois, com os objetos que lhe não apareceriam se não os cleareara a presente luzerna.

Reconhecer-se um elemento da imaginária externa induz à probabilidade de, na hipótese de não se inscrever no rol das efígies de minhas relações, promover-se a episódios de interna imaginária, integrando-se mais a fundo no seio de sua habitabilidade em mim. Via de regra, os indivíduos, atendendo à lei da exibição aos olhos de alguém, à lei do ingresso no repertório de outrem, aspiram demorar-se, sob favorável nominação, no devaneio de determinadas pessoas — capítulo no qual o amor ocupa grande parte — sem eles se darem conta de que, assim acontecendo, se esmeram para a tristeza de, em índice de possibilidade, se predisporem a mais agudo e sentido perecimento. Quando, na prática do *nós,* me ladeava, intencionalmente, por efígies em cujos repositórios eu pretendia abrigar-me, e em certos entrechos eu até me investia na personalidade de um dos figurantes, conforme se vê em *A Ordem Fisionômica,* nos momentos em que eu partia para a facialização do *nós,* arriscava-me a falecimentos só por mim pressentidos. A experiência dos contactos me tem convencido da completa insciência das personagens quanto à infalibilidade de morrerem na morte de outros, o que, em verdade e para efeito de não ritualizar-se mais ainda o nome da tristeza, é preferível que permaneça ignoto. Há, por conseqüência, na extensibilidade do *nós,* os instantes de depressiva agregação, no curso dos quais os protagonistas, desviando-se de sedutora nominalidade, atentam, de si consigo, para a conjuntura de, bem pensando, jamais se demoverem da extinção que já se prenuncia sob a forma de anunciante véspera. Nas vigílias demonstradas em inúmeros painéis da iconografia que narrei naquela obra, não me pesa o desar de me haver excedido nas manifestações de luto, não obstante a negatividade, parecendo não sofrer o hiato que representa o fenômeno de minha vida, acenar, a cada hora, com a sua presença a sublinhar-se no interior do *nós.* Às vezes, esquecendo-me das escuras nominações, empenho-me em recolher da imaginária externa uma temática de entretenimentos, sem receio

A SIMBOLOGIA DO NÓS   173

de frustrar-me ao desígnio, porquanto a disponibilidade de desempenhos a meus olhos caracteriza as expostas figurações, os atores que, conservando-se no mesmo lugar e atitude, podem homologar o sentido que lhes impregno, apesar de outros olhos, em idêntico instante, extraírem dos focalizados intérpretes uma significação talvez até contrária à de minha perceptiva. Dentro das fronteiras do *nós,* as versatilidades se acumulam a ponto de, tomando alguma delas uma acepção oposta àquela que na oportunidade programo, a mesma inculcar-se-me como algo que não se retirou dele, do *nós* que, na plenitude de sua vigência, não permite haver o dissentimento de uma exceção, por breve que se formule. Se fosse dado admitir a aquiescência como fator de integração em o *nós,* eu diria que, assumindo ela, a aquiescência, a feição de reconhecimento dos atores no tocante ao fato de se inserirem em o *nós,* na sua qualidade de formação única de todos os comparsas em mim, na qualidade de concentração de todo o mundo cênico, permitindo-se os intérpretes o seguirem as diferentes nominalidades, eu diria que o ato do reconhecimento de comporem o *nós* se transformaria em painel semelhante ao do Julgamento Último. Ambos configurariam o teor da unanimidade de consciência quanto ao estar na visão do demiurgo, afirmando-se dessarte a imanência de ser no interior do *nós.*

Revestindo-me com a palavra *nós,* fazia-me acompanhar por todos os belvederes, idealmente conduzindo-os aos mais comuns e aos mais caros endereços, de conformidade comigo, eu, o centro deslocador dessas deambulações na área de meu repositório. Comportava-me como o portador do próprio símbolo, dissolvendo-me nele à medida que me inteirava dos episódios, a iconografia se convertendo na estação final onde todos os intérpretes se viam no enlace com o meu ser. Para a elaboração da obra, e ubiqüidade do termo abracadabrante — o vocábulo *nós* — ao servir-me da imaginária interna que, sendo literária, se dirigiria ao pensamento do leitor, isto de maneira direta, sem o auxílio do olhar, à guisa de um descobrimento sem procura anterior, de um imprevisto encontro, verifiquei que a idéia, no momento extásico, se demora um tanto em sua abrangedora amplitude, tal a que suscita a expressão *nós,* quando, meio pensamento, meio sentimento, significativa, em mim, a presença total do ser, contendo-se em minha particular ideação. Em si, o *nós* se compunha da reunião das coisas dispersas, congregando-se em mim o que deveria perecer

174 O LUGAR DE TODOS OS LUGARES

comigo, tornando-se mais clara a acepção de véspera do desaparecimento, em face da comunhão de todos em meu vulto, consoante a simbologia do *nós*. Intencionalmente, deixei que pairasse, em todas as efígies e painéis, a contemplativa pluralidade, o ladeante testemunho de todos comigo, o *nós* em pleno domínio de seu conspecto. Entretanto, restam dúvidas acerca da aceitação dos leitores, no que tange ao meu intento, de instituir em o *nós* o simbolismo de que necessitei diante da urgência íntima de *A Ordem Fisionômica*. Dos contratempos a que a obra literária se submete, salienta-se o de se esquecerem as digressões e corolários que a conceptuação possibilita, sobrando nesses casos, sem a aparência ressequida como a das vestes catalogadas nos museus, as figurações que a óptica interna desenha e colora, fazendo-o de modo tão comunicável que o leitor as absorve com fidelidade resistente. Há, no setor da literatura, um sentido de permanência que é exclusivo da imaginária, o qual se abona com o privilégio, que a língua transmissora não possui, de se conservarem incólumes os retábulos descritos pelo autor, a despeito das traduções que o texto venha a facultar, nos mais diferentes idiomas. Ocupando-me do ser dependente de minha vida, e a norma da acidentalidade da arte a me inferir sobre a adoção de uma das parcelas do ser como o processo único de atingi-lo em sua própria universalidade, apliquei-me à literatura, precisamente por motivo da imaginária interna que ela fecunda e sustenta. O fornecimento do *nós,* elemento adstrito ao conceitual de sua compreensão, e por mim elevado à categoria de símbolo, fornecimento partido da linguagem, me demonstrou o estreito liame entre o concepto e a imagem que de si mesma, isoladamente, se mostraria ineficaz para a exteriorização de minha idealidade, de minha intuição de ver-me em conúbio com os demais, protagonista, como os outros, na afirmação do ser em mim comigo. O *nós* se me apresenta na qualidade de nome e de figuração, com uma espessura de claridade análoga à de uma alegoria em franca explicitude; quanto ao *nós* assim considerado, e na forma de todas as alegorias, por mais indubitáveis que se presumam, urge que o leitor se advirta acerca da nominalidade com que ele, o *nós,* se intitula: o tema de minha contemplação criadora, tema que, à semelhança dos demais, e com o fluxo de sua significação, contagia os elementos da imaginária externa.

Todavia, é no predicamento de véspera da absoluta extinção — a extinção fisionômica — na acepção de se apron-

A SIMBOLOGIA DO NÓS 175

tarem todos, em mim, para o instante de me fugir a existencialidade, é, na consideração dessa conjuntura que o *nós* mais ressoa em minha sensibilidade, abrindo-me o afeto ao pesar pela infinita perda, com antecipação legitimado por não haver o dia seguinte à morte de todos em meu vulto. O ponto intestemunhável se confunde com a terminadora demarcação, o *nós* a dissolver-se em simultaneidade comigo, os componentes da imaginária, quer interna, quer externa, a terem interrompidos os gestos com que se contracenavam dentro do *nós,* em mim. Sendo a minha morte suscetível de acontecer a todo momento, fico a imaginar-me na iminência da extinção, movendo o devaneio a uma seqüência de painéis, no interior dos quais ela se faculta a ocorrer agora. Então converto a presença atual dos que estão à minha vista, ou exatos em meu conhecimento, pelas informações que recebi, converto-lhes a presença em retábulos do truncamento de todos ante o corte que lhes deferira o meu falecimento. Sem alterar as atitudes, as ações dos protagonistas, os encerro na acepção de incontinuados, de participantes de teias que se mutilam à revelia deles, surpreendendo-os a meio do espetáculo. Contemplando um a um dos retábulos, assim aderidos à concepção que lhes estabeleço, sobretudo os localizados diante de meus olhos, registro, ainda no campo do devaneio, que mais acesa vivacidade anima as cenas, isto na ocasião de acolherem a morte que os arrebataria em mim. Os desempenhos a meio, o truncamento da iconografia que encontrei ao lhes proporcionar a existência, far-se-á repetir ao se reaver a negatividade, quando o não-ser retoma os seus lugares perdidos, os que, por encantamento cosmogônico, me couberam no curto prazo de meu existir. Sob esse ângulo de apreciação, o painel do nascimento é o que mais se assemelha ao painel da morte, começo e término de uma insulação no mar do não-ser.

Utilizando a linguagem em contingência onde ela não pode ir, tal o intrometimento no domínio da negatividade, à menor tentativa, lhe veta a pretensão de a colher no recesso, pois que em relação à linguagem inexiste esse recesso em que ela viria a estear-se, veiculando-o, é-me permitido apenas a abordagem metafórica, o não-ser a proibir que se lhe transponha o átrio. Onde a linguagem não penetra, a existencialidade se detém. A linguagem não se desliga nunca de meu belvedere, acompanha-o em todas as facturas de meu repertório, quer focalizando-as como elementos da

176 O LUGAR DE TODOS OS LUGARES

realidade, quer intuindo-as como possibilidades expectantes, de qualquer forma sempre se conserva a linguagem atenta e pronta a comunicar o que o repositório vem de auferir. Por isso que todo aspecto da realidade empírica e da interna imaginária é passível de repercussão estética, nada havendo que, a rigor, se exclua do ensejo de nutrir a investidura na arte. Como departamento da linguagem, a arte igualmente se escusa de comparecer onde a imaginária se ausenta, onde nenhum teor iconográfico se oferece para, no mínimo, inspirar a ideação estética. A linguagem é um atributo do ser para o ser, com as artes a seguirem esse encarecimento, e a literatura, a mais flexível delas, não passaria além do mundo de minha existencialidade, o das figuras e nomes de minha pessoal agenda; razão por que as criações verificadas em meu ser e por ele trazidas ao ser hão de sustar-se no momento de minha morte, a linguagem silenciando-se com o silêncio de minha extinção em mim. *A Ordem Fisionômica,* livro que abrange tão-só a véspera do absoluto perecimento, em omissão óbvia, não trata da sobrevivência de outros à minha morte individual. Fisionomicamente, estes não existem, não podem estar em meu repertório, senão com a densidade e espessura de uma ficção de meu pensamento, exclusiva de minha imaginária interna, e também, como as demais visões do devaneio, sem condições de retornar a mim, porquanto a minha morte a atinge com o escurecimento que a nada excetua.

Controlador do *nós,* o meu vulto se ativa no curso da convivência, registrando o inútil de vários gestos na inconsciente iniciativa de escapar à clausura do *nós,* cada qual supondo estreitar-se na respectiva personalização, todavia desconhecendo a urdidura ou urdiduras de que participa; enérgica e privativamente, cada um se demonstra ávido de soerguer, do associativo nivelamento, a que em verdade se conduz, a própria efígie com alteada nominação; de sorte que a realidade empírica, o mundo da externa imaginária, de preferência reserva aos autores — os que se abastecem nas coisas visíveis — a temática das ocasiões dispersas; a qual, com o seu enriquecimento analítico, se presta a fazer variar as artísticas elaborações, a multiformidade prodigalizando-se à medida que as atitudes são interpretadas sem referência alguma ao *nós,* já não direi o que parte de mim, porém o de cada esteta no exercício de sua fábrica. Em *A Ordem Fisionômica* se desenvolvem muitos painéis em que o adeus é a entidade prevalecente, com o ato de despedida a frisar

A SIMBOLOGIA DO *NÓS* 177

a rotineira vigência da dissociação, com figurantes que traduzem, simbolicamente, o septo que cada um levanta entre si e os demais intérpretes, insinuando a contingência de que toda efígie humana só perece uma vez, e em sua privada e restrita morte. Sempre a linguagem se tem valido, para o seu pouso, da disseminação dos seres no tempo, versatilizando-se mercê dos objetos espargidos, com o isolamento de todos os faleceres; cada figura vindo a se perder unicamente no seio de si própria, e a correspondente linguagem sem promover, dada a dispersiva aplicação, nenhum signo que, em seu filosofal mister, detenha, em cápsula verbal, o universo em mística presença. Acredito haver salientado, naquela obra, o habitual comportamento dos indivíduos no tocante ao belvedere particular de cada um; mas, à guisa de uma situação em ato imensa, toda a perspectiva dos cotidianos painéis, com o tradicional e linear sentido de que apenas se morre em seu próprio seio, e não em cada um dos outros seios, se galvanizou em suprema unidade, mediante o envolvimento da palavra *nós,* explícita ou implícita ao longo do texto: as cenas a aderirem à claridade de minha lupa, claridade que no instante é o *nós* em seu aspecto no plano ocular, existencialmente figurador.

Dessarte, aqueles episódios que tanto explorei em *A Ordem Fisionômica,* entrechos gratuitos no transcorrer dos quais os intérpretes, sem o saberem, condiziam com o tema com que eu na hora os intitulava, à margem do interesse que me despertava o fenômeno em si, comprovando sempre a disponibilidade das figuras em face do nome, aquelas situações em ato eram miniaturas da totalizadora imanência com que o *nós* se emana, partindo de mim. Diante deste e de outros exemplos, observados no rotineiro convívio, compreendo o cotidiano como o cabedal de ocorrências em vista da significação de, sendo de meu repositório, se aliarem para a fusão que o *nós* propicia. Sobre ele, o cotidiano, a linguagem se imobiliza ou se ondula de conformidade com os objetos que acodem à universalizadora cava, ao *nós,* ao coro a que pertenço, este cumprindo a auto-homologação a que se franqueia; isto a efetuar-se como um gesto do ser que se afirma sem a exclusão de nenhum dos entes existenciados. Por todos convirem à dimensão do *nós,* a empírica realidade se investe, portanto, de um valor que não se inscreve na agenda pessoal dos protagonistas: o de representar a sua cota de participação em meu convívio, algo que transcende às bagatelas do cotidiano: o de se constituir em par-

178 O LUGAR DE TODOS OS LUGARES

cela do *nós,* em ator por conseqüência habilitado a desfrutar, em mim, o prazo de vida fisionomicamente determinada a comigo perecer. Explica-se a preocupação, que tive, de nunca alhear-me do *nós* nos parágrafos e períodos de *A Ordem Fisionômica,* expondo-me, inclusive, a censuras quanto à inevitável freqüência dos possessivos à base do *nós;* todavia, recurso algum, extraído da imaginária — nem mesmo se, em vez da literatura, eu tivesse adotado o cinematógrafo — me proporcionaria a ideação de todos em mim, para a qual, através do *nós,* recorri à linguagem como prática legítima de meu ser.

A infalibilidade do perecimento de todos em meu perecimento é a conjuntura que mais alicerça e sublinha a concepção do *nós,* repetindo-se, no que tange a ele, a retrospectividade do reconhecimento, com a idéia da fatalidade da morte de todos comigo, a recuar às formações primeiras do *nós,* em contágio súbito e irreprimível, à maneira da luz que, de tão veloz, não acentua privilégio quanto a primeiros e segundos iluminados: no momento de fazer-se a claridade, não se pondera a primazia de deixar-se ver; assim, quando paira a idéia do falecimento absoluto, fisionômico, do integral repertório, em virtude de falecer o respectivo continente, no caso o meu vulto existenciador, o tempo se desobriga de escalar as extinções, a instantaneidade do perecimento a coonestar a universalização do *nós.* Com o ânimo de ver e de ver-me dentro da espessura do *nós,* com a linguagem solícita a me favorecer o engenho, armei e desarmei inumeráveis painéis, mantendo-me na vigília daquele significado — o sermos todos em o *nós* — e com tal significado, eu submeto todo o existente e todo o existido à contemporaneidade de meu belvedere. Com efeito, se anula a propriedade do tempo quando, na ordem fisionômica — em mim — aflui a vigência do *nós,* estabelecendo-se a estada de tudo e de todos, de modo virtual ou concreto, na coeva enquadração de minha vida, na efemeridade de minha contempladora consciência. Com a perspectiva do *nós,* em ato de simultaneização, em meu repertório se inserem os nascimentos e perecimentos a que sou conduzido, sempre que uns vultos me registram em seu conhecimento, e sempre que outros se extinguem na morte. Assim, respectivamente se dão, em mim, o existir e o inexistir de minha pessoa. A minha atualidade se forma, por conseguinte, de um panorama que é sortílego, mágico, com a sua feição de possuir, em concomitaneidade, o predicamento do ser e o do não-ser de minha efígie.

A SIMBOLOGIA DO *NÓS* 179

Enquanto consideradas no interior do *nós,* entende-se que as personagens estão desprovidas do ensejo de comigo entabularem relações além das permitidas pela imaginária; descortina-se com ela o território específico do miradouro, sendo que nas vezes da pronúncia estésica do vocábulo *nós* é também a iconografia, agora em versão interna, a que preenche, à maneira de matéria em que todas as outras se diluíram, a pensada configuração do *nós.* Nos múltiplos intervalos em que se não processa a ideação mística, e por ela naturalmente estimulado, dedico-me a procurar nos rotineiros encontros, mas sem a neutra objetividade no tocante a mim, os escorços que atestam, até em grau de leve sugestão, o sentido do *nós,* assim em pequenas simbologias. Sabida a fartura do cotidiano, quer nesta, quer em outras espécies de representação, agrada-me, dentro das linhas do próprio *nós,* vê-lo sugerir-se, miniaturar-se, mediante algum painel fortuito, conquanto que eu me invista no papel de um dos participantes. Sobrevém-me então a descoberta de que a presença de meu corpo em episódios do dia-a-dia, assume, sobre significados porventura concorrentes, o de propiciar, para mim, o *nós* em reduzida escala. Se o eu é a imprescindível abertura para o *nós,* segue-se a facilidade de ele contribuir para a efêmera plenitude, tanto intervindo em cena, tanto me deferindo como testemunha satisfeita. A claridade de meu belvedere, estendida no entrecho, emana-se em busca do *nós,* o meu intento a cumprir-se no interior dele, o signo da linguagem, o *nós,* que somente na imaginária interna se capacita a apontar-se, a consentir a sua propositura por ocasião de curto e sólido recheio. Interpreto-me como o nódulo que, descontente com a estaticidade em que se imobiliza o *nós,* condu-lo consigo para efeito de faciais homologações, o corifeu a observar em torno de si as partes que ele, de desfavorável posição, não pode enxergar mas sabe pertencentes ao alongado coro. Substabelecendo em meus olhos a faculdade de ver-se, o *nós* se dissemina em retábulos simbólicos, competindo-me louvar-me nos arranjos que se operam à revelia de meu esforço e da consciência dos protagonistas, emergindo da imanência do *nós* a disponibilidade com que as figuras se oferecem ao desejado e ratificador inquérito. Distribuído em parcelas, o *nós,* que nada a si vem a acrescentar-se, porquanto já se integram todos na imensa campânula, expõe-se em espacialidades e temporalidades, nas quais penetro e me ritualizo, essencialmente posto na missão de trazer a mim, atraindo-os

180 O LUGAR DE TODOS OS LUGARES

de onde estiverem, os meus atores por mim existenciados e ora no desempenho de comigo formarem o conosco.

Vistos sob essa acepção, traduzo-me como o ser no reconhecimento de si próprio, todo contacto com os vultos de meu convívio a importar em auto-anuência do *nós,* pois que nenhum protagonista me sonega a disponibilidade de aparecer, a qualquer minuto, como o objeto adequado à liturgia do *nós.* Posso escolher, para requinte de minha unção, a modo do santeiro que capricha na beleza da imagem por sentir ele que assim a escultura melhor favorece à contemplatividade a que se destina, posso escolher os flagrantes mais aprazíveis à miniatura do *nós,* mas, a exemplo do religioso que ante qualquer imagem se enternece à devoção, me emprego nas tessituras provisoriamente neutras que a ocasionalidade me proporciona. A solidariedade por comparecimento, que é uma forma de escorço da solidariedade por efeito do cometimento de meu existir, a solidariedade em virtude do *nós,* encontro-a, às vezes, nos mais singelos e espontâneos surgimentos; a minha deambulação, com o intento de conhecer os esboços do *nós,* a confundir-se com o intento de me ater entre signos sinônimos, um mundo tautológico a se exibir diante de meu olhar. Ingressando nas convivências, as nominalidades ou chegam a mim ou eu me chego a elas, absorvendo o meu rosto de sorte que os contactos exprimem o *nós* em seu ato de assimilação, apenas exigindo que seja a minha pessoa o agente indispensável a ela, a assimilação que se faz imanente. Os nomes encerram o atributo de unir as figurações dispersas no tempo e no espaço, traduzindo-se óbvia a ubiqüidade com que se apresentam os nomes que, abstratos, se insinuam e se encorpam surpreendentemente, revelando-se a coincidência mágica entre os painéis ocorridos e os ocorrentes, com a minha lupa a acender a presença dessa ubiqüidade. Núcleo do *nós,* o meu conspecto se prestigia ao despertá-lo e mantê-lo desperto, perante mim: sou o ângulo mais visualizador, mais recuado dentre todos os que contemplam a conjuntura do ser, a paisagem das efígies integradas em nomes, e diante de mim, em mim, o *nós* se dá em existência, nunca desligado de mim. A vida que se processa no interior do *nós* resulta em predicado da imanência de meu ser, debruçando-se em si mesmo, restituindo-se a si próprio. Simultaneamente, emana a claridade de mim para tudo quanto se oferece ao meu conhecimento, e em contrapartida me adiciono aos corpos que se franqueiam a essa claridade, instituindo-se

A SIMBOLOGIA DO *NÓS*   181

portanto o *nós* que, a um tempo, inclui em si a luz existenciadora, emitida por mim, e os entes iluminados comigo. Esta é a razão pela qual sempre me vejo a testemunha participante, aquele que avoca o triplo mister de promover a existência fisionômica, de representar no íntimo das cenas, cobrindo-me com as correspondentes e genéricas nominações, e de ser o registrador da circunstância de que também desempenho. No seio do *nós*, acumulam-se ainda os cometimentos que, não surgindo à minha frente, no entanto se radicam e florescem dentro dele, inserindo-se entre as possibilidades expectantes; os quais, malgrado as mais prestimosas veiculações e o regime da outorga, da delegação de uma face em outra face, permanecem no grau de meio perdimento; assim, inclusos em seus recessos, os anoto a representarem a contingência — espécie de alegoria incorpórea — da infalível, iminente e absoluta obscuridade.

O *nós*, sendo um amplexo, que alcanço mercê da interna imaginária, não evitaria um tal conteúdo que, por natureza, se articula diretamente ao meu poder de ideação, à minha devaneada iconografia: esse conteúdo, tão perto de mim, é a parte que não permite analisar-se por meu belvedere, parte que entretanto não se confunde com a plena negatividade, e se torna símile do marítimo horizonte, cujos pormenores me escapam, mas sei, com certeza irredutível, que nele se movem as vagas e as espumas. Estando em mim os pensamentos e as coisas pensadas, sou o detentor de todos os requisitos que compõem o *nós*, mas sou, principalmente, a luz caminhante que me assegura o ver irmanarem-se comigo e em mim os vultos que me acenam com o seu e o meu existir. Sob diversas feições, os entes em confraternidade se devolvem à minha lente, favorecidos, sem dúvida, com o fato de descobrir-me em cada objeto que se ostenta, confirmando a minha receptividade, o estojo a que se equipara o meu ser: o meu conhecimento de cada qual expressa a justa aferição de meu espírito a acolhê-los, o *nós* entendendo-se como a efetiva comprovação de um albergue que abriga aos hóspedes e ao respectivo dono, acontecendo que este, deixando em seu lugar alguém que o delegue, se retira da estalagem e de longe a contempla, computando nela a ele mesmo, como se a vista se lhe tivesse separado do corpo. Eu sou ainda, e sobretudo, o olhar que, de um ponto das cercanias, vê esse dono a ver-se com os hóspedes sob o teto da estalagem, a minha visão a conseguir, com esse deslocamento último, um panorama que

182   O LUGAR DE TODOS OS LUGARES

é o do *nós* em amplitude mais elastecida; ocorrendo que a prática do *nós* se exercita com recuos maiores ou menores do meu belvedere em relação às cenas, a espessura do *nós* se adensando ou se rarefazendo segundo a aproximação de meu miradouro quanto ao elemento que ele focaliza. A focalização pode consistir em ato mentalmente estésico, em aura do devaneio, quando o pensamento se intensifica, a ideação convertendo-se em afeto, com o *nós* a estender os seus braços em amplexo universalizador. Em outras ocasiões, ele se abrevia a poucas personagens, ou a uma apenas que, de mim para mim, torna fácil a verificação de que o *nós*, então reduzido ao meu próprio corpo, se permite, em seu mínimo grau, a concentração, em mim, e de forma virtualizada, de todos os seus demais componentes, ora inconsiderados nesse puro solilóquio.

Pretendi, em *A Ordem Fisionômica,* estabelecer com perenidade a conjuntura de o *nós* se expor flexivelmente, desde a perspectiva do Juízo Final até a solidão de meu vulto no aposento, onde a rigor, o eu sempre encontra as inanimadas coisas com as quais compartilha a sua inserção em o *nós;* inclusive há referência, em página da obra, à autovisão do corpo como processo de firmar-se a prevalência ainda, em prova tão escassa, do *nós* que irrevogavelmente se faz simultâneo à luz propagada por mim. Se o *nós* se evidencia sob a condição de nunca isentar-se de minha pessoa, observo-me em aglutinação com toda sorte de cometimentos, desfrutando a prerrogativa de minha própria claridade, desta vez a minha efígie a comungar com todas as outras à medida que os nomes se discernam, motivando dessarte os painéis do convívio, a meus olhos. Conferindo ao *nós* a acepção de ser o signo verbal de meu aliciador conhecimento, levei-o, no curso do livro, à plenitude da presença; quero dizer, as passagens, as transcorrências simbólicas, as seqüências e as digressões, enfim, todo o contexto de *A Ordem Fisionômica* foi submetido ao tratamento interiorizador do *nós,* adquirindo, por efeito da unidade especulativa e cênica, uma feição que de certo se esgarçara se, em lugar do signo do *nós,* eu tivesse adotado o signo do *eu.* Deter-me-ia em evidenciar de preferência a fonte luminosa, existenciadora, caso apenas de mim cuidasse isoladamente. Entretanto, sucedendo que a minha claridade se deixa conhecer em virtude das faces que a recebem em sua superfície, havendo portanto um elo substanciador entre a luz e o objeto iluminado que a revela, obriguei-me a não des-

A SIMBOLOGIA DO *NÓS*   183

vincular os dois elementos, para isso contando com a faculdade amplexiva do *nós*. Assim, acolher um objeto é acolher a claridade que o ilumina; conseqüentemente, o dedicar-me à busca de painéis, de efígies nominadas ou inominadas, significa apreender-me nas coisas que apreendo, exercendo-se, desse modo, a conjuntura da devolução reflexiva de mim comigo. Tal conjuntura não é mais que um dos aspectos com que o *nós* se positiva, tornando a convivência uma forma de estender-me além de mim próprio, acompanhando, nos extensivos contactos, o conhecimento de meu existir através das existências que proporciono. Capto, à medida que clareio os vultos em minha presença, a atualidade de criação que está inerente à minha pessoa, o *nós* se perfazendo, em cada entrecho de que participo como intérprete ou simples testemunha, em escorço de sua imanente amplidão, em miniatura de si mesmo. Aumentando-se e diminuindo-se em si próprio, elastecendo-se sem se alterar a sua natureza de signo, o *nós* é a constante de meus passos, prodigalizando-me o que prodigalizo, todo episódio ocorrente vindo a encerrar a nova acepção: a de se me externar o *nós* que estesicamente, em súbito devaneio, sinto abranger a minha individualidade e o inteiro universo. Procurando, dentro do *nós* o próprio *nós,* em prática de afirmação do ser e do estar comigo, com a acepção nova me disponho, inclusive, a receber os ausentados vultos como se nunca saíram de meu amplexo, visto que, antes de agora, eles residiam naquele horizonte de invisíveis mas certas e existentes validades; e, quando se ostentam diante de meu miradouro, em imaginária externa ou interna, o fazem para esclarecimento do *nós* de onde partiram e do *nós* que se acrescentou no curso da viagem.

Não resta dúvida que unicamente a arte literária teria condições para me favorecer nesse ponto de minha obra; nenhuma outra arte, se porventura eu possuísse os meios exigíveis, me concederia a flexibilidade, a ductilidade com que a literatura, por estear-se na imaginária interna, comunica, ao menos por aproximação, o que o autor pretende desnudar sobre uma intuição de tipo imanente, à maneira desta que envolve a aglutinação do existenciador e do objeto em existência. A imaginária da literatura, jamais externando a sua natureza original, subsiste através da remoção operada de leitor a leitor, a invisibilidade dos painéis, de tudo que pertence à construtiva imaginação, é da essência desses painéis que apenas ao seu portador confere a

184   O LUGAR DE TODOS OS LUGARES

prerrogativa de lhes apreender a configuração. Em face desse atributo de só se consubstanciar nas mentes dos que lerem a obra, a imaginária da literatura sofre inevitáveis adulterações, ainda que o ficcionista se esmere na nitidez dos contornos e pormenores das cenas: em cada leitor há sempre uma edição nova da narrativa e esta, em relação a cada um, permanecendo na memória do leitor segundo a versão propiciada pela primeira leitura, considerando-se que são raras as releituras, está igualmente sujeita, sem sair do mesmo portador, às deformações que na memória em geral costumam ocorrer no decurso do tempo, em auto-infidelidade. Ao contrário das artes da imaginária externa, à maneira da pintura, da escultura, em que a obra afirma e confirma, a quantos a vejam e revejam, o estável de sua identidade, a literatura encerra uma imaginária que nunca se fará incólume nem mesmo no leitor de sensibilidade caroável ao entrecho descrito. Sem vencer os percalços inerentes à sua condição, a imaginária da literatura revela-se, por conseguinte, a mais fácil de submeter-se a danos desse gênero, apesar de a volta ao livre poder restaurar, no leitor, a facialização que lhe adveio ao pensamento por ocasião da inicial leitura; o que todavia não é o mesmo que a presença da obra única e acessível aos olhos dos espectadores, no caso das artes da imaginária externa. Dada a impossibilidade prática de o leitor se manter em freqüentes consultas a fim de conservar uniformes as lembranças de determinada cena ou do enredo na totalidade, como fora de seu maior desejo, ele, o leitor, representa, para o ficcionista, o depositário em cujo recesso a obra, em paradoxal liame, veio a surgir mas em campo que lhe sonega a perfeita correspondência. A literatura, com a flexibilidade, a ductilidade, que tanto a eleva em capacidade especulativa, decresce enquanto poder de referência, a continuação no intacto se lhe tornando difícil ou impossível no tocante a cada leitor, este impedido de obter da lida imaginária a nitidez com que uma pintura, uma escultura, se exibe duradouramente imutável em seu aspecto.

Em compensação, a imaginária da literatura se alteia sobre as dos demais gêneros artísticos se for considerada como simbólica do ser na existencialidade que proporciono, do estar em meu repertório, e nele se destinar ao absoluto perecimento. A simbologia, então, não se prende a facturas compreendidas no gênero, mas sim ao próprio gênero, tal a literatura que, depauperando-se na mente do leitor, perfaz

A SIMBOLOGIA DO *NÓS*

o signo que subentende a gradativa perda da atualidade de hoje que se expande tão incisiva, e logo depois começa a falecer em minha memória: o signo da restituição à negatividade, à vigência em que esta se havia antes de meu nascer. Completando-se o paralelo, o ser em existencialidade contém-se em mim e de mim não se aliena à personalidade de outrem — a ninguém posso ceder o meu lugar na última poltrona — à similitude da imaginária do livro que o leitor não transfere a outro leitor, e sim guarda-a para em si ela passar a esvair-se logo no dia posterior ao da leitura. De debilitamento em debilitamento, a imaginária modula o seu ritmo ao ritmo de meu invólucro continente, e a modo das efígies em seu perdimento na lembrança do leitor, vai perecer a claridade que a tudo recobre, sobrevinda de mim, existenciador. Afeiçoada a exprimir a conjuntura da imaginária interna, submissa a diversificações e esmaecimentos, a literatura habilita-se, portanto, a expressar o universo de diversificações e esmaecimentos. Presa à fragilidade mental do leitor, ela se compara ao ser que, dentro de mim, e recluso à minha existência, se põe a acomodar-se à véspera da morte fisionômica, assim preso também à minha fragilidade. Ordinariamente, a imaginária da literatura soe reduzir-se, com o passar dos anos e a falta de releitura, a um sobejo residual: a substância dessa arte finalizando-se numa quintessência que muitas vezes não é almejada pelo escritor, que decerto lastimaria que na mente em obnubilação não se houvesse animado um sentido de preferência com melhor gosto e acerto quanto ao que decretara ele o autor, pois que compete a este a missão de orientar o público acerca de seu intento artístico; ainda assim, por meio de prefácio elucidador e monitor, não ficaria o criador seguro de que tal cena, a mais significativa de sua intuição, do cerne de sua criatividade, coincidiria com a cena restante, a única a sobreviver na lembrança do antigo leitor. A hipótese de saber-se incorrespondido por parte dos que o lêem abonar-se-ia caso o escritor promovesse, disfarçada ou declaradamente, um inquérito sobre a repercussão de sua imaginária, a que figura no romance por ele escrito. Espantar-se-ia em face das surpreendentes respostas que, em maioria ou antes, na totalidade, não lhe ofereceriam, em restituição através de palavras, a cena em satisfatória integridade. Notará o indagador que, cada vez mais, a sua imaginária interna tende a circunscrever-se, tal como quis em sua vontade de arte, ao âmbito de seu individual pensamento. A literatura, vista desse ângulo, atesta o simbolismo que se lhe ajusta quando

186 O LUGAR DE TODOS OS LUGARES

posta em comparação com o ser a que concedi existência fisionômica: vejo que se desgastam, em mim, os entes que participam de meu repertório, que se obscurecerão, que falecerão na precariedade de meu belvedere, e, em troca, eu igualmente me deixo consumir nos repositórios de quantos me conhecem.

A simbologia do gênero de arte, precedendo a simbologia das obras, assemelha-se, nesse caráter de signo sobre signos, à estrutura da ordem fisionômica, segundo a qual, antes de, em mim, se dedicarem os atores a suas existências particulares, dedicam-se eles a confirmarem, a mim, a existência de minha existenciadora claridade. O aspecto dos círculos concêntricos volta a metaforizar a circunstância da imanência de minha vida, com a minha existência, em amplitude maior, a conter todas as demais existências, em amplexo que se virtualiza em o *nós,* este o signo da fisionômica universalidade. Nele, todos os intérpretes se situam e eu com eles nos abrangemos sob a designativa do *nós,* a entidade-chave de *A Ordem Fisionômica.* Pronunciando-o nesta acepção, atinjo a essência de toda a iconografia e seus escólios ladeantes, com a ressalva, porém, de que a melancolia que vulnera o escritor no inquérito a propósito de seu romance, há também de vulnerar-me, com o agravante de que muitos dos interrogados protagonistas foram integrantes de cenas lembradas. Nos contactos da convivência, à guisa do que se efetua no plano artístico, acontecem episódios que as pessoas estimariam se mantivessem perfeitos ao longo do tempo; mas o *nós* é um grande seio onde se perfaz, de modo contínuo, a diluição cênica, os painéis a imitarem espumas, destas reproduzindo a dissolvência na própria substância com que se constituem, tal a efemeridade que se processa à vista de quaisquer miradouros. Os meios com que se contam para a fixação da curta cenaridade, a exemplo da fotografia, e dantes a pintura, quase sempre não estão à mercê do espectador ou da testemunha participante, de forma a lhes permitir a perpetuação do entrecho. Na qualidade de sede de surgimentos e perdimentos, o *nós,* considerado desse ponto de mira, é o panorama em que me vejo como algo estável que insere todas as mudanças, essa estabilidade de ser consistindo na claridade da minha existência, a que se põe em simbologia através do *nós,* signo literário que encerra todos os encantamentos do ser para o não-ser. Entretanto, o breve de minha estabilidade induz, em relação aos surgimentos e per-

A SIMBOLOGIA DO *NÓS* 187

dimentos, que eles se afetarão, de maneira absoluta, com a morte final, depois de inúmeros perecimentos: a morte final será a de meu belvedere, da minha personalidade onde os vivos e os perdidos aguardam a ultimação da véspera, que acena a negatividade. À analogia da cerimônia em que os convivas esperam o prometido evento, e para tanto adequam a conduta à natureza do que está em expectativa, os entes de minha existencialidade, de meu repertório, se deixam interpretar, segundo meu critério, como vultos que preparadamente se destinam a falecer em minha extinção; eles a me descobrirem as propensões a se colocarem em desaparecimento, os episódios representando, quaisquer que sejam as nominalidades, as abertas ocasiões de se aterem comigo em derradeira aliança. Quando, desprovido de atividade cênica, me retraio à posição de detentor da imaginária interna, atendendo tão-só ao mister de depositário do mundo, em grau de pensamento, quando assim me consagro ao puro devaneio, dá-se que o *nós* miniaturando-se em minha espessura mental, se aproxima da condição de mais se prender à infalibilidade do perecimento comigo, pois que um único ser — o meu vulto — se credencia, em mim, à outorga dos solidários ao falecimento; com efeito, a contemplação de toda a imaginária, que na meditação se configura interna, me faculta a contingência de acrescer ao instinto de autoconservação o predicamento de dependerem de minha vida todas as vidas e memórias de vidas. No trânsito pela iconografia externa, as diversidades me alheiam com freqüência da aura estésica de me sentir o *nós,* ao passo que, transferindo-o para a clausura de minha idealidade, o universo óptico se põe em molde de vir a perecer em ato, no ato de meu perecimento. A imensidão de minha contemporaneidade, isto é, todo o existente e o existido, se resume à quintessência de estar em mim, eu outorgado de todas as existências, e com esse privilégio o *nós* se contrai, a fim de de esvaecer-se, ao módulo de meu individual esvaecimento.

11. A Liturgia de Ser

Não posso retirar-me de mim mesmo, e por conseguinte, o meu velório não assistirei, extinguindo-se com a minha morte a possibilidade de eu permanecer como a testemunha participante, e assim, prosseguir na tarefa dos existenciamentos, inclusive o do meu vulto na posição de intérprete, à semelhança dos demais. O ponto intestemunhável limita a ordem fisionômica ao prazo de minha vida, de forma que se faz incogitável, no livro correspondente, a configuração alegórica de meu além-túmulo nos termos em que religiosamente se pode suscitar. Esse problema, entretanto, sempre persistiu em meu cotidiano devaneio, e com tal feição — de simples imaginária interna — ele se apagará comigo, não obstante a densidade e a profundeza com que aspiro, em índice de sonho, a perpetuar-me sob o aspecto com que ingressaria no episódio do Julgamento Último. Todavia, não alcanço os meios para transpor o ponto intestemunhável, a ordem fisionômica os nega peremptoriamente, reduzindo-se o meu anseio a uma nominalidade a usufruir daquela véspera que, por antecipação, se enluta, recobrindo de tarja ainda os mais jubilosos nomes, os quais são sensíveis à ressalva de que perduram pouco, de que hão de morrer em minha morte. À similitude de antigas nominações que pairam sem se preencherem, desertas de faces, e, conseqüentemente, de entrechos, a nominação da minha sobrevivência, que é uma sofrida constante, inclui-se na agenda de minha interna imaginária, habilitando-se a perecer comigo,

190   O LUGAR DE TODOS OS LUGARES

em situação análoga à dos mais infecundos pensamentos. Resulta particularmente penosa, na revista a que submeto a iconografia e os nomes, todos então mentalizados em mim, a insistência em demorar-me em alguns que jamais se nutriram de recheios, tendo-lhes faltado os painéis que busquei no cotidiano, na imaginária externa. No curso da reflexão, lamento, no caso de virtuosas nominações, verificar a inexistência dos supridores retábulos, sentindo que faleçam como entidades vazias, tão descaroável se comporta o meu elenco em não acudir às programadas visualizações. Também se inscrevem nesse número — o dos que morrerão em mim, sem me haverem cenicamente contentado — os semblantes que deixei passar desprovidos de nome, figuras do ver apenas, que assim descomplementadas em meu repertório, irão ao perecimento, quando, pelo fato de lembrar-me delas, mereceriam constar de desempenhos, quer os produzidos pela empírica realidade, quer os estatuídos por minha determinação. Estabeleço, desse modo, dentro da acepção de véspera do derradeiro funeral, a liturgia da atenção aos perdimentos, dosando os graus de morte em mim, comigo. Divago ritualmente, de hábito ponho-me e reponho-me em cenas que tais rostos de per si ocupam, como se eu manuseasse um álbum de gente desconhecida, sem a memória lhes animar o aspecto a exemplo de quando ela me traz a significação, a nominalidade de havido ou artificializado painel. Com que acentuação se me retornam à mente as fisionomias se acompanhadas do nome que em mim prevaleceu, e com que melancolia recolho o nome que, emanado para encher-se de figurações, todavia o retomo tão ermo na chegada como o fora na partida. Desse ângulo de consideração, segundo o qual as coisas são vistas sob a modalidade de fatalmente em breve se perderem, tenho que todo o meu repertório, todo o mundo aberto à minha receptividade, é o coro do adeus que se desfolha, imenso e disseminado: a atitude de despedida em que todos os corpos contribuem com o próprio acontecer de suas presenças.

Não podendo retirar-me de mim mesmo, imanentemente restrinjo a especulação aos dados de meu repertório, vale dizer, a tudo quanto existenciei em diferentes graus de existencialidade, desde o do conhecimento direto ao da subentendida apreensão — no seio deste último está a posse dos nomes sem o meu contacto com os respectivos preenchimentos — uma fronteira indevassável a impedir-me que, em relação a mim, ocorra a contingência de uma repetição:

A LITURGIA DE SER 191

a de eu acompanhar o meu féretro, como tantas vezes o fiz nos cortejos em que fisionomicamente eu era objeto do mesmo luto. Em face do estanque de meu belvedere, de todo cessará a repetição, ninguém, em mim, a supor-se na posição de meu vulto, ninguém, em mim, a seguir o meu corpo em funeral, nunca a se reproduzir a encenação à margem do túmulo, que este, em ausência análoga não se introduziria em meu testemunho: já na minha morte se inscreveram o túmulo e os acompanhantes. Restituindo à negatividade o curto instante de sua infringência — o prazo de minha vida — nada sobeja do universo a que proporcionei existência em mim, nada resta a informar acerca de meu rosto, a negatividade, o não-ser, readquirindo finalmente, com a minha extinção, a plenitude de sua obscuridade. A ordem fisionômica somente irá até o ponto intestemunhável. Ela, sendo o modo de processamento e de interpretação do repertório por mim existenciado, confina com a data de meu perecimento, por isso que não perde jamais a significação de véspera, de algo que terá, como provisório, qualquer título que se lhe aponha; com efeito, qualquer acepção lhe será simples acidente, porquanto o significado de estar à véspera de meu falecimento, à semelhança de manto infinito, ultrapassa todos os rótulos, envolvendo-os de maneira que se efetiva a adesão do universo à sombra que se aproxima.

Mediante o recurso da imaginária interna, e estimulado por nomes acontecidos e acontecentes em minha contemporaneidade, consigo ater-me a painéis que se concretizariam se porventura eu transpusesse o ponto intestemunhável; trata-se de painéis reclusos em minha imaginativa e se estruturam à base da repetição, pois que o nome obriga a que os respectivos recheios, atendendo à unidade de significação nele existente, se pareçam entre si, se uniformizem no curso do tempo. Os episódios do funeral, por força do nome funeral, se assemelham uns aos outros, de sorte que, conhecendo eu os conteúdos dessa nominalidade, facilmente componho na imaginária interna as seqüências fúnebres que me diriam respeito: a visualização interna é, portanto, a única a me apresentar as cenas de meu óbito. De todas as fronteiras, a realmente indevassável, a que nada concede de sua natureza, exceto a desvendada suposição, que a nominalidade incentiva, de todas elas salienta-se, pelo absoluto de seu septo, o ponto intestemunhável que, entre diversos predicados, me impele ao do enriquecimento da interior

192 O LUGAR DE TODOS OS LUGARES

iconografia. Em verdade, compenso-me do vazio, da cegueira posterior à morte, com a vigência da lei da repetição; a experiência pessoal no domínio de tal nome, a me fornecer os meios de, imaginativamente, observar-me na conjuntura da recente extinção, do velório equivalente aos demais velórios sucedidos. Onde está o nome está a repetição: por isso a imaginária interna se sobressai no campo das imediatas correspondências. Enquanto em alguma situação em ato o meu belvedere se exercita, diante de retábulo ou retábulos externos, na função de justapor a nominalidade às figuras à vista, o que às vezes exige ponderável duração, enquanto isto se efetua na imaginária exterior, na iconografia interna o instantâneo com que a facialização se opera ante o surgimento da nominalidade, não permite a menor contagem de tempo. Os nomes habitam em mim já plenamente avolumados com os semblantes e entrechos que lhes correspondem, e dentre eles, o de mais freqüência em minha temática — segundo se lê em *A Ordem Fisionômica* — tem sido o de meu perdimento, em seu aspecto de perdimento universal. Em correlação com esse tema, a rigor ubíquo, e levando em conta que ele assume variadas aparências, e até se insinua nas ocasiões em que a vida melhor se declara, também haveria de mover-me à consideração, aliás muito breve, do ponto intestemunhável que, por sua índole, não fornece à especulação matéria nenhuma a propósito de seu teor, de mim comigo. Valho-me do que a repetição nominativa me abastece, debruçando-me assim sobre os perecimentos que testemunhei, a fim de eu ilustrar, em pensamento, as horas seguintes à de minha morte, como se, de conformidade com a ordem fisionômica, não fosse o ponto intestemunhável a morte, em mim, de quantos me acompanhariam o féretro.

Se todas as coisas se mentalizam em mim, a imaginária interna redunda, sem contar as criações nascidas de seu próprio meio, em segunda instância de estar em meu repertório: o meu vulto, apreciado isoladamente, a prodigalizar-se com esse teor de, a só, abrigar tudo quanto ele existenciou na primeira instância, a da externa iconografia. Sinto em mim a devolução dos painéis que, de maneira imanente, emanei em minha existencialidade, tal a prerrogativa da imaginária interna: evidenciar-me a condição de bojo para o qual se endereçam, sem exceção, todos os recolhimentos, todos os sucessos esparsos que possuem em mim a sede de existencial unificação. Como o depositário de tudo quanto

A LITURGIA DE SER   193

fisionomicamente fiz gerar em mim, prevaleço-me da soledade para, em detida litúrgica, me contemplar nessa acepção de, em estranho cadinho, eu proporcionar ao universo a frágil espessura com que a minha vida se adelgaça. Ainda contemplando-me, apreendo que o mundo, na qualidade de meu repertório, visto como preenchimento de nominações, não passa de disseminação litúrgica, a nutrição de cada nominalidade promovendo-se em similitudes de efígies e de painéis, de acordo com o que explanei em *O Convívio Alegórico*, o segundo tomo da série sobre a ordem fisionômica. O meu repertório, com efeito, se distribui em repetições, se o vejo nesse desígnio de abonar, figurativamente, as significações que inerem das nominalidades. Para cada uma delas, uma ritualidade concernente, verificando-se, nessa paisagem dos ritos, o aspecto dos círculos concêntricos, pois que os nomes se subdividem dentro da mesma espécie, partindo das duas imensas dimensões, uma a do nome tristeza, e a outra a do nome alegria. Como subdivisão da tristeza há, por exemplo, a indiferença que, de tão comum em frente de meu miradouro, mais parece a tristeza com a feição da ubiqüidade; e as atitudes que ela, a indiferença, externa tanto em rotineiros como em escassos episódios, se configuram tristemente, esses gestos se incorporando, do mesmo modo, a outros nomes que se escalam mais tristes que o nome da indiferença. Dessarte, a liturgia através da semelhança, que as nominalidades propiciam, é uma liturgia de ampla extensibilidade, a si convocando todos os protagonistas do meu elenco, suscetíveis, que se mostram, aos desempenhos em nominações que se fundem, tudo por fatalidade de ser em meu repertório. À guisa de peça teatral que, ao mesmo tempo, se exibe em diversos lugares, com diferentes atores, assim os nomes de maior envolvimento se vêem representados nos recintos onde se deparam as congêneres interpretações, ocorrendo que, no caso da tristeza, os atores são compelidos ao estrado, razão por que o rito da indiferença, da morte, da impiedade, da tristeza, enfim, se revela forçoso para aqueles que passivamente o praticam; e, coisa curiosa, tais desempenhos que se tarjam em graduações, nem por isso, por se patentearem obrigatoriamente, se expõem menos perfeitos, menos completos como efetividade litúrgica.

Não posso incluir-me na ritualidade do meu perdimento, da tristeza em sumo grau, do maior dos círculos concêntricos, da negatividade que retoma de meu vulto a prerro-

194 O LUGAR DE TODOS OS LUGARES

gativa de só ela viger. O círculo do não-ser recobre o círculo do meu ser que engloba a todos os vultos, mas não conseguirei ver com meus olhos o exercício dessa ritualidade, em que eu contemplaria em imediato e direto desempenho o meu corpo dentro do nome da morte. Presa ao meu belvedere, a ordem fisionômica se omite de ir além do ponto intestemunhável, dispensando-me de assistir, por irredutível obstáculo, às cenas que se dariam a contar de meu velório; entre elas, a do leitor a interessar-se pelos tomos de *A Ordem Fisionômica,* circunstância que se positiva como imaginária interna, como subentendido episódio, de vez que o leitor imergiu no meu perecimento, vedando-se a realidade da sobrevida, em face de eu não a conter em meu repositório. Cessada a fonte dos existenciamentos, não me é proporcionado transferir a outrem a faculdade de cometê-los, não me cabendo infringir mais ainda a lei da negatividade, imitando porventura as passagens daquela obra, em que me fiz substituir por terceiros, e terceiros por mim, isto nas ocasiões de se identificarem os seres em virtude da comunidade de visão, e de ocuparem o mesmo recinto arquitetural, tema que desenvolvi no ensaio *O Espaço da Arquitetura.* Não será satisfeita a transcendente curiosidade de eu ver-me depois de apagada a minha óptica, então comprovando-se a conjuntura de eu e a minha existenciadora claridade sermos uma entidade única, a minha presença se constituindo em criadora e mantenedora do ser que intitulei de fisionômico. Apegado a mim o produto de minha criatividade, correndo-lhe o mesmo prazo de ser que limita o meu pessoal calendário, conferi à minha posição o sentido de quem se autocontempla, o espaço e o tempo a se dissolverem nessa ideação, pela qual o uno de minha existência é o mesmo uno das demais existências, com a concomitaneidade de ser, presidindo a chegada de minha luz e o surgimento dos iluminados objetos.

Com a ciência de que os nomes, em seu exercício, geram repetições e semelhanças, instruo-me o suficiente para considerar a continuação do universo, em seguida à minha morte, na acepção de expectativa inomologável, perfazendo-se em ficção tudo que o meu espírito anela no tocante à sua imortalidade. Todavia, na ordem fisionômica, o meu belvedere não se desata de meu espírito, e perecendo ambos em unidade de perecimento, a imaginária interna, a que pertence o idealizado futuro, a mim acompanha, como de resto a inteira contemporaneidade, que em si abrange o

A LITURGIA DE SER 195

imaginado porvir. No caráter de seqüência de painéis adstritos ao meu devaneio, o futuro se compara, assim posto em imaginativa, à outorga que assumo à revelia dos outorgantes que deverão ratificá-la, porém naquele setor da ordem fisionômica, a outorga assumida nunca se confirmará pelos outorgantes, certo que estes já estarão falecidos em meu falecimento. Não se reproduzirá, na realidade que presumidamente se continuaria depois de minha extinção, o acontecer freqüente em meu repositório: o de eu assistir, em modestas exposições, à correspondência figurativa dos presságios que formulo; conseqüentemente, a previsão de meu além-túmulo jamais se despirá de seu cunho de previsão, o truncamento de cenas que a morte costuma praticar, vem atingir a espessa, a profunda amostra, inserta em meu imaginativo pensamento. Deixa-se esvair com o seu continente — o meu ser — o conteúdo de mentalizadas figurações acerca da relatividade da morte. De nada me servirá, para efeito de prosseguimento póstumo, o acervo de experiências que me coube dentro dos nomes que em mim pousaram; acervo que inaproveitadamente me predispõe a bem vaticinar, se porventura ressurgissem os insistentes nomes, na ausência de meu vulto — ausência motivada pela morte — o que se efetuaria decerto em forma de repetição, pois as mesmas nominalidades se preenchem com os mesmos gestos e condutas.

Na medida em que as visões e os fatos se repetem, se mutilam no truncador cotidiano, permitindo-se contudo o aparecimento de variadas nuanças, no recesso da nominação em foco, alguns conceitos, assertivas e retábulos de *A Ordem Fisionômica* se repetem igualmente, dessa forma o autor vindo a se valer, nesta obra, do estilo com que soe positivar-se o comum do relacionamento humano. Por mais breve que seja uma vida consciente, em seu repertório se registrarão, fatalmente, as repetições do acontecer, como se o inédito surdisse sob a condição de se intercalar entre congêneres, desse modo colidindo com o seu próprio conceito, logo que se cristaliza em presença. Situo-me num ângulo de perspectiva que me desvela os cometimentos humanos como fatos a se repetirem, no fundo debilitando-se a idéia da novidade cênica, mercê do infalível atendimento dos homens aos moldes que os dirigem, não obstante cada vulto gritar, de si para si, que ele representa algo não ainda sucedido, que não houve afecções análogas às que sente. Esta pessoal maneira de se achar alguém um fenômeno original

196 O LUGAR DE TODOS OS LUGARES

advém de ângulo mais restrito que aquele, o da repetição; mas ela, a convicção que a efígie tem quanto ao único de sua particularidade, assume clara validez se se considera a visão de cada qual, visão existenciadora de seu respectivo repertório. Fixando a contemplação sobre as figuras, independentemente, portanto, da individualidade de cada uma, e atendo-me à apreensão dos contornos genéricos, a paisagem resultante me oferece o mundo sob padrões definidos, com todos os vultos a obedecerem à carta de conduta promulgada por insensível legislador. Digo insensível porque a nenhuma das efígies, mesmo levada por prestigiosas coonestações, cabe a exceção de derrogar a universalizadora norma. Trata-se da liturgia de ser, um dos temas primordiais de *A Ordem Fisionômica,* e articulado a outros de séria importância em minha obra, como o da repetição, consangüineamente afim ao da liturgia de ser, e o da simbologia do gênero artístico, tema este abordado no capítulo anterior "A Simbologia do Nós", e ainda no ensaio *O Espaço da Arquitetura.* A repetição estrutura a liturgia de ser, configurando-se as nominalidades mediante uniformes preenchimentos, segundo verifica o meu belvedere, idealmente localizado em distante e abrangedor ponto de mira; em minha ordem fisionômica, ela, a repetição, se estabelece à revelia dos participantes do elenco, precisando-se uma espécie distinta no gênero da interpretação, qual seja a de os intérpretes ignorarem o libreto da própria representação. O que nas facturas teatrais assume apreciável interesse — o conhecimento, por parte do ator, da intimidade do texto — na liturgia de ser, com os reproduzidos comportamentos, nada significa, o puramente facial, figurativo, a prevalecer na qualidade de exclusivo ocupante de minha lupa. Afastada, porém, essa característica, no mais o rito das existências no interior dos nomes se processa equivalente aos desempenhos nas rampas de teatro; de resto, a dramaturgia, em sua prática cênica, é uma forma de espetáculo que possui, inerente à sua natureza, o predicamento da repetição: o libreto, a peça, constituindo-se em ponto de referência imóvel, para que se reedite, figurativamente, em diversos lugares, exibindo-se de modo sucessivo ou simultâneo, em palcos e em cenários condizentes com ela, a obra escrita. Em cada apresentação, se mostram atores que não são os mesmos dos outros estrados, até em idiomas diferentes se veicula o texto imutável em seu arranjo cênico e no sentido das expressões orais. Com símile repetição, a liturgia de ser se faz solícita à contemplação de meu belvedere, propinando-me o ritmo das

A LITURGIA DE SER 197

posições e procedimentos equiparáveis entre si, o núcleo nominador a firmar semelhanças, a comunidade, dentro do tema, a determinar, em mim, a recepção do universo enquanto exercício litúrgico.

Em *A Ordem Fisionômica*, utilizei os vocábulos fungível, fungibilidade, na acepção de permutabilidade gratuita, anônima, indiferenciadora, exatamente a que reina entre os protagonistas por mim existenciados na ordem fisionômica, desde que os preenchimentos das nominalidades não se regulam pelo incisivo e peculiar de cada rosto, e sim pelo que de comum encerram os figurantes de um mesmo tema, de sorte que as substituições ocorridas não alteram a vigente plenitude do nome. Se algum semblante pode, sem concorrentes, inspirar o observador a devaneios, inclusive a tecer uma urdidura, toda ela orientada por esse ponto de partida, no caso dos recheios aos nomes, se calam os prometimentos desse tipo: os entes se despem das possibilidades particularizadoras e se tornam, por conseguinte, por força da dessingularização, aptos, indiscriminadamente, a se moverem e removerem no âmago da nominalidade. Do ângulo da nominação, a fungibilidade assim confere aos seres o significado da indiferença — nome ou subnome que é o mais assíduo talvez no plano dos relacionamentos fungíveis — quando, olhados como elementos de conteúdo do nome, as faces têm o motivo de atração deslocado delas mesmas para a presença uniformizadora de seu continente, do nome que contagia, com a sua pousada abstração, as figuras que nele penetram. Ninguém se inscreve para o nome da indiferença, ninguém vai em busca desse albergue; no entanto, ao focalizar em meus olhos a lupa em grau de indiferença, investe-se em tal acepção a pessoa que se julga em privilegiado relevo nesse mesmo instante em que efetivamente ela centraliza a atenção de algum ou de muitos; ela não percebe que, em concomitância com a alegria da saliência, há milhões de belvederes que ignoram o pequeno painel de seu destaque; e ainda, entre outras introduções na indiferença, acontece a dos passeantes que, testemunhas do episódio, todavia dão a ele interpretações — se porventura eles chegam a dedicar-lhe a fortuita consideração — que, desviadas de seu realístico teor, comprovam o império da indiferença, abrigando em seu incomensurável recesso os entrechos que surgem para dissentir da própria fungibilidade.

Um nome recobre um ou mais nomes, conforme o sentido de generalidade que o elastece, imitando o gráfico dos

198 O LUGAR DE TODOS OS LUGARES

círculos concêntricos, de maneira que, um vulto, enquanto no mister de ator, na mesma hora desempenha mais de um, vários, inúmeros papéis, de acordo com a incidência de simultâneas nominalidades. O intérprete exercita uma só atitude, mas essa atitude serve para enquadrar-se em muitos libretos, em temas de significação às vezes díspar, deixando patentear-se a múltipla obediência aos desígnios das nominações, assim aderindo ele, em naturalidade pura, à versatilidade do mundo cênico: dá-se o sortílego fenômeno de, sem alterar-se para mais ou menos, sem modificação alguma em seu porte, o gesto ocasional se distribuir segundo a quantidade de acepções, o ator nunca suspeitando da fecundidade que existe num movimento, numa postura rotineira e assumida por seu corpo. A face humana se assemelha, quanto à disponibilidade nominativa, a uma coisa inanimada, à cadeira que, pertencendo à mobília do teatro, se presta a participar, se não de todas, ao menos da maioria das peças nele apresentadas, repetindo-se nas cenas sem sair de sua identidade, ela mesma a figurar em época e recintos diversificados, sem ninguém atentar para a magia que se contém nesta e em outras práticas do corriqueiro. A realidade é encantatória à medida que, sem perturbá-la, a removo ao seio da ordem fisionômica, momento em que ela, a realidade empírica, obtém a acepção de estar em meu repertório, de depender de minha existenciadora claridade. Nesse plano da ordem fisionômica, os sortilégios afloram a cada passo, suscetíveis de estender, na mente prevenida, o fluxo de seu contágio, de modo a promover a sua magia a um acesso maior, às vezes de cunho cosmogônico, assim fortalecendose a unção na liturgia de ser. Esta se positiva independentemente de prestigioso recinto, satisfaz ainda nos ambientes mais modestos, conquanto à vista do espectador se celebre, como sempre à revelia dos celebrantes, o ato litúrgico da repetição, o comportamento ritual com que se conduzem, notados deste ângulo, os entes existenciados por minha óptica. Da janela, discretamente vejo a seqüência dos transeuntes a passarem, proporcionando-me, a horas certas, as mesmas cenas de passarem, e, procurando versatilizar os aspectos da repetição, desvio os olhos para registrá-la nos ocorrentes vultos que, também a horas certas, entram em determinadas portas. Prosseguindo na nitidez da litúrgica cerimônia, aclaro-a particularmente melhor ao incluir nela o meu próprio corpo, que, debruçado na janela, cumpre um ato de repetição, refazendo a atitude de todos aqueles que a exercitaram antes de mim, igualmente postos à janela

A LITURGIA DE SER 199

a acompanhar o ritmo dos passeantes. Continuando com o meu corpo na plenitude da liturgia, ao retirar-me da janela, ando na sala, depois sigo ao fundo da habitação, através de estreito corredor: vejo-me então a repetir os movimentos e imobilidades que os anteriores residentes cumpriram com os seus vultos, nesse vazio arquitetônico que é um altar que a si modela os presentes à liturgia de ser, sob a modalidade da repetição.

Esta concepção foi objeto do terceiro capítulo de meu ensaio *O Espaço da Arquitetura,* no qual intentei reunir, organicamente, as minhas ideações acerca da arquitetura; e acredito haver explanado, nesse livro, a conjuntura da liturgia de ser, ministrada por um gênero artístico, a arquitetura, que, em virtude mesmo desse e de outros misteres equivalentes, é arte da realidade e não de representação. De todas as manifestações em que o ser se repete, a arquitetura se alteia como a ara mais explícita para os contempladores da repetição, e não me lembro de outros casos em que tão bem se externa a simbologia do gênero artístico, precisamente porque se trata de realidade e não de representação à maneira da pintura e da escultura. As veredas, as estradas, as ruas, as avenidas se constituem em tablados para o desempenho da liturgia de ser em meu repertório, ao ensejo da repetição que os protagonistas se me oferecem; mas, no vão da arquitetura os tenho com muito mais translúcida afirmação, permitindo-me, em inúmeras ocasiões, que eu conscientemente me dê em espetáculo, como espectador único, em contingência da vivida realidade, em grau de repetição, dessarte consubstanciando-se em mim, no meu corpo, a entidade de testemunha participante. A repetição através da arquitetura, tal como concebi e fixei naquela obra, assume aspectos de imenso interesse para o anseio humano de, em face da corrosão do tempo, detê-lo de alguma forma: consegui-o por meio do vão arquitetural, segundo o exemplo, que citei, de alguém que, ao penetrar hoje num edifício de pureza gótica, se converte em gótico, por motivo de comporem o ambiente, na atualidade, os mesmos valores — ruído, silêncio, luz, sombra, temperatura — que na Idade Média, quando da construção, aí determinara o arquiteto, cuja profissão se confunde com a de existenciador de mobilidades e imobilidades, com a de criador de permanências litúrgicas, da repetição dos corpos dentro dos vazios arquitetônicos. Por isso que resulta profunda e densamente lutuoso, triste, o painel da casa em demolição, no íntimo do

200 O LUGAR DE TODOS OS LUGARES

qual se torna evidente a destruição de tudo quanto se verificou no recesso da sala, do corredor, dos recantos do acontecer litúrgico, extinta agora e para sempre a possibilidade de nela eu proceder à identificação de meu vulto com todos aqueles que a habitaram ou apenas lá estiveram em visitação. À simbologia do gênero artístico reserva a arquitetura a mais completa anuência, tanto assim que em *A Ordem Fisionômica* recorri à sua óbvia nitidez para, em oportunidades diversas, externar, indiretamente, as conexões entre a minha existencialidade e as efígies que a homologam.

Os contornos genéricos, expressão aplicada por mim no curso de *A Ordem Fisionômica,* se definem através das conjunturas em que a repetição ocorre, significando aquele elemento que permite a impressão de que algo se repete, elemento comum ao objeto ou objetos em causa, e que, ressaltando em virtude da reincidência, perfaz o sentido da repetição. Decerto que, se se apreciar, isoladamente, cada uma das coisas da repetição, verificar-se-á que marcantes diferenças as separam umas das outras; entretanto, elas, as diferenças, não se computam para o entendimento do que sejam os contornos genéricos, só adstritos à focalização das coisas enquanto se nivelam pela comunidade de aparência que o meu olhar anota, nas ocasiões de eu ver com o ânimo de autocontemplar-me. Procuro-me e encontro-me nos contactos com as figuras de meu repertório, toda a minha vida se consagra a relações com minhas próprias criaturas, captando de cada qual, ou delas, em reunião, os aspectos com que ratificam a circunstância de fisionomicamente me pertencerem. Dentre essas pesquisas de observar como os rostos se conduzem ante a claridade que os existencia, em ato segundo, porquanto o primeiro está no puro surgimento por motivo da claridade, alteia-se, naturalmente, a do significado da repetição que, de tão explícito, aflora em solenidade litúrgica, assim conferindo ao meu ser a condição de ara a que todos rendem culto: invisto-me na posição de demiurgo a receber, nas horas em que contemplo sob a acepção de enxergar nos vultos a minha existenciadora claridade, a confirmação, a mim, de que não se recusam à imanente homologação. Se a rotina do cotidiano me desvenda com facilidade a liturgia de ser, apegando-me então ao repetitivo das aparências, é por meio dos nomes que mais se estende a ritualidade em mim e diante de mim, as subdivisões da alegria e da tristeza a se mostrarem os inexcedíveis modeladores da repetição, indo eu achá-las, graças àqueles agen-

A LITURGIA DE SER 201

tes, em idades remotas e em lugares longínquos. Na semântica de tais nominalidades, não acontece o fenômeno da perda de sentido, este se conserva em estabilização nos limites de minha existência, de minha contemporaneidade que engloba tudo quanto está em meu conhecimento ou for passível dele. Em conseqüência, a repetição se configura em perpetuidade e em ubiqüidade, entendidas ambas como restritas ao prazo de meu belvedere, por isso que, ao simples anúncio do nome, sei dos contornos gerais que hão de prevalecer na prometida cena, pois a repetição se dará e nela assistirei à liturgia que me exalça, a mim, o criador das efígies em ritualização. À maneira de outros, os painéis do funeral, descritos em *A Ordem Fisionômica,* presumo que deixam transparecer o tom litúrgico, em repetições intencionais — esses painéis ressurgem em vários pontos da obra — tentando alcançar do leitor a mesma sensação de unidade que aspiro, efetivamente, das espécies de ritualidade que testemunho nas igrejas católicas. Sob o ângulo da repetição litúrgica, introduzi na imaginária interna, de natureza artística e representada pela literatura, o estilo com que se expõe a imaginária externa, a iconografia da realidade: o da repetição freqüente, dado imprescindível ao conceito de ritualidade. Se o meu intuito foi o de fazer de *A Ordem Fisionômica* o escorço da situação com que se situa o universo em mim, e, como tal, submisso ao prazo de minha existência, eu não poderia abster-me de empregar a repetição, o estilo com o qual, em mim, se preenchem as nominações modeladoras. O nome, como que, necessita de faces, o pendor alegórico a se instituir em essência do nome, o que se comprova à mera pronúncia do termo que obtém a correspondência facial na mente do escutante, de modo imediato e mercê da experiência que ele, o ouvinte, acumulou no convívio com a imaginária externa.

O sacerdote, além de ministrar a liturgia, integra-a com a sua presença indispensável, ele se revela, sem dúvida, o exemplo mais completo da testemunha participante, a ele nada escapa de seu próprio mister; ao celebrar, registra a celebração, para isso valendo-se de adequado recinto e perante a adequada e compreensiva assistência, esta, na hipótese de a liturgia pressupor a estada de fiéis. Vejo-me semelhante ao sacerdote porque nos momentos de eu praticar a liturgia de ser, à vista de condizente repetição, me inteiro de todas as passagens do rito, assimilando-o na tarefa de existenciá-lo; contudo, a menos do sacerdote, não se apre-

202 O LUGAR DE TODOS OS LUGARES

sentam convictos os adeptos do sentido litúrgico, simplesmente por motivo de as pessoas desconhecerem a acepção em que se incluem, embora a mim pareça incontroversa a feição que na hora me propiciam. Não irei, como o sacerdote inicial, a um e um dos que encontro, dessarte distribuindo as primeiras sementes, nem tampouco lhes pregaria, em conjunto, acerca da verdade nova que, por conseguinte, se enclausura no seio de meu pessoal conhecimento. Mas, a ordem fisionômica encerra uma particularidade: ela, não inserindo aos outros, aos contemporâneos de minha idade, no mesmo rol dos fiéis que vêm à igreja, em secular repetição, contemplar o painel em liturgia, entretanto os insere em mim, no íntimo desse painel: é quando promovo toda a imaginária, a iconografia inteira, em virtude da repetição a que nenhuma coisa se furta, à significação de altar, o universo na acepção de ara para a exclusiva contemplação pelos meus olhos. O altar que, de conformidade comigo, não sobreviverá a mim, possui, dentre várias prerrogativas, a de obrigar-me, nos instantes da litúrgica, a apreciar os protagonistas em unidade de exibição; quero dizer, efígie alguma a transgride, e não obstante os realces e os decréscimos em seus diários desempenhos, alcanço que se transformem em peças do sacrário os elementos do comum cotidiano: a uniformidade de serem em mim, a agraciar os semblantes de até inóspita solicitude, a imaginária a atender à absorção de quem ora.

À maneira do sacerdote que celebra o mesmo ato, quer se localize em catedral deslumbrante ou em humilde capela, inscrevo-me na prática da liturgia de ser, logo ao deparar-me com as seqüências que perto de mim se desenvolvem; por conseqüência, o cotidiano se nobilita com o conspecto de meus olhos ante os rostos deparados, fisionomicamente, na acepção de partícipes do prodigioso altar, prestimosos em corresponderem a mim quando, ao deambular o meu corpo entre eles, os convoco para a circunstância de proporcionarem sentido aos meus passos. Nunca estarei sozinho, a realidade é sempre oportuna em me favorecer os ditames; e nas idas e voltas no interior de minha claridade, movido que sou pelo sentimento litúrgico, e ainda corroborado pela repetição — esta mais clara ainda se, aglutinando as duas imaginárias, componho com rapidez as conjunturas da repetição — considero cada efígie a ponta do altar, de si bastante para animar-me a substituir a rotineira acepção, a que de ordinário se define em sua funcionalidade social, pela

A LITURGIA DE SER
203

do fortuito e místico encantamento: o de cada coisa comungar da repetição, embora cada uma se veja afastada da congênere. Em qualquer lugar, em qualquer momento, se resolvo ensejar-me, pôr-me em companhia da repetição, a realidade se confessa prestimosa em ma oferecer, ela não recusa o sentido que lhe peço, desde que, comportando-se em termos de ausência e de temporalidade, sei, de fonte segura, que visões equivalentes, dentro dos mesmos contornos gerais, aconteceram e estão a acontecer na superfície da terra. O nome e, em amplitude menor, porém mais preciso nas marcações, o vão interno da arquitetura, se sobressaem como os mais prestantes geradores da repetição, todavia esta, em seu pendor para a ubiqüidade, se incute nos setores fora da imaginária, nos resíduos da própria nominação e no abstrato do pensamento; enfim, em todas as camadas do ser, em todo o meu repertório, ela, a repetição, se declara em constante vigência. Recorrendo à temporalidade e à ausência, por intermédio da imaginação, intimamente mais desfruto da liturgia de ser, isto nas oportunidades de encontro de meu vulto em alguma cerimônia ritual, quando me acode a idéia de que a mesma liturgia se processa e se processou em inúmeras outras partes, à semelhança de painel da igreja, fisionomicamente o análogo aos de outras eras e aos de longe, em diferentes localidades, e eu próprio adstrito a esse análogo. O participante de analogias é figura que se dissolve na inidentidade, eu correspondendo, portanto, à liturgia em desempenho alhures, porquanto, o não reconhecimento de meu semblante por eventual espectador nesta ocasião de agora, se repete nas igrejas de dantes e de outros lugares, onde também não fui reconhecido. Se bem que, se fora dado a alguém, em contempladoras visitações, assistir às litúrgicas do passado e as celebradas em outros coevos e similares recintos, esse alguém dissera que não me vira em nenhuma das igrejas, ele vindo a confirmar a preservação de profundo sentido: o de, sendo a ritualidade, a liturgia de ser, a amostra de efígies em anonimato, a apresentação de corpos desnudos de suas individualizações, toda a cena se converte em símbolo da extinção a efetuar-se com o meu perecimento. Então, a liturgia de ser ascende à liturgia de não ser, dela espargindo-se a funérea acepção de comigo situar-se na véspera da morte. Toda a repetição traz consigo, ainda as de teor alegre, uma ponta de melancolia, derivada dessa contingência de se haver perdido o inédito da individualização, todos os entes a concorrerem para o ministério

204   O LUGAR DE TODOS OS LUGARES

litúrgico da desaparição em mim, comigo, desde que observados em regime de repetição.

Na prática litúrgica, no interior da nave, se evidencia um nódulo de mística emanação, do qual é centro o corpo do sacerdote, e a emanação mística, envolvendo a nave, envolve os espectadores do sacerdote, os quais aderem à conjugação litúrgica, e assim incorporando-se àquilo que vêem, os assistentes ineridos na acepção que brotara naquele nódulo; quem quer que penetre a nave, sem disposição de aliar-se ao conjunto cênico, só pela circunstância de nela estar em símile quietude, perfazendo por conseguinte o ato da repetição, se integrará no seio da liturgia, transferindo-se de si para, adicionando-se ao grupo, compor o painel do simbólico perecimento, mercê da repetição. Ninguém se neutraliza perante a repetição, ninguém dela se alivia a fim de examiná-la, senão que a examina sem retirar-se do objeto em exame, o repetir-se a estreitar-se mais ainda, pois se repetem os que, dando-se ao cometimento geral, procuram ver as minudências do episódio em que estão. A presença acumula, à maneira de círculos concêntricos, os diversos mantos com que a repetição recobre os mesmos protagonistas, podendo-se afirmar que de todo gesto implica reprodução do mesmo gesto; inclusive, o propósito de se tornar exceção, representa um intuito deveras repetido e a repetir-se. Portanto, em minha convivência com as formações litúrgicas, verificam-se painéis em que a ritualidade se ostenta mais perfeita, e assim, fazendo-se desnecessária a busca dos elementos dispersos, eis que os tenho reunidos em condizente apresentação, porque em si mesma a cena já se aprontara com significação originalmente litúrgica. Mais uma distinção, todavia, separa o rito da igreja do rito de minha ordem fisionômica: o primeiro se dirige a uma transcendência que sobrepassaria o meu próprio ser, enquanto o segundo se prende à feição com que ele, o meu ser, consubstanciando-se na imaginária, assiste ao comportamento do mundo à véspera de seu perecimento comigo, a negatividade, a morte, a estender, antes de surgir em plenitude, a prefiguração lutuosa que me contagia a contemporaneidade.

Com a liturgia de ser avocando à prática as efígies e os episódios que sucederam em outras idades, opera-se a conjuntura de, correlacionando-se a atualidade e o pretérito, unificar-me — atendendo à circunstância de autocompreender o meu vulto em liturgia — com os congêneres, com

A LITURGIA DE SER 205

os humanos de parcos ou nenhuns conectivos no que tange à minha pessoa. Isso repercute em minha sensibilidade, afetando-me a idéia de que, identificados em mim, à base da repetição, aguardam a morte derradeira em mim, comigo; em suas vidas externaram gestos, cumpriram desempenhos que, em instância litúrgica, são coparticipações ao lado das de meu comportamento; daí a razão por que, pondo-me em ritual, graças à mente que assim programa, escolho a contigüidade de alguém de minha simpatia, enternecendo-me o júbilo de saber-me em imanente companhia, agora ditada pelo amor. Prestigia-se a litúrgica ao me ver nela com outrem de minha sentimental privança, ainda que esse outrem não me vira nem imaginara o meu advento na terra. Dentro de meu repertório, associo-me ritualmente, e de modo preferencial, àqueles que dantes se anteciparam a mim, com belvederes aproximados de meu belvedere, adiantando-se à consangüinidade que hoje se efetiva, na cena litúrgica do devaneio, da imaginária interna. Perante meus olhos, percebendo-me em exercício litúrgico, descubro em mim a outorga de todos que, sendo mortos em suas mortes neles, se afirmam em meu semblante repetidor de suas corporais condutas. Contemplando-me é como se os tivesse a contemplar, repetindo-se em mim o comportamento do sacerdote no culto: ele tem, em si, o conspecto de todos os sacerdotes no ministério da mesma religião, dentro de uma linha de fidelidade ao antigo talvez menos rigorosa que a conservada por mim em certos casos, a exemplo do vão da arquitetura que literalmente me obriga à reprodução do ser doméstico de alguém de minha veneração. Muitas vezes busco, em outrem, virtualidades que se contêm em meu corpo, não só em si mesmo, porém enquanto sob a investidura de nomes, o que também repercute fora do terreno figurativo, no das nominalidades, à guisa desse da consolação em virtude da comunidade de desempenho, tanto aspiro a não ver-me em soledade quando sob o domínio de alguma nominação que aplica indiscriminadamente a sua natural elasticidade. À similitude do sacerdote que não freqüenta outras igrejas porque já se oferece em liturgia no seu próprio templo, cumpro o meu dever repetitivo mais e mais na ausência de inúmeros participantes, os retábulos a se conduzirem cada vez menos salientados por novos protagonistas, e os velhos, os habituais no rito da vizinhança com o meu corpo, a escassearem à proporção que os dias correm; de maneira que, mostrando-se sempre mais escura a véspera que todos desempenhamos em mim, em o *nós* que a tudo abrange, a li-

206   O LUGAR DE TODOS OS LUGARES

turgia a que concorro, transferindo-se da catedral dos extensos convívios para a capela de alguns familiares, tende a converter-se em ato que contará comigo no duplo papel de sacerdote e de fiel assistente, comparável ao da missa celebrada em templo deserto, não deixando de repetir-se a isolada morte.

No transcurso do tempo, a repetição se processa em caráter de substituitividade, acontecendo que o nome repetição, insatisfeito com os preenchimentos que obtivera, insistindo em alcançar, incessantemente, novos conteúdos, por fim convoca o meu corpo a reproduzir, na forma dos demais, o cometimento dos painéis litúrgicos. Nos casos de repetição sobrevindos em minha ausência, recorro à imaginária interna, o meu devaneio a se instituir em fértil lugar, onde desfilam repetidores de diferentes nominações, mais uma vez assemelhando-me ao sacerdote que, sem transferir a outro um de seus misteres, se faculta a ministrá-los todos. Deferindo-me a substituitividade, convencendo-me de que o retábulo de agora, em que me incluo, reedita, dentro dos contornos genéricos, a cena por que passou o vulto cuja biografia sentimentalmente me interessa, nomeio-me para a liturgia da identificação, promovendo-me, por conseguinte, ao ângulo de observar que o meu ser por equivalências de gestos e de desempenhos, é, em mim, o mais hábil figurante a cumprir os ditames sacerdotais, compreendendo-me na síntese dos comportamentos humanos, com a imaginária interna a compensar o que não me proporcionou a imaginária externa. A idealização assume, naturalmente, a importância de inesgotável meio para as virtualizações em outorga, o meu pensamento a positivar-me como o detentor do pretérito e da ausência, ambos a me pertencerem e a encontrarem em meu corpo o delegado consciente da delegação, a qual se extinguirá com a minha morte, o mandato encerrando-se ao perecer o miradouro que o tornava exeqüível. Considerando a repetição por intermédio de lupa regressiva, tenho que ela se inculca de reciprocidade, olho-me então sob o sentido de, no pretérito, o meu vulto se perfazer mediante os contornos genéricos em cujo seio se modelavam, e preenchiam os mesmos nomes, os ancestrais que, de modo virtual, me continham por antecipação, em outorga que se ratificou com o aparecimento de minha efígie: conjuntura um tanto equiparável à da delegação de que alguém se investe à revelia do delegante, e que, sendo favorável ao interesse deste, decerto se confirmaria ante a futura homologa-

A LITURGIA DE SER 207

ção; mas, por falecimento ou incapacidade irremovível dele, o delegante, ela não se dará, e, em conseqüência, permanecerá com a legitimidade suspensa, mas consumados os efeitos, por sinal irreversíveis, que se concretizaram ante a insciência do próprio outorgante. Registro que em minha contemporaneidade não cheguei à presença de meus representantes com o intuito de assentir quanto à prefiguração de minhas atitudes nas atitudes deles, os meus outorgados ficando na contingência igual à dos estojos vazios; eu podendo, entretanto, admitir o certo com que os ditos outorgados cumpriram a minha outorga, visto que passo a conferir os seus gestos nos meus gestos, por força da imaginativa prestante que os capacita a inúmeros papéis, embora hajam morrido desde muito tempo.

Alterando as posições com que focalizo o meu vulto, deparo-me com o oposto daquela outorga: em vez de me situar no papel de outorgante, situo-me preferentemente no de outorgado em relação aos entes que antes de mim viveram. Demoro-me nesta acepção, imbuindo-me de responsabilidade cênica, sobretudo nos ensejos em que de mim parte a nominação, em situações em ato provindas de meu querer. Em verdade, propicio intencionais litúrgicas, mais ainda imitando o sacerdote, segundo vários painéis de *A Ordem Fisionômica;* entrementes, eu dirigia as personagens sem que elas sentissem que eram autômatas, imperceptível a sutileza com que as enquadrava no tema de minha programação. Fixando-me em tema litúrgico, mais facilmente se franqueiam a mim os rostos habilitados à encarnação do rito, principalmente se, dentre as liturgias procuradas, tenciono adquirir a que se entende com a conjuntura de minha existência; sem dúvida que a mais caroável ao meu propósito de ver as coisas como ilustrações de pensamentos é a liturgia de ser, liturgia que de logo se manifesta ao eu contemplar a face primeira, e que se define no ato mesmo de se expor aos meus olhos, pois que a revelação de minha claridade, assim demonstrada pela figura em foco, já representa um flagrante litúrgico, de graça a mim mesmo oferecida, nela afirmando-se-me a prerrogativa de eu ser o existenciador de tal face em mim nascida. Sob este ângulo de apreciação, o mundo se me acontece como liturgia imensa, todos os aspectos e atitudes a me dizerem que estou presente, que se operou o milagre de haver surgido, no recesso do nada, da sombra espessa, a luz de minha existenciadora estada. Considerando o universo sob esse prisma, toda vida

208   O LUGAR DE TODOS OS LUGARES

pessoal, toda convivência entre indivíduos, é prática litúrgica, o meu repertório significando o templo infindo que não exclui as ritualidades de pouca ou nenhuma ostentação, à semelhança da nave católica a permitir em seu bojo os mais variados ritos, mas que se ordenam à unidade de se aterem, no fundo dos misteres, ao seio comum da divindade. Com o miradouro aplicado nessa concepção de ser litúrgico o universo, ampliam-se as dimensões de minhas conjecturas em torno da precariedade fundamental, em mim, do repertório que com o meu nascimento se produziu, a litúrgica de ser vindo a aprazar-se consoante a minha limitada existência, coincidindo, em perduração, a minha claridade e as figuras que com ela se patenteiam misticamente explícitas. O mundo compara-se à igreja, onde os fiéis às vezes se agitam, se acomodam e se desacomodam, penetram no recinto quando ainda em cena o sacerdote, mas todos agindo com a preocupação de que se lhes não ouçam os ruídos, desse modo respeitando os demais presentes, e, no mesmo instante atendendo à outra escuta, esta mais sensível e merecedora que a dos humanos comparecentes: situação que mais se atesta nos momentos em que o único devoto que se dispôs a ingressar no templo, evita que os seus passos quebrem o silêncio reinante, como se a divindade preferira, em lugar da sonoridade, a mudez que melhor consulta à natureza da contemplação. Em mim, a liturgia não se corrompe com as mutabilidades de desempenho, e, utilizando os olhos, o belvedere, como o órgão de percepção mais adequado para a apreensão litúrgica e para todo o relacionamento de minhas personagens entre si e delas no que toca ao meu ser — de conformidade com a iconografia de *A Ordem Fisionômica* — encontro-me também na circunstância mística de colher dos intérpretes, dos atores de meu elenco, o máximo de visualização e o mínimo de palavras.

Ungindo-me no sacramento da repetição, tem acontecido que me dou em litúrgico espetáculo, reproduzindo-me sem entretanto mover-me a locais diferentes, à maneira da paisagem defronte de mim, a qual não se reedita em nenhuma outra extensão da terra; no entanto, essa paisagem se repete por efeito do olhar daqueles que, tomando o meu ângulo de mira de agora, se ocupam em ver, em substituição a mim, o panorama sem duplicata. Essa modalidade de repetição compele-me a substabelecer nas ópticas dos que me observam a representação da ritualidade que de costume não alieno: a que externa a revelação de meu ser, a mim, atra-

A LITURGIA DE SER

vés das figuras a que proporcionei existência. Alienação apenas relativa, esta que concedo a participantes de meu repertório, porquanto há a permanente ressalva de que o meu vulto é o espectador que, sozinho na última cadeira, com os olhos abrange, a um tempo, o estrado e os outros membros da platéia. Ao fazer-me de protagonista litúrgico diante de quantos belvederes me divisem o corpo, a repetição da mobilidade com que busco as lentes registradoras de mim; adotando a iniciativa da configuração litúrgica, enseja-se-me a oportunidade de bem escolher os miradouros que, vendo-me, vêem a conjuntura de autocontemplarem as suas claridades. Prestar-me-ia, então, ao papel de evidenciador de existências, mas considero inadmissível que alguém me tenha interpretado de semelhante forma, mesmo porque nunca eu confessara a ninguém as idéias contidas em *A Ordem Fisionômica*, principalmente esta que envolve o transcendental apreço a um mero contacto entre pessoas; contudo, a insciência das efígies com que contraceno, não impede que me entenda na plenitude da liturgia, concebendo-me sob a acepção de notificador de existências, de estar a exibir, ao próprio interlocutor, esse mesmo interlocutor, conquanto o relativo existenciador de meu vulto nele.

Incorporando-me à prática unânime da liturgia, simultaneamente obedeço às nominalidades ocorrentes: sem interrupção do ordinário assunto, enquadro-me no desempenho da ritualidade de ser, assim experimentando um dos habituais acontecimentos da vida: o de, inserindo-me em determinada motivação, inserir-me, concomitantemente, em outra, desde que os gestos, as atitudes, venham a servir tanto a uma como a outra significação. Quantas vezes me surpreendo a cumprir, fisionomicamente, mais de uma nominação, seguro de que exerço, com exata desenvoltura, num só palco, a presença em outro ou outros palcos, podendo contentar os espectadores de ambas ou de inúmeras platéias. Tal se verificaria se eu noticiasse que, no instante de cobrir-me com o tema que na hora o cotidiano me concede, analogamente me cubro com o nome de minha pessoa em generalidade, na posição de mantenedor de existências que me ostentam a minha claridade: é a liturgia de ser a pairar sobre repetições movidas por temas de menor e de inferior escala. Prestigio as deambulações dos nomes sobre mim e as de minha figura no interior dos nomes que me apanham, exalço os cometimentos do dia-a-dia com a cons-

210 O LUGAR DE TODOS OS LUGARES

ciência de que eles, enquanto se inoculam dos habituais sentidos, se patenteiam nessa qualidade de evidenciadores de meu ser, exibindo-lhe, na galeria da repetição a que aderem, a liturgia consagrada ao sortilégio de minha existência. Na efetivação desse rito, dá-se a contingência, quando me inteiro de meu papel litúrgico, de eu, oferecendo-me à existencialidade partida de outrem, auferir dele uma situação que não é a mesma que desfruto, se me cabe o ensejo de trazer os demais ao existenciamento partido de mim: trata-se da consciência minha como certificadora da claridade emitida por quem me enxerga, e da inconsciência dos que se existenciam mercê de minha existência. Aliás, em todos os eventos do convívio, apenas a consciência minha incorre na persuasão de que a cena em causa também se afigura um painel da liturgia de ser, no qual, conseqüentemente, me vejo ou o objeto de alheios olhos, ou o sujeito em auto-receptividade. Em *A Ordem Fisionômica,* ninguém se informou dos propóistos com que os via o meu belvedere, deixei-os que assim passassem, convicto de que me era suficiente, para os efeitos litúrgicos, a consciência de um só, no caso o meu miradouro, o meu vulto. Assim eu compreendia que, na prática da liturgia de ser, bastava a consciência do existenciador em última instância, melhor intensificando-se, em mim, a ritualidade, com a minha exclusiva consciência, do que se as personagens dos episódios tivessem tido conhecimento da acepção que eu lhes extraíra: a de estarem na circunstância litúrgica. De resto, nas encenações da ritualidade, contrariando o que é trivial na dramaturgia, mais espontâneos se percebem os atores quando eles desconhecem o conteúdo de seus desempenhos, reduzindo-se a autômatos de explícita expressividade.

Em nenhum passo da obra, desviei da acepção de atores as personagens que fixei ao longo dos capítulos, tal é qual sucede na realidade que assim tem de comum com o fisionômico o atendimento aos nomes, aos papéis traçados por mim ou por disposição da fortuidade. Nos dois livros que publiquei acerca de Filosofia da Arte, *O Espaço da Arquitetura* e *A Imagem Autônoma,* abordei a questão dos objetos que encarnam um sentido espraiado em enredo, em história, de acordo com o que se observa no cinema e nas várias formas de construção literária. Inculcando-me no posto de lente cinematográfica, e com a atenção aberta às nominalidades, vi as figuras humanas e as efígies não humanas, vi a todas na acepção de intérpretes de minha temá-

A LITURGIA DE SER   211

tica, inclusive no campo da imaginária interna: com efeito, quando solto o pensamento, em facial devaneio, anoto a súbita aparição de um vulto, geralmente da lembrança, mas que pode ser da imediata inventiva, que exatamente assume a visualização que a idéia comporta. Encerro em mim o fichário dos mais solícitos atores — os vultos de meu conhecimento — o qual me fornece, com rapidez surpreendente, a consolidação óptica do que estou a meditar. Há portanto, em mim, na altura de minha idade, uma rampa a acolher os mais consentâneos protagonistas, ninguém de minhas relações a escusar-se de, em inesperado instante, desempenhar com o seu rosto o papel que o meu pensamento institui na sua interna imaginária. Refletindo sobre o cometimento, concluo que a interpretação que o ator me proporciona à mente, evidencia um tom, um aspecto de legitimidade que me deixa a impressão de que os desempenhos reais por ele cumpridos ante meus olhos, não foram mais que treinamentos para a representação cerebrada, esta, sim, a promover, sem embargo de unicamente a mim, o mais perfeito ajuste entre a face e o nome. Acredito, em virtude de tantas experiências, que os semblantes de meu convívio real, os da imaginária externa, se exibem mais autênticos em individualidade figurativa, em mim, quando, vencida a fase de ensaios — os apareceres na imaginária externa — se ofertam, finalmente, à platéia de meu miradouro introspectivo. Dentre as disponibilidades que me propinam os vultos de meu conhecimento, sobressai-se a da passiva homologação com que eles se entregam à liturgia de ser, sucedendo, em mim, que os assíduos intérpretes desse ato — decerto a mais profunda liturgia — resultam ser as pessoas mais caras de minha vida, a quem conduzo àquela ritualidade que, assim em pensamento, mais doce e terna consubstancia a plenitude de existirem em mim, por virtude de meu existir. À maneira do fiel que, no cumprimento da obrigação religiosa, podendo preferir igreja de mais numerosa concorrência, sem detrimento da unção que o absorve, entretanto mais se espiritualiza em alguma de antiga assiduidade e poucos circunstantes, à maneira dessa escolhida e tocante freqüência, melhor se aninha a minha claridade quando a vejo nas figuras já consagradas pelo amor.

Se a liturgia se perfaz com a junção da cena repetitiva e do pensamento que, místico, se evola nas figuras comparecentes, nelas detendo-se de forma que nenhum outro significado exprima ao espectador senão aquele que a rituali-

212   O LUGAR DE TODOS OS LUGARES

dade expressa, e de forma ainda que o mesmo espectador se adiciona ao espírito do episódio, e ocorrendo que este espírito é a minha existenciadora claridade, dedico às figurações litúrgicas, afora o encarecimento estésico, alguns zelos complementares e atinentes ao caráter de meu devaneio. Como o devoto que, em horas oportunas, e quando o altar descansa da liturgia, se desvela em acomodá-lo para a próxima celebração, eu me aplico a ideações complementares, àquelas que, unidas ao tema de existencialidade a que se dão os seres em mim, o tornam mais incisivo em minhas reflexões. Dentre esses contactos que se assemelham aos que mantenho no interior da nave deserta, que, se não me apresenta a liturgia, me apresenta, em compensação, a saudade da liturgia, o que já representa um grau de sua anunciação em mim, dentre os contactos em conexão com a ritualidade de ser, avulta o de eu olhar os corpos de uma cena, os animados e os inanimados, na condição de se terem perecido nas mortes de quantos os contemplaram, assim como agora os contemplo. Observo a altar antigo de alguns séculos, e sei que centenas e centenas de extinções o apagaram, que a sua permanência figurativa, parecendo-me inalterada, no entanto se fez passível de muitos e muitos perecimentos, a repetição, em incontida incidência, vindo a fortalecer, com essa breve e ocasional especulação, a essência litúrgica do altar ainda que na ausência do sacerdote. Há coisas que se sacramentam com a vizinhança de coisas sacramentadas, a exemplo da pia enxuta na qual os fiéis tocam com os dedos e traçam da testa ao peito o sinal da cruz, a falta de água benta em nada impedindo a prática religiosa. A positivação da liturgia de ser consente que me valha, para me dirigir a ela, do pensamento de os seus protagonistas, na incorporação do ritual supremo, terem desempenhado o papel de mortos à medida que vêm morrendo os contempladores, aqueles que os inseriram em seus repositórios.

O ser em mortes sucessivas é condição natural da convivência, às vezes tomando aspectos de peculiar melancolia, à feição do caso em que alguém, movido pelo amor, se extrema na preocupação de perecer idealmente conforme com o vulto a quem ele se dá em devoção, cumprindo-lhe os supostos e expressos desejos, procurando não magoar-lhe a idéia que favorável nele se inculcou a seu propósito: em conseqüência, ao perecer a figura a quem tanto se moldou, esse sobrevivente real — o sobrevivente nele e em mim — sente mais que os outros que também se perderam no havido

A LITURGIA DE SER   213

perdimento, na extinção daquele que se fora; entretanto, ao
sentimento do pesar por outrem, deve articular-se o da auto-
compreensão de não restar incólume desse perecimento a
efígie que empiricamente sobreviveu mas que fisionomicamente se extinguiu. O teor de meu repertório se compõe
de apareceres e desapareceres, o convívio humano — a
parte nobre de meu acervo — se constitui por mútuas exibições, cada qual a recolher outros vultos, em permanente
reciprocidade, com a minha presença que igualmente participa da reciprocidade e promove, segundo as urgências da
liturgia, formações de figuras que contracenam a peça de
minha existencialidade. Por isso que em *A Ordem Fisionômica*, e a fim de que ninguém escapasse aos acontecimentos
que, em si, expunham a minha existenciadora claridade e
a significação de véspera de minha morte a que tudo e todos
estão sujeitos, ou melhor, estão irrevogavelmente condena-
dos, a fim de que ninguém escapasse da contemporaneidade
fisionômica, situei as personagens e coisas dentro das fronteiras do *nós*, assim aliando-as desde as nonadas da vivência
à prática da liturgia de ser. A composição imanente, quer
na vida, quer na arte, induz à congênita unicidade e à ade-
rência unânime: eu quis transportar para a obra o sentido
da imanência partido de mim, esforçando-me no intento de
fazer de *A Ordem Fisionômica* o escorço de minha própria
existência, com a claridade de meu belvedere e as figurações tocadas por ele, valendo-me de um recurso muito simples de utilizar: o de não alterar a natureza dispersa das
coisas, contentando-me com as sobrevindas ao meu olhar,
pois cada uma delas se mostra apta a me proporcionar o
mesmo: o desempenho litúrgico em face da repetição e de
meu desígnio de vê-las na acepção de evidenciarem a minha
existenciadora presença. A imaginária externa toma, assim,
a feição da cissiparidade, bastando-me um pouco dessa imaginária para conseguir o mais denso instante de quantos
surgem e ressurgem à véspera de meu perecimento. À guisa
do sacerdote que, por emergente necessidade, quebra a hós-
tia em pequeninos fragmentos, e distribuindo um a um pelos
fiéis, alcança o mesmo efeito que se a colocasse inteira nos
lábios de um só dos comungantes, de minha parte obtenho,
com os meros dados de minha clausura, a ideação estésica
de que, virtualizando-se a modo da eucaristia, o advento de
um rosto me restitui, na aura do subentendimento, a galeria
de todos os rostos; inclusive, na falta de corpo defronte de
meus olhos, compensar-se-ia a omissão com o corpo que
me pertence, assim revelando-se também positiva a soledade,

214   O LUGAR DE TODOS OS LUGARES

desde que a liturgia que pretendo, eu a posso celebrar sem sair de mim. E magicamente sem sair de mim, envolvo, no encarecimento litúrgico, a todos que, sem exceção, nem sequer presumem que virtualmente se integram na ritualidade. A existencialidade que dimana de meu ser, e sulca, na superfície da negatividade, um trecho de positivação equivalente ao prazo de minha vida — a contemporaneidade de todos os seres no meu ser — a minha existencialidade é um favor sortílego que, ante o fluxo da criadora claridade, tudo predispõe para o resplendor da alegria que a um tempo louva o mistério da operada criação — o aparecer de minha existenciadora lupa — e fomenta o anseio à perpetuidade, anelo que todavia há de esvanecer-se. Fisionomicamente, o objeto se limita à duração da luz que o conserva existente, a acepção de véspera lutuosa a frustrar a fulguração da alegria, conjuntura esta que a liturgia de ser inscreve em sua prática: a ela prontificando-se o rosto, o painel que no oportuno momento eu focalizo, repetindo-se então a disponibilidade que na igreja o altar oferece: ele se franqueia às cerimônias do júbilo e às cerimônias do funeral. Ambas se compreendem na liturgia de ser, a qual se configura sob o signo de minha breve existência que tanto se afirma a si mesma ao contacto com outrem, como ratifica do não-ser a insistente recomposição.

Quanto mais envelhecida a figura humana, mais se presta a uma consideração que significa o óbvio corolário a que, no tempo, se fatalizam todas as coisas: à consideração de ela se elevar sobremodo em meu interesse, em face do número de perecimentos pela mesma sofridos ante os perecimentos que se deram no transcurso de sua vida individual, e alusivos, principalmente, às mortes dos que de perto a conheceram. Eis a razão por que me apego sentimentalmente às pessoas idosas que, à margem de mais extenso repertório que possuem, se salientam por essa disponibilidade de se haverem falecido com outrem, de modo inumerável. Se a ambiência permite, costumo trazê-las à acepção litúrgica de se terem extinguido em muitos funerais. Via de regra, as condutas humanas e as inquietudes do recinto me impossibilitam a intenção de percebê-las no litúrgico desempenho, embora me considere exímio na tarefa de bem adequar à minha ideação as efígies que escolho para os papéis. Daí a minha tendência a ungir-me nas cenas que de si mesmas já são litúrgicas, e expressam, ao módulo de sua ritualidade, a cadência da infalível repetição. Eis

A LITURGIA DE SER   215

por que a nave católica me tem interessado espiritualmente,
sendo o lugar de profundas liturgias, distribuído em altares
o ensejo da repetição; e de minha parte acrescento, sem
ferir a sacramentalidade exposta, a oblata do falecimento
em repetição, antes de falecer comigo, definitivamente, em
mim. Na cerimônia da missa fúnebre, faço com que ela se
estenda além da pessoa tributada, atingindo as que à nave
estão presentes, que estas morreram na morte especialmente
reverenciada. O luto não é exclusivo de um, mas é de toda
a comunidade universal, e assim quando à missa fúnebre
compareço, rendo o preito devido à extinção fisionômica
de todos os comparecentes à nave, inclusive a mim, o existenciador das vidas e das mortes. Em face da repetição no
espaço e no tempo, concebo o mundo da imaginária, o mundo fisionômico, o mundo existenciado por mim, como a nave
da liturgia de ser, de ser em mim, sob a minha claridade
única.

COLEÇÃO ESTUDOS

1. *Introdução à Cibernética*, W. Ross Ashby
2. *Mimesis*, Erich Auerbach
3. *A Criação Científica*, Abraham Moles
4. *Homo ludens*, Johan Huizinga
5. *A Lingüística Estrutural*, Giulio Lepschy
6. *A Estrutura Ausente*, Umberto Eco
7. *Comportamento*, Donald Broadbent
8. *Nordeste 1817*, Carlos Guilherme Mota
9. *Cristãos-Novos na Bahia*, Anita Novinsky
10. *A Inteligência Humana*, H. J. Butcher
11. *João Caetano*, Décio de Almeida Prado
12. *As Grandes Correntes da Mística Judaica*, Gershom Scholem
13. *Vida e Valores do Povo Judeu*, Cecil Roth e outros
14. *A Lógica da Criação Literária*, Käte Hamburger
15. *Sociodinâmica da Cultura*, Abraham Moles
16. *Gramatologia*, Jacques Derrida
17. *Estampagem e Aprendizagem Inicial*, W. Sluckin
18. *Estudos Afro-Brasileiros*, Roger Bastide
19. *Morfologia do Macunaíma*, Haroldo de Campos
20. *A Economia das Trocas Simbólicas*, Pierre Bourdieu
21. *A Realidade Figurativa*, Pierre Francastel

22. *Humberto Mauro, Cataguases, Cinearte,* Paulo Emílio Salles Gomes
23. *História e Historiografia,* Salo W. Baron
24. *Fernando Pessoa ou o Poetodrama,* José Augusto Seabra
25. *As Formas do Conteúdo,* Umberto Eco
26. *Filosofia da Nova Música,* Theodor Adorno
27. *Por uma Arquitetura,* Le Corbusier
28. *Percepção e Experiência,* M. D. Vernon
29. *Filosofia do Estilo,* G. G. Granger
30. *A Tradição do Novo,* Harold Rosenberg
31. *Introdução à Gramática Gerativa,* Nicolas Ruwet
32. *Sociologia da Cultura,* Karl Mannheim
33. *Tarsila — Sua Obra e seu Tempo,* Aracy Amaral
34. *O Mito Ariano,* Léon Poliakov
35. *Lógica do Sentido,* Gilles Deleuze
36. *Mestres do Teatro I,* John Gassner
37. *O Regionalismo Gaúcho e as Origens da Revolução de 1930,* Joseph L. Love
38. *Sociedade, Mudança e Política,* Hélio Jaguaribe
39. *Desenvolvimento Político,* Hélio Jaguaribe
40. *Crises e Alternativas da América Latina,* Hélio Jaguaribe
41. *De Geração a Geração,* S. N. Eisenstadt
42. *Política Econômica e Desenvolvimento no Brasil,* N. Leff
43. *Prolegômenos a uma Teoria da Linguagem,* Louis Hjelmslev
44. *Sentimento e Forma,* S. K. Langer
45. *A Política e o Conhecimento Sociológico,* F. G. Castles
46. *Semiótica,* Charles S. Peirce
47. *Ensaios de Sociologia,* Marcel Mauss
48. *Liberdade, Poder e Planejamento,* Karl Mannheim
49. *Poética para Antônio Machado,* Ricardo Gullán
50. *Soberania e Sociedade no Brasil Colonial,* Stuart B. Schwartz
51. *A Literatura Brasileira,* Luciana Stegagno Picchio
52. *A América Latina e sua Literatura,* UNESCO
53. *Os Nueres,* E. E. Evans-Pritchard
54. *Introdução à Textologia,* Roger Laufer
55. *O Lugar de todos os Lugares,* Evaldo Coutinho
56. *Sociedade Israelense,* S. N. Eisenstadt

DO MESMO AUTOR

O Espaço da Arquitetura. Recife, Imprensa Universitária, 1970.

A Imagem Autônoma (ensaio de teoria do cinema), Recife, Editora Universitária, 1972.

A publicar:

A Ordem Fisionômica:

     I — A Visão Existenciadora
    II — O Convívio Alegórico
   III — Ser e Estar em Nós
   IV — A Subordinação ao nosso Existir
    V — A Testemunha Participante

*

Impresso nas oficinas da
RUMO GRÁFICA EDITORA LTDA.
(C.G.C. 46.295.564/0001-08)
Rua Aracy, 63/69 — São Paulo

*